통나무 2012

이 책이 집필된 남해 어느 해변가

사랑하지 말자

도올 고함苦喊

목目次차

칠흙 같은 암흑의 비가 내린다.

지척을 분간할 수가 없구나.

더듬는 발목에 채이는 것은 뭉클한 시체뿐.

핏물이 허벅지까지 차올라

질척질척

온몸이 피비린내로 붉게 물든다.

우리의 무지가 이 땅을 버렸다.

반만 년의 역사를 자랑하던 인의예지의 수도

셔벌의 도성都城이 이토록 처참하게 무너지다니!

적군은 누구인가?

우리의 화신이 아니더냐!

순간의 그릇된 판단이 무수한 생명을 돌더미에 묻고 말다니!

아직 생명의 온기가 살아있는 귀신들의 신음소리가

대지를 흔들고 인왕仁王을 진노케 한다.

내가 죽였다.

내가 내 땅을 죽였다.

내가 내 땅의 생명을 죽였다.

내가 내 땅의 생명의 삶을 죽였다.

내가 내 땅의 생명의 삶의 역사를 죽였다.
내가 내 땅의 생명의 삶의 역사의 빛을 죽였다.

섬뜩이는 제우스의 번개나 인드라의 금강저보다 더 강렬한 나의 무지가
이 찬란한 한민족의 빛을 죽였다.

어둠이다. 어둠이다.

더 이상 헤맬 수도 없는 어둠이다.
어디로 갈까?

빛 잃은 발길은 카오스의 소용돌이를 저항하지만 소용이 없다.
저항조차 저항의 방향을 모르니 저항이라 말할 수 없다.
혼돈! 혼돈일 뿐이다.

그러나 아직 혼돈을 헤맬 맥박은 뛰고 있다.
가자! 가자!

피비린내로 찢어질 듯 내 가슴이 답답하다.
숨막히는 살육의 도성이라도 빠져나갈 길이 없을까?
숭례가 무너지고 흥인이 사라졌다.
환인 하느님은 신시에 홍익인간의 뜻을 베풀고,
환웅의 아들 단군은 그 뜻을 구현하여
아사달에 도읍, 조선을 세웠다.

그 뒤로 은나라의 현인 기자도 홍범구주의 예지를 가지고 와서
조선을 섬겼다.

그는 중원 삼대 문명의 정화를 조선에 전했으니 조선은
주공周公의 위업보다 더 찬란한 독자적 인仁의 공적을 쌓아나갔다.
공자도 부러워했던 동방예의지국의 그 공든 탑이
이렇게 처참히 무너지다니!
이제 공자의 뗏목은 오지 않겠구나!

신자유주의의 전사들이 십자군의 방패를 들고 이토록 무참하게
셔벌을 공벌할 줄이야!

자국민을 식민지화하다 못해 이토록 처참한 범죄를 자행하다니!

나당연합군도, 몽골의 말발굽도,
"털빠진 쥐새끼"같이 생겼다고 당시 사람들이 말하곤 했던
히데요시의 가도假道의 칼날도,
누루하치 후손들의 위세도, 메이지 목인睦仁의 음험한 병탄도
이토록 처참하게, 인의예지의 굳센 성벽을 헐지는 못했다.

이 민족은 스스로를 함락시킬 스스로의 트로이 목마를
만들어왔던 것이다.
하느님은 셔벌을 버리셨다. 하느님은 백두대간을 송두리째 버리셨다.
너희가 과연 이 땅을 벗어나 애굽땅에 다이애스포라라도 만들 수 있단

말가! 이제 서간도도 북간도도 연해주도 너희에게 한 치의 땅을 주지 않는다. 너희는 갈 곳이 없다.

자멸과 공멸과 회멸의 미래밖에는 없다.

이 민족의 화장의 재를 어디에 뿌리려는가?

죽음의 흑암이 엄습해도,
빛 한 줄기 보이지 않아도,
새 생명은 태어난다.

민족은 사라져도 생명은 사라지지 않는다. 국파國破해도 산하는 있다山河在 했으나, 이제 이 민족의 정치는 산하山河를 파破하는 데 총력을 기울이고 있다. 사대강을 파한다. 비상보다 더 독한 마이크로시스티스 남조류를 퍼트리고 있다. 그러나 사대강을 파하는 것으로 만족치 않는다. 모든 갯벌을 파하고, 모든 산을 파하고, 모든 논밭을 파하고, 모든 촌락을 파하고, 모든 인민의 삶의 터전을 파하는 데 총력을 기울이고 있다. 백악의 정상에 서생원 마에스트로가 지휘봉을 흔들며 산하파山河破의 오케스트라를 연주한다.
온 천지사방의 아나베나 서씨들이 박수갈채를 보낸다.

서씨동물농장의 모든 동물이 다같이 함성을 지른다: 모든 동물은 평등하다. 그래서 이 백두대간을 자유롭게 갉아 먹을 수 있다.
대간의 산하는 파해도 생명은 태어난다. 그러나 빛이 없이 새 생명은 어떻게 살아간단 말인가!

비젼이 없다.

살아갈 의미가 없다.

폐허의 잿더미에서 재건의 기쁨이라도 누릴 수 있으면 좋으련만,
빛이 없으니 어찌 노동의 환희가 있을 수 있겠는가!

절망이다! 애가哀歌를 읊을 기력조차 없다!
예루살렘의 폐허에서 라멘테이션Lamentations을 외쳤던
예레미아의 슬픔조차 느껴지질 않는다.

나는 걷고 또 걸었다.

방향도 없이 걸었다.

빛이 없는 어둠 속에서, 별조차 사라진 천공, 하늘과 땅의 분간조차 사
라진 시공의 미로를 헤매며 나는 물을 건너고 있다는 것을 기억했다.
물水을 건넜으니踰 수유다. 수유하여 수유리에 도착하였다. 홍익인간
이라고 새겨진 바윗돌을 더듬었다. 환인 하느님께서는 결코 나를 버리
시지 아니 하리라! 하느님은 나와 함께 하신다. 하느님은 이 땅의 이념
홍익인간을 통하여 여민동락을 실현하고 어둠을 무찌르시리라.

나는 삼각에 오르기 시작했다. 피비린내가 멀어지기 시작했다. 그런데
갑자기 나의 안계에서 놀라운 사건이 벌어지기 시작했다. 서서히 검프스
레한 빛이 어둠을 누르기 시작한 것이다.

그리고 혼돈 속의 질서가 모습을 드러내기 시작했다.

아주 어슴프레, 그리고 아주 짙은 보랏빛의 어둠이 장막을 드리운 채.

그러자 저 멀리 동이 트기 시작했다. 그토록 오랫동안 나는 빛을 볼 수 없었는데.

음양의 질서가 내 머릿속에서 사라진 지 오래였는데 다시 동이 트다니!

이제 빛줄기가 보이기 시작한 것이다. 저 동이 트는 그 멀리 남빛 개벽의 틈새로 모든 세속의 푸른 빛깔이 사라진 청자의 푸른색이 모습을 드러내기 시작했다.

청자의 벽옥빛이 지배하는 색계色界에서 나는 삼각에 오르기 시작했다. 나는 드디어 백운의 정상에 우뚝 섰다. 아직 온전한 빛이 없다.

그러나 비도非道와 욕정과 살벌의 아수라장이 되어버린 셔벌의 폐허를 새벽의 빛으로 누르고 관망할 수 있는 여유를 얻었다.

순간 나는 소스라치게 놀랐다. 유령의 그림자와도 같은 어둠의 실체가 나에게 다가오고 있는 것이 아닌가!

서서히 어둠이 사라지고 모습이 또렷이 드러났다.

아주 예쁘게 생긴 학동이었다. 나이도 모른다. 성별도 모른다. 학벌도 모른다. 족벌도 모른다.

그러나 그 해맑은 얼굴은 청자 먼동 빛에 환히 빛났다. 순결한 영혼이었다.

"선생님! 어이 하여 그토록 찬란하던 셔벌, 그토록 무서운 외침이나 내우에도 견디었던 셔벌이 이토록 처참하게 무너졌나이까?"

— 자업自業이니라. 아직도 아나베나 서씨의 지배가 계속되고 있는가?

"서씨들은 헌법을 바꾸었지요."

— 어떻게 바꾸었느냐?

"새헌법 제1조는 다음과 같지요: 모든 동물은 평등하다. 그러나 서씨들은 다른 동물보다 더 평등하다. 이제 서씨들이 온 누리에 가득차 새 누리가 되었지요. 그들은 인간의 모든 죄악을 솔선하여 실천하고 탐욕과 탄압, 기만과 사기와 수탈을 극대화하며 온 누리의 분별심을 지워버리고 있지요. 그리고 백두대간의 모든 생명수를 독화하고 있지요."

— 아나베나 서씨들을 살찌게 만들어온 너 자신을 반성하지 않으면 안된다.

"저는 피비린내 나는 어둠이 싫습니다. 그래서 벗어나려고 발버둥쳐도 보았지만 벗어날 길이 없습니다. 세상은 저의 소망과 무관하게 변해갑니다. 저희는 일방적으로 당할 뿐입니다. 주어진 세계 속에 던져질 뿐입니다. 이 세계를 변혁시킬 힘이 저에게는 없습니다."

— 자기의 어진仁 본성을 스스로 저버리는 것을 자포自暴라 이르고 이

세계를 변혁시킬 수 있는 힘이 없다고 생각하여 의로운 길을 걸어가지 않는 것을 자기自棄라 이른다. 자포란 자기가 자기에게 폭력을 가하는 것이요, 자기란 자기가 스스로를 버리는 것이다. 자포자기처럼 무서운 죄악은 없다. 이 세계를 변혁시킬 힘이 너에게 이미 충분하다. 어찌하여 인택仁宅에 거하지 아니 하고, 의로義路를 걸어가지 아니 하느뇨?

"이 아수라장 속에서 일 개인이 할 수 있는 일이 무엇이 있겠습니까. 빛조차 사라졌는데… 헤매는 것 외로 할 일이 없습니다."

— 빛이 사라진 것이 아니라 네 마음이 사라진 것이다. 빛은 네 마음이 만드는 것이다. 캄캄한 심해 속의 물고기도 스스로 발광하며 살고 있다.

"어떻게 제 마음이 빛을 발하게 만들 수 있겠나이까?"

— 반성하여라!

"어떻게 반성합니까? 반성하고 싶어도, 무엇을 어떻게 반성해야 하는지를 모르겠습니다."

— 반성한다는 것은 너 자신을 아는 것이다.

"나 자신을 안다는 것이 무엇입니까?"

— 너의 몸Mom을 깨닫는 것이다.

"나의 몸을 깨닫는다는 것이 무엇이오니이까?"

— 너의 몸에 구현되어 있는 우주의 모든 원리를 깨닫는 것이다.

"선생님의 말씀은 매우 그럴듯하지만 너무 추상적이고 거대합니다. 아무리 학교를 다녀봐도, 아무리 책을 읽어도, 아무리 훌륭한 선생님을 찾아다녀도, 아무리 검색해보아도 우주와 내 몸의 모든 진리를 가르쳐 주시는 진정한 스승님이 안 계십니다. 아무리 초라한 범생이라 할지라도 참으로 안다면 참으로 행동치 아니 할 수 없습니다. 제 주변의 모든 사람들이 가치있는 삶을 살고자 하지만 '깨달음'을 얻지 못해 방황하고 있습니다. 선생님! 이 자리에서 저에게 깨달음을 주실 수 있지 않을까요? 조목조목 제가 궁금한 것을 선생님께 여쭈어 보아도 될까요?"

저 셔벌의 폐허는 아직도 어둠에 잠겨 있었다.
그러나 인수는 새벽기운 속에 장엄한 모습을
드러내며 솟아오르고 있었다.
나는 이 절망의 순간에 이 학동에게라도
내가 알고 있는 모든 것을 정직하게 말해주어야겠다는
사명감이 들기 시작했다. 다시 말할 수 없는 것들,
평생 움켜쥐고 말하지 않았던 것들,
그리고 평생 앎의 고뇌에 시달려온 내 삶의 업보를
털어버려야겠다는 기묘한 전율이 내 몸에 감돌기 시작했다.

— 그래, 말해보아라!

"제가 살고 느끼고 있는 이 우주가 무엇인지, 그 본원적인 문제부터 여쭙고 싶습니다만 우선 제가 가깝게 느낄 수 있는 주제로부터 접근해보겠습니다. 우리들은 청춘의 피가 끓고 있습니다. 이 혈맥의 에너지를 어떻게 이해해야 할지 모르겠어요. 선생님! 청춘이 무엇입니까?"

— 청춘은 반항이다. 거역이며, 항거다!

"조금 더 구체적으로 말씀해주실 수 없겠습니까?"

— 내 서재 한켠에 있는 닭장을 들여다보면 청춘의 본질은 모든 동물에 있어서도 동일하게 나타나는 것을 알 수 있다. 청춘은 생명의 특권이다. 오직 정도의 차이가 있을 뿐, 그 특권은 모든 동물에게 동일하게 향유된다. 언어의 우월성에 관하여 인간종이 자신을 너무 특화시키며 지나친 자만감에 빠질 필요가 없다. 병아리들로 가득찬 닭장과 성장한 닭들로 가득찬 닭장에는 현저한 차이가 있다. 병아리는 하루종일 재잘거린다. 성장한 닭들이 적당히 배치된 자연스러운 공간은 비교적 조용하다. 병아리가 알껍질을 부리로 쫀 후 머리와 다리로 힘껏 그 껍질의 간격을 벌려 탈출하는 용틀임에 성공하면 병아리는 곧바로 삐약

거리기 시작하는데 하루만 지나도 엄마 품속에서 젖은 털을 말리고, 영롱한 눈빛을 발하는 그 뽀얀 노란 털로 덮인 얼굴을 엄마 품사이로 드러낸다. 병아리는 불과 하루·이틀만 지나도 자립할 수 있는 충분한 운동신경을 확보한다. 그리고 무엇보다도 엄마의 깃털 사이로 대가리를 빠꼼 드러낸 병아리의 눈동자는 자기가 바라보는 세계에 대한 무한한 호기심을 나타낸다. 무엇에든지 돌진하며 겁이 없다. 며칠만 지나도 엄청 빨리 다닐 수 있다.

미지의 세계에 대하여 겁이 없이 돌진하고 자기의 몸을 투여한다. 동료의 규제나 엄마의 보호가 없다면 병아리는 생존이 위태롭다. 자신의 생존이 위태롭다는 것을 인지하지 못하기 때문이다. 한 달에서 두 달 사이에 병아리는 가장 행복한 세월을 보낸다. 날개와 몸통의 비율이 기나긴 진화과정에서 조류공룡시절의 한 단계를 나타내는 것이다. 이때 병아리들은 가장 잘 비상한다. 본인들이 날개를 퍼득이면 날 수 있다는 것이 너무도 신기하다는 감각을 향유하면서 기회가 있는 대로 비상한다. 완숙한 닭이 되면 이러한 도약과 비상의 능력이 퇴화되고 가금화된 안정적 실존으로 퇴행한다.

이러한 몇 개의 관찰사실에서도 우리는 청춘의 특질을 추론할 수 있다. 청춘은 도약이다. 청춘은 위협을 무릅쓴다. 청춘은 무지無知의 향유Enjoyment of Ignorance이다. 청춘은 무無에로의 투기投己이다. 청춘은 단절된 현재의 순간을 사랑한다. 청춘은 비상飛翔이다. 청춘은 모험이다. 이 모든 것을 합쳐서 내가 말한 것이다: 청춘은 반항이다. 청춘은 록이다. 록은 반항이다.

"신체의 상태와 관련된 것입니까?"

— 청춘의 신체는 물리적 쇠퇴에 항거하는 생명의 상향력이 가장 왕성한 시기이다. 따라서 피로Fatigue도 금방 회복된다. 엔트로피를 감소시키는 생명의 약동, 그 자체가 이미 물리적 환경에 대한 하나의 거역이요, 항변이요, 반항이다. 인생이란 어차피 하나의 비극이다. 우리집 뜨락에 있는 감나무 한 그루의 생명체에서 비극을 논하기는 어렵다. 정보전달체계가 너무도 완만하기 때문에 의식이 매우 완만한 성격을 가지고 있다고 말할 수 있다. 그러나 인간과 같이 신경세포 시냅스가 고도화된 복합적 구조를 가진 의식세계에 있어서는 탄생이라는 획기적 사태와 더불어 이미 죽음을 향한 존재가 된다. 탄생으로부터 생명의 약동의 절정으로 치닫고, 또다시 절정에 도달하자마자 죽음으로 치닫는다. 그 과정을 통해 우리는 생명의 열정을 유지하지만 그 열정은 항상 고통, 좌절, 상실, 불운, 추악의 비극과 얽히게 된다. 인생이란 결국 이러한 비극의 제요소들을 아름다움으로 승화시키는 해탈의 지혜를 획득하는 것을 지고의 이상으로 삼지 않을 수 없게 된다. 생명이 고도화된 삶의 양식을 지니면 지닐수록 비극성은 짙어진다. 또 인간의 비극성에는 언어가 큰 몫을 한다.

청춘이란 이러한 비극에 오염되지 않은 순결한 생명의 약동이다. 청춘은 아직 모든 것을 전관全觀할 수 있는 지혜를 가지고 있지 않다. 체험의 양이 부족하다. 해탈이란 결국 비극과의 타협이다. 그러나 청춘은 비극과 타협하지 않는다. 청춘은 개인적 향유와 개인적 불쾌에 전적으로 몰두하는 성향이 강하다. 청춘은 빨리 쾌락을 감지하며 빨리

고통스러워 한다. 청춘은 빨리 깔깔 웃고 빨리 눈물을 흘린다. 청춘은 빨리 용기를 내고 빨리 공포스러워 한다. 청춘은 빨리 나서고 빨리 수줍어 한다. 청춘은 빨리 참여하고 빨리 이탈한다. 청춘은 그 자신의 일에 즉시즉시 열중한다. 청춘은 결코 행복하다고 말할 수 없는 것이다. 무지의 황야를 헤매며 너무도 변화무쌍한 체험의 세계를 거치기 때문이다. 청춘은 행복하기보다는 발랄하다고 해야 할 것이다. It is vivid rather than happy(나의 언설은 화이트헤드의 청춘론의 영향을 받았다.『관념의 모험』제20장 평화).

누가 청춘을 아름답다 말했던가? 청춘은 결코 아름답지 않다. 노인들의 청춘에 대한 회상만이 아름다운 것이다. 청춘에 대한 추억이 아름다운 것이다. 추억은 항상 아름다운 로맨스만을 추상해내는 능력이 있다. 거기에 부수된 불안과 공포와 고통은 떨쳐낸다. 청춘의 압도적인 사실은 좌절이다. 절망에는 내일이 없으며, 남아있는 재난의 기억조차 없다.

청춘은 모든 아름다움의 호소에 민감하게 반응한다. 아름다운 윤리적 행동에 대해서도 어른과는 달리 순결한 의무감을 갖는다. 청춘은 선善의 의미를 확대하고자 하는 열망이 있다. 지선至善의 달성은 오로지 개인적·이기적 자기동일성의 한계를 초극하는 데서 이루어진다. 개체성의 부정을 통하여 무아無我의 경지에 이르는 것을 "해탈"이라고 부른다. 열반은 고승의 죽음에서 달성되는 것이 아니다. 개체성 내에서 개체의 동일성을 초극하는 무아의 실현은 열반이라고 말할 수 없다. 그것은 자기기만일 수도 있다. 우리나라의 고승들의 언행이 일반인에도 아무런 가치영향력을 지니지 못하는 것은 바로 무아無我가 자아

自我 속에서 잔멸되기 때문이다.

진정한 해탈은 청춘의 특권이다. 선방의 고승의 물건이 아니다. 청춘은 사랑에 빠질 줄을 안다. 그러나 그 사랑이 개체적 이기성을 초극하고 사회적 일체감을 확보할 때 자기부정을 유발한다. 청춘은 자신의 순결한 열망 속에서 자신을 잊어버린다. 이기주의egoism로부터 여민동락與民同樂의 헌신으로 이행하는 것이다.

엄마의 효孝는 절대적인 헌신이기는 하지만 "자기 자식"이라는 편협한 개체의 범위에 모든 것을 집중시킨다. 그러나 청춘의 효孝는 엄마의 효를 무아無我의 사회적 가치로 확대한다. 이것이야말로 청춘의 위대성이다. 고차원적인 측은지심의 헌신은 모든 편협한 자애自愛적 동기를 분쇄한다. 청춘은 안일한 평화와 거리가 멀다. 해탈이나 열반은 고고한 방장의 좌선에 내재하는 것이 아니다. 주변의 동료들의 비인간적 통고를 항거하기 위하여 고통의 현장인 시장 한복판에서 불이 활활 타오르는 모습으로 죽는 순간까지 달려가며, 근로기준법을 준수하라고 외치면서 스러져간 전태일全泰壹, 1948~1970의 무아적 행위야말로 해탈이요 열반이다. 번뇌를 실존 내에서 억누른 것이 아니라 번뇌를 사회적 행위로써 불사른 것이다. 그의 무아無我는 아我의 부정이 아니라, 아의 전체긍정이다. 그의 무아無我는 전아全我이다. 안병무는 그의 행위 속에서 "예수사건"을 감지했다. 팔레스타인 갈릴리의 지평의 사건이 아닌 오늘 여기 우리의 실존의 지평의 사건으로서 재해석한 것이다. 예수는 대상화되어서는 아니 되며 오직 나의 실존 속에서 십자가사건으로서 부활해야 하는 것이다.

"매우 감동적인 언설입니다. 선생님의 말씀을 듣고 비로소 청춘의 의미를 깨닫기 시작한 것 같습니다. 선생님의 청춘에 대한 사색도 결국 선생님의 우주론적 사색과 관련이 있다는 생각이 듭니다만 ……"

──『중용』제1장에 이런 말이 있다. 희노애락지미발喜怒哀樂之未發을 일컬어 중中이라 하고, 발이개중절發而皆中節을 일컬어 화和라 한다(해석은 나의『중용, 인간의 맛』을 참고할 것). 결국 나는 청춘을 중中에서 화和로 가는 끊임없는 발發의 과정Process of élan vital이라고 생각한다. 그러나 화和Harmony라는 것은 정적인 것일 수 없다. 화和가 정태적 완성태를 의미한다면 그것은 무감無感의 조화造花와도 같은 것이다. 그것은 아름다움이 아닌 마비의 상태라 말할 수 있다. 모든 평화도 마비상태에 머물러 있으면 그것은 부패를 의미하는 것이다. 화는 끊임없이 새로운 화로써 대체되어야만 한다. 화를 끊임없이 새롭게 화하는 것, 이것을 "조화의 조화Harmony of Harmonies"라고 부르자! "생생지위역生生之謂易"이라는 말을 "화화지위역和和之謂易"이라고 고쳐 말할 수도 있을 것이다. 그런데 조화의 조화의 계기를 제공하는 것은 끊임없는 "불화不和"이다. 이 화和로서 통섭되는 불화不和를 나는 청춘이라고 부른 것이다.

청춘은 불화하기 때문에 끊임없이 좌절하고 고통스러워하며 반항한다. 그러나 청춘의 불화가 없으면 모든 문명은 활력을 상실한다. 천지가 천지인 까닭도 항상 천지의 청춘이 있기 때문이다.『중용』제1장에 "중화中和를 달성하면, 하늘과 땅이 바른 위位를 얻고, 만물이 잘 자라나게 된다. 致中和, 天地位焉, 萬物育焉"라고 했는데 이것은 역으로 말하면 항상 청춘의 불화가 있기 때문에, 다시 말해서 천天과 지地의 위位

를 항상 불안정하게 만들기 때문에 오히려 천지는 오히려 바른 위를 얻고 만물이 육育한다는 것이다. 청춘은 천지를 뒤흔든다. 그래서 천지는 영원히 천지일 수 있는 것이다.

동방인의 천지코스몰로지Tian-Di Cosmology(제6장 천지天地에서 상설됨)에 관한 주요한 원리를 한 번 검토해보자! 천지간의 모든 만물의 현실성actuality의 본 모습은 과정Process이라는 것이다. 과정이란 생성의 계기들의 착종을 의미한다. 존재하는 모든 것은 생멸한다. 영원은 오직 생멸의 과정 속에서만 논의될 수 있는 것이다. 존재Being는 존재하지 아니 하며 생성Becoming의 과정만이 존재한다. 모든 멸滅의 계기는 생生 속에 보존된다. 따라서 만물이라는 현상의 모든 계기는 유한할 수밖에 없다. 완벽의 조화로서의 전체라는 것은 존재하지 않는다. 유한성은 악이나 불완전의 결과가 아니다. 유한하기 때문에 오히려 새로운 조화, 그리고 완전성을 향한 에로스적인 창진을 할 수 있는 것이다. 청춘은 이러한 우주적 충동의 가장 심오한 원천이다. 하느님도 만물의 생멸 속에서만 하느님일 수 있다. 하느님은 만물과 더불어 생멸하는 현실태이다. 하느님이 인격성을 유지하는 한 그것은 하느님일 수가 없다. 인격성의 고착성에 의하여 하느님됨을 상실하기 때문이다. 모든 하느님은 반드시 인격성을 초극해야만 한다. 마찬가지로 "나"가 나의 인격성에만 갇혀 있으면 그것은 진정한 청춘일 수가 없다. 진정한 청춘은 인격성을 초극하는 데서, 나의 인격을 무인격화하는 보편의 장 속에서 그 위대한 모습을 드러낸다.

청춘은 모험이다. 모험은 문명이라는 유기체의 핵심이다. 모험이 없는 문명은 문명文明이 아닌 문암文暗이다. 그것은 고착 속에서 진부해지고 부패한다. 문명의 부패를 막는 힘은 오직 청춘에서만 온다. 인간 삶의 착종된 양태에 관한 이해의 최종적 근거는 다음과 같은 사실로 귀결된다. 모든 완벽의 정태적 유지는 근원적으로 불가능하다는 것이다. 이것은 한 개인에 있어서뿐만 아니라 모든 문명의 역사가 말해주는 어김없는 사실이다. 이것은 천지 그 자체의 사실에서 도출되는 공리이다. 인간에게 남겨진 유일한 선택은 전진 아니면 쇠퇴일 뿐이다. 완벽이란 도달되는 즉시로 그 성격을 변모해가지 않으면 아니 된다. 칸트가 말하는 완전성은 천지 내에서는 자리잡을 곳이 없다.

나 도올의 나이 또래가 되면 주변의 모든 사람들이 보수를 선호한다. 보수는 변화를 거부하는 반동성이 있다는 것이다. "반동 reactionary"이란 현재의 상태를 좋은 것, 즉 온전한 것으로 간주하며 그것을 고수하려는 것이다. 그러한 현재의 상태란 그것을 온전한 것으로 바라보는 자들의 이익에 복무하는 것으로 해석된 국부적인 것이다. 완전함이란 없다. 우리의 대기업이 완전한 것도 아니며 미국중심의 세계질서가 완전한 것도 아니다. 우리의 GDP가 완전한 것도 아니며 우리의 민주제도가 완전한 것도 아니다. 순결한 보수는, 보수라는 말 그 자체로서 이미 우주의 본질에 역행하고 있는 것이다. 보수가 선택하는 길은 퇴행일 뿐이요, 생명력을 상실한 완전성의 진부함과 쇠퇴가 있을 뿐이다. 천지에는 오직 생생지위역生生之謂易의 창진적 내일이 있을 뿐이다. 그것이 바로 청춘의 모험이다.

내 주변의 보수적 인사들은 모두 청춘의 모험을 불안한 것으로 바라보며, 질서를 파괴하는 것이라고 말한다. 그러나 어떠한 경우에도 청춘의 모험이 강행하는 역사진행의 부작용은 안정이나 완벽을 구가하는 자들이 저지르는 부패에 비하면 매우 사소한 것이다. 지금 현 정권 하의 한국은 극도로 부패하였다. 똥둣간에 오래 앉아 있으면 똥냄새를 못 맡는다. 한국의 민중은 부패를 냄새맡을 수 없을 정도로 둔감하게 되었다. 부패가 사회 곳곳에 너무 만연하고 있기 때문이다.

　　"그런데 왜 한국의 청춘은 반항하고 항거하지 못할까요?"

— 20세기 인류의 역사에 있어서 열강의 식민지상태를 거친 나라로서 한국처럼 그 청춘이 역사의 정의를 리드해나간 유례가 별로 없다. 지구 표면적의 80%가 식민지로 덮여 있었던 20세기 전반의 세계에 있어서 우리 조선민족처럼 임시정부를 수립하고 독립의 쟁취를 위하여 체계적인 항거를 계속한 민족도 드물다. 임시정부수립의 계기가 된 3·1운동만 해도 중국 상해에서 한국 청년 6명(여운형·장덕수·김철·선우혁·한진교·조동호)이 조직한 신한청년단의 활약이 진원이 되어 일어난 운동이다. 3·1운동으로 우리민족은 왕국의 신민臣民이 아닌 근대적 국민으로 다시 태어나게 되었으며, 그 거족적 운동은 세계의 반식민운동의 전범이 되어 엄청난 영향력을 발휘하였다. 중국의 5·4운동, 인도 마하트마 간디가 주도한 비폭력·비협력 저항운동, 월남의 독립운동에 촉매역할을 달성하였던 것이다.

　　그 이전의 구한말 의병운동만 해도 조선왕조의 지배계급이었던 양반거족가문의 청년 자제들이 고매한 자주의 이념에 헌신하면서 그들의 삶을 치열한 투쟁에 던짐으로써 가능했던 것이었다. 일제시대사를 통하여 활약한 우리민족 청춘의 열정은 비단 홍범도·김좌진·김구·윤봉길·안중근·조명하·신규식·신채호·약산 김원봉·여운형·우당 이회영 등등의 이름에 그치는 것은 아니다. 3·1운동으로부터 광주학생운동을 거쳐 해방공간에 이르기까지 우리 민족의 말살되지 않는 주체성은 젊은 학생들의 줄기찬 투쟁이 지켜냈다. 해방 후에도 국대안반대로부터 4·19혁명에 이르기까지 학생들이 흘린 피가 우리민족 정의의 대류大流를 형성하였던 것이다. 뿐만 아니라 박정희 군사독재정권의 매판자본을 동원한 개발위주의 역사드라이브에 쐐기를 박은 억제세력은 젊은 학생들의 항거가 가장 본원적인 힘이었다.

뿐만 아니라 박정희 유신체제의 자기궤멸 이후에 등장한 전두환 철권정치에 죽음으로 항거하여 그를 감옥으로, 백담사로 휘몬 위대한 민족구원의 빛은 전국의 대학생 학생회조직의 지칠 줄 모르고 들끓는 피가 산화한 것이다. 최루탄 연기 속에 눈물을 흘리는 모든 시민들이 그들 청춘의 열정에 고개를 숙이고, 그들의 투쟁의 아픔을 자기 자신의 몸의 통고痛苦로 받아들였다. 이러한 1세기의 줄기찬 학생문화의 정의로운 투쟁은 동시대의 중국이나, 일본이나, 동남아, 혹은 인도, 혹은 어느 나라에서도 그 유례를 찾아볼 수 없다.

그런데 이게 웬일인가? 1세기 동안 축적된 정의감의 찬란의 역사, 그 원동력이 이명박정권 하에서 자취도 없이 소멸된 것이다. 그런데 이명박정권은 단군 이래 통치계급의 부패의 수준이, 가장 극렬한 수준에 속한다. 모든 공익사업이 수익이 날 만한 것이라면 최고통치자 주변의 사람들의 사익에 도움이 되는 형태로 전환시키려고 눈독을 들이는가 하면, 국가의 대계나 국민의 보편적 복지와 무관한 불필요한 사업에 국고를 탕진하는 규모가 "수십 조"라는 숫자를 무색하게 만든다. 거시적으로 본다면 "수천조 원"에 달하는 손실이 국체를 허약하게 만들었다고 개탄하는 소리는 길거리에서 쉽게 들을 수 있는 탄식이다. 더구나 현 정권의 인사행정은 공공의 합리성의 기준이라고는 전혀 없는 열악한 세도정치의 재판이라는 것은 삼척동자도 다 아는 이야기! 게다가 방통대군, 영일대군의 "만사형통"의 부패구조는 빙산의 일각! 어찌 이것이 "사이후이死而後已"(『논어』8-7에서 인용됨. 그러나 맥락적으로 타당성이 없다. 342쪽 참조)라는 잘못 인용된 한자성어의 허무개그로 끝나버릴 일인가? 그런데도 전국의 학생회조직 중에 단 한 건의 유의미한 사회정의운동이 없다! 이명박 대통령은 이 나라의 보이지 않는 정신세계마저 마음대로 콘트롤할 수 있는 마법의 통치술을 환출幻出시키는 천재 중의 천재라고 상찬해야 할 것인가?

　"갑자기 모든 것이 암담해지는군요. 기분이 울컹, 못 견디게 울적해지는군요. 선생님, 제발, 어떻게 해서 우리나라 젊은이들이 그렇게 무기력하게 되었는지 그 이유를 말씀해주십시오."

— 나 같이 철학을 하는 사람들은 역사의 소소한 문제들을 건드리는 것을 좋아하지 않는다. 세부적 사태의 분석에 들어갈수록 그 근인近因과 원인遠因은 무한히 착종되어 있어서 논란의 단서들이 끝이 없기 때문이다. 이명박이 희대의 악정惡政에도 불구하고 살아남고 있는 것은 그가 국민에게 수용되고 있다는 객관적 사실을 의미한다. 국민은 그

의 악정을 감내하고 있는 것이다. 왜 그럴까? 국민이 그를 사랑해서 감내하고 있는 것은 아니다. 이명박을 감내하는 이유는 매우 단순한 사실에 기초하고 있다. 김대중과 노무현의 10년의 악정惡政이 아직 이명박의 악정을 상쇄하지 않을 정도로 추악하기 때문이다. 사실 이명박의 모든 죄악의 근원은 김대중정권과 노무현정권에서 이미 다 뿌리를 내린 것들이다. 이명박의 신자유주의적인 친미·친일·친대기업의 경제정책의 기본노선은 김대중이 IMF를 극복한다고 성급하게 추진한 모든 방식의 노선들을 더 추악하게 발전시킨 것일 뿐이다. 김대중의 비젼이 이 민족의 미래를 더 도덕적으로 더 민주적으로 만들었다고 말할 수 있는, 획기적인 패러다임의 전환은 아무 것도 우리 뇌리에 남는 것이 없다. 모두 진부한 판에 박힌 정책일 뿐이다. 그의 지방자치제에 관한 구상도 이 민족의 산하와 국가의 재정구조를 더 악화시키는 데 기여한 측면이 그 선업의 측면보다 더 많다. 시작은 노태우정권이 하였지만 그 실현의 원동력은 DJ로부터 온 것이다. 어차피 빈핍하게 되어가고 있던 지방문화를 근원적으로 개선하는 보다 현명한 단계적 자치화 방안이 있을 수 있는데도 그는 그의 정치적 이권의 구상에 따라 성급하게 진행되도록 만들었다.

그리고 그는 "전라도"라는 위대한 민중의 고난의 에너지를 사유화하여 특수한 로칼권력의 보루로 전락시켰다. 그가 잘한 것, 지속적으로 추진한 성공적인 사업의 사례로서 대북햇볕정책을 들 수 있겠으나 그것도 레토릭에 그쳤을 뿐 구조적 변화를 이룩하지 못했고, 노벨상을 독식하면서 빛을 바랬다. 지금 국민 누구가 김대중의 노벨상 수상을 영예롭게 기억하는가? 노벨상 그 자체의 기만적 성격만 국민에게 부각시키면서 노벨상의 권위를 추락시켰을 뿐이다. 그의 자서전을 읽어 보면 그는 자기 자신의 삶의 행위를 다각적으로, 객관적으로 소외시켜 인지할 수 있는 인식의 폭을 가지고 있질 못하다. 결국 정권욕에 매달린 초라한 한 정객의 삶이라는 생각밖에는 들지 않는다. 물론 기나긴 세월, 우리민족의 민주투쟁의 고난을 대변한 그의 삶의 부분에 대해서는 충분한 경의를 표해야 할 것이다.

노무현 대통령이 새만금만 막지 않았어도(그는 그것을 막지 않는 결단을 내릴 수 있는 충분한 위치에 있었다) 이명박 대통령이 4대강정비사업을 무리하게 추진할 수 있는 국민적 인식의 기초가 마련되지 않았다. 노무현 대통령이 대북송금 특검을 수용하지 않고 집권초기부터 남북문제를 구조적으로 조정했더라면 이명박의 야비한 대북봉쇄정책은 있을 수 없었다. 미루고 미루다가 성사시킨 말기의 방문은 코스메틱에 그쳤다. 이명박의 FTA추진은 노무현의 정책의 연장일 뿐이다. 보수파들은 "잃어버린 10년"이라는 말을 썼지만, 좌·우를 떠나 가장 정직한 역사적 사실은 김대중·노무현의 10년의 치세야말로 "국민의 진보에 대한 열망을 처절하게 좌절시킨 10년"이라는 것이다. 이승만에서 전두환에 이르는 기나긴 독재의 세월 동안 형성된 국민정서의 정화淨化 purification가 김대중·노무현의 진보적 치세를 허락하였지만, 그들은 그 갈망에 전혀 부응하질 못했다. 따라서 그 좌절감의 백크래쉬backlash 로 태어난 정권이 이명박 정권이며, 따라서 MB정권은 그 이전의 모든 죄악을 마음놓고 재현해도 될 만큼 자유로운 것이다. 그만큼 국민의 절망감이 깊고, 그 절망감이 파생시킨 가치의 혼란이 MB죄악의 여백을 허용하고 있는 것이다. 이 판에 학생들의 보이스가 조직화될 역사의 모우멘텀이 생겨나지 않는 것은 너무도 당연한 것이다. 김대중·노무현에 대한 처절한 반성이 없이는 이명박·새누리당은 극복될 길이 없다.

"우리는 쪼들리는 것이 너무 많습니다. 등록금, 스펙 쌓기, 아르바이트, 취직 …… 하루하루가 독자적인 삶을 설계할 수 있는 시공의 여유가 없이 지나갑니다."

— 이명박이 대통령이 되고나서 세상을 우습게 보고 신이 나있을 즈음 대사건이 터졌다. 미국 쇠고기 파동, 촛불시위라는 사건이다. 이 사건이야말로 우리 민중의 진실을 향한 열정이 폭발한 마지막 대사건이었다. 이 대사건을 체험하면서 이명박은 그 사건과 관련된 매스컴 문화의 핵, 특히 MBC 피디수첩 같은 언론의 핵을 죽여야만 통치가 가능하다는 지혜를 얻었다. 그로부터 전면적인 매스컴 죽이기가 시작되었고, 그 사업을 조중동이 도왔는데, 그 미끼가 "종편"이었다. "종편"이라는 미끼 하나로 조중동이라는 매스컴제국을 무기력한 주구로 만든 이명박의 지혜는 최소한 김대중보다는 더 고단수인 것 같다. 그리고 젊은 이들의 문화를 괴멸시키기 위하여 대학을 철저히 상업화시키고 교육부의 조작에 예속화시켰으며, 또 사회적 분위기를 철저히 대기업중심으로 이끌고 가면서 개체들의 독자적 생존이 불가능한 사회적 분위기를 단기간에 달성시켰다. 따라서 청춘은 대학 들어가기 바쁘고, 들어가면 대기업에 취직해야만 한다는 강박관념에 시달려 모든 스펙 쌓기에 광분해야 하고, 온갖 경쟁구도 속에 순응해야만 써바이벌이 가능해진다. 취직 후에도 대학시절에 진 빚을 갚아야 하기 때문에 회사의

분위기에 그대로 순응해야만 한다.

그런데 회사의 전체적 분위기는 항상 이명박만세, 혹은 이명박 심기 건드리는 일체의 행동을 하지 말기, 그러니까 그 암묵적 분위기 속에서 숨을 죽여야만 한다. 살아남으려면! 그래서 이명박은 한국의 청춘에게서 하늘을 빼앗고 땅을 무너뜨렸다. 하늘은 청춘의 꿈이고, 땅은 청춘의 삶의 기반이다.

"선생님! 청춘은 모험이라고 말씀하셨는데, 어떻게 해야 가슴이 뛰는 청춘의 모험을 시작할 수 있을까요? 모험적인 삶을 살고 싶습니다."

— 이 험악한 시대에 코믹한 분위기로 젊은이들의 각성을 유도한 나꼼수의 사람들이 "쫄지마"라는 명제를 유행시켰는데, 실로 그 명제는 우리가 존재의 심오한 철학으로서 반추하고 또 반추할 필요가 있다. 지금 한국문명, 특히 남한문명은 한 문명이라는 유기체의 발전단계로 볼 때 그 자체로서 내부적 활력이 정합적 결구를 과시하며 그 물리적 가능성의 최대치를 발현하는 정점culmination에 있다고도 말할 수 있다. 내가 어릴 때만 해도 흰 쌀밥을 한 그릇 먹는다는 것은 참으로 있기 어려운 상황이었다. 더구나 방안에 수도가 있고, 방안 수도에서 더운 물이 콸콸 쏟아진다는 것은 상상하기조차 어려운 일이었다. 쌩쌩 살을 에는 추위에 궁둥이 까고 판자때기 변소간에 앉아있지 않아도 되는 상황, 이 모든 것이 천국에서나 가능한 것이었다.

대략 월남파병 이후부터 한국 가정에는 더운 물이 쏟아지는 가옥

구조가 보편화되기 시작했다. 그런데 지금은 이 모든 것이 삼척동자라도 어디에서나 누릴 수 있는 상식의 조건이 되었다. 내가 어린 시절을 생각하면 지금 한국인들은 전체가 천국에 살고 있다. 그런데 왜 그렇게 쪼는 것일까? 한국의 최고의 부자 아무개나 평범한 시민 한 사람이 일상생활에서 향유하는 물리적 조건은 거의 같다. 양적 차이나 데코레이션의 차이는 있어도 질적 차이는 별로 없다. 생존의 기본은 밥, 똥, 잠이다. 이 기본의 충족에 있어서 평범한 시민이 최고의 부자를 질적으로 초월할 수 있는 길은 얼마든지 있다. 부자들은 대체로 건강하지 못하다. 아침마다 끙끙 변비로 고생하는 자가 많을 것이다.

문명의 절정이란, 그 문명을 구성하는 기氣의 착종錯綜의 유형이 어떠한 완전성의 실현을 과시하는 상태이다. 그러나 그 유형은 복합적일 수밖에 없으며, 그 복합적 구조 속에서 세부적인 변용을 허용할 수밖에 없다. 문명의 정점이란 정점을 유지하는 유형의 내부에서 끊임없이 새로운 실험이 가능해야만 그 정점을 유지할 수 있다. 그러나 이러한 내부적 변용과 실험이 소진되고 말 경우 그 문명은 반드시 진부함과 반복으로 추이推移하지 않을 수 없다. 우선 그 문명은 상상력을 소진시킨다. 그리고 맥이 빠져 버린다. 진부한 반복이 계속된다. 반복은 생생한 섭취의 점진적 하락을 가져온다. 그리고 인습이 지배한다. 그리고 기존의 모든 지배체제나, 서울대·고려대와 같은 학문의 상아탑들이 청춘의 모험을 억압한다. 정통을 자임하는 조중동의 보수적 언설만이 그 시대의 표상과 표준이 된다.

이명박 정권은 이러한 하락의 전형에 속하는 것이다. 문명의 모험적 신선함을 일체 도입하지 않았다. 한국호는 지금 침몰해가고 있는 것이다. 이 침몰해가는 문명의 쇠락에 마지막 상상력을 주려는 풍자적 생명력이 "쫄지마" 이 한마디일지도 모르겠다. 한국의 청춘들이여! 왜 쪼는가? 그대들은 쫄 필요가 없다. 생각을 바꾸면 된다. 그대들이 쫄아야만 사회질서가 유지되고 문명의 부귀의 정점이 지속된다고 믿는 청와대의 사람들, 검찰계의 사람들, 법조계의 사람들, 조중동의 사람들, 대기업의 사람들 …… 이들은 모두 청춘의 모험을 억압시키는 세력일 뿐만 아니라, 바로 한국문명 그 자체를 내부에서 붕괴시키고 있는 자들이다. 한국의 기업도, 한국의 젊은이들에게 상상력과 모험과 자율적 행위의 여백을 제공하지 못하면 필망必亡한다. 그들은 나 철학자의 예언을 가소롭게 바라보며 여유있는 웃음을 지을 것이다. 그러나 그 웃음 속에 이미 완만한 쇠락이 내장되어 있다. 어느 순간에 폭락한다.

몇 년 전에 우리나라 최대그룹의 회장이 고려대학교에서 명예박사 학위를 받기위해 방문한 사태에 관해 그 대학 학생들이 항의한 사건을 두고 가혹한 징계를 검토한 일이 있었다. 유구한 전통을 지닌 대학이라는 개방적 지성의 광장에서 일어난 순수한 학생들의 시위에 관하여 징계를 내린다는 것은 있을 수 없는 일이다. 그런데 학생들 대중이 시위학생들에 대해 연대감을 표시하지 않았다. 그래서 이 사건은 본질적 반성이 없이 넘어갔다. 나는 이 사건이 대한민국 청춘이 금권에 순응하는 항복을 선언한 매우 상징적인 사건이라고 생각한다. 그때부터 대한민국의 청춘은 무조건 쫄기 시작했다.

나는 얼마 전까지만 해도 대한민국의 문명의 성취를 사랑하는 한 사람으로서, 대기업의 가치를 높게 평가했다. 그리고 대기업의 가치는 국민들의 피땀의 참여로 쌓아 올려진 것이므로 함부로 패망되어서는 아니 된다고 생각했다. 그러나 맹자는 이런 말을 한다. 아무리 위대한 신하가 그 나라와 군주를 위해 훌륭한 복무를 한다 할지라도, 그 군주가 걸桀과 같은 놈이라면 결국 민적民賊 노릇을 하는 짓밖에는 되지 못한다. 나라를 부강하게 하는 것이 결국 걸을 부강하게 하는 것이요, 전쟁에 승리를 해도 걸의 폭정을 연장시키는 것일 뿐이다. 오늘의 양신良臣은 결국 내일의 민적民賊일 뿐이다(6b-9).

대기업이 오늘과 같이 모든 화폐와 권력의 시스템을 장악하고 자국민을 식민지화하는 그러한 부도덕성의 존립을 계속하는 한, 대기업이 망해도 대한민국의 존립에 도움을 주면 주었지 부정적 결과를 크게 동반하지 않는다. 대기업의 소유주들은 자기 아들, 딸, 손자, 며느리에게까지 자본의 탐욕을 전수시키고 있으며, 우리 서민들의 삶을 황폐하게 만들고 있다. 대기업이 망할수록 청춘의 꿈은 살아난다. 대기업이 오늘의 세력을 구축할 수 있는 힘은 전적으로 한국민 서민의 도덕성, 근면과 정밀과 유교적 합리성의 바탕, 명석한 두뇌활동에서 온 것이다. 따라서 그 바탕은 이미 항존한다. 한 대기업이 무너져도 그것을 대체할 수 있는 새로운 기업은 얼마든지 신흥할 수 있다. 부는 결코 자신의 수명을 오래 끌지 못한다. 자본주의 선진국이 이미 그 싸이클의 정칙을 다 제시한 것이다. 한 세대 주기로 부의 센터는 반드시 이동한다. 내가 만난 당대의 프랑스 석학인 인류학자가 나에게 이런 말을 했다. 프랑스에서는 부자의 아이덴티티가 20년을 넘게 유지하지 못한다. 장기 지속하는 한국의 재벌상황은 유럽의 상식으로 매우 이례적인 것이다.

한국의 대기업들은 나의 이런 말에 코웃음을 칠 것이다. 대기업의 필드는 광대하여 한 국가의 리듬에 구애되지 않고 생존할 다양한 방식이 있다고 ……. 그러나 광대하면 광대한 만큼 예기치 않은 패망의 함수도 증가한다. 우리는 대우의 멸망도 지켜보았다. 그리고 더욱 결정적인 것은 한국의 다국적적 기업이 국내기반을 상실하면 그 다국적 체제도 반드시 필망한다는 것이다. 한국의 다국적적 기업은 국가의 보호를 떠난 적이 없다. 한국의 대기업은 너무도 국민들의 심상 속에서 본질적 도덕성을 끊임없이 이반해오는 짓만을 반복해왔다. 이제 더 이상 국민이 대기업에게 크레딧을 줄 필요는 없다.

대기업이 망하면 국가경제가 흔들리고 그러면 모든 것이 취약해지고 가난해질 것이니 망동하지 말라고 겁을 준다. 가난해질수록 꿈이 생겨난다. 새로운 모험이 시작된다. 조선왕조의 멸망! 일제의 수탈! 해방 후 공간의 끊임없는 좌·우 대립! 남북전쟁! 독재! 투쟁! 투쟁! 투쟁!

우리는 한시도 평온한 가운데서 일어선 적이 없다. 한민족은 항상 최악의 상황에서 최선의 흥기를 이룩했다! 한국의 청춘은 위대하다. 문명을 거부하자! 가난하게 살자! 꿈을 키우자! 새로운 도전을 시작하자! 협조하지마! 대기업 월급쟁이 되려고 지랄하지마! 쫄지마! 씨바! 공자가 말했잖아! 일단사一簞食, 일표음一瓢飮이라도 인생의 지락至樂이 거기에 있다고! 쫄지마! 스바하!

"청춘에겐 꿈이 필요합니다. 그런데 우리에겐 너무도 꿈이 없습니다."

— 꿈! 그래 좋다! 꿈이란 무엇일까? 꿈이란 나에게 있던 것을 넘어서서 현재는 없으나 있을 수 있는 것을 추구하는 것이다. 있던 것과 있을 수 있는 것의 확연한 질적 콘트라스트가 없으면 그것은 꿈이 아니다. 아파트·자동차 키나 장만하려는 꿈은 현재의 삶의 개선이며 그것은 현재의 물리적 조건의 연장일 뿐, 꿈이라 할 수 없는 것이다. 꿈에는 항상 신화적 요소가 있어야 한다. 인간은 리비도 때문에 꼴리는 것이 아니라 자기 삶의 신화를 창조myth-making하려는 충동 때문에 꼴리는 것이다.

청춘의 꿈은 개인이 창조할 수도 있지만, 그 개인이 소속한 사회나 시대가 그가 꿈을 꿀 수 있도록 환경을 조성해줄 수도 있다. 정치가 존재하는 최대의 이유는 "민주의 달성"이 아니라, 그 커뮤니티에 소속한 청춘에게 꿈을 허락하는 것이다. "민주"는 매우 기만적인 서구적 가치의 허명虛名일 수도 있다. "야훼"나 "민주"나 "천당"이나 "예수"나 크게 다를 바 없는 일반명사일 뿐이다. 모든 일반명사가 보편자의 허구성을 지니고 있다. 그러나 꿈은 명사가 아닌 행위의 과정이다.

문명사회의 활력을 유지시키는 것은 고도의 이상적 목표가 추구할 가치가 있다고 믿게 만드는, 상식적 감각이 널리 퍼져있는 상태라고 말할 수 있다. 활기 있는 사회는 어떤 터무니없게 보일 수도 있는 비장한 목표를 내장하고 있는 사회이다. 그렇게 되면 그 사회의 구성원들은 개인적 만족personal gratification의 안일한 충족을 넘어서서 방황한다. 방황이 없으면 청춘이 아니다. 방황이 없으면 늙음의 고착만 있게 된다. 강렬한 흥미는 개인성을 초월하는 보편적 가치의 측면에서 유발되는 것이다.

"선생님의 말씀이 이해될 듯 하면서도 너무 압축되어 다 소화하기가 어렵군요. 좀 비근한 사례로써 설명해주실 수 없습니까?"

— 내가 일본에 유학하고 있을 때 나의 가장 친한 일본친구가 나를 가장 부러워했던 사실은 한국이 분단상태로 있다는 것이었다. 분단은 비극일 수도 있으나, 분단은 통일을 요구하고 있다. 조선의 분단은 단순히 동족간의 내적 분열의 문제가 아니라 20세기 인류의 역사의 가장 큰 죄악인 제국주의 식민지정책과 미소냉전 체제구축이라는 거대음모의 유도적 소산이다. 그 소산의 마수에서 한민족이 자결적으로 해탈되는 과업은 곧 20세기 인류사의 모든 부정적 과제상황을 긍정적 화해로 전환시키는 대업을 의미한다. 이 대업이 곧바로 터무니없게 보일 수도 있는 비장한 목표라는 것이다. 일본의 한 지성인으로서 그러한 과제상황을 떠안을 길이 없다는 것이다. 그래서 일본의 학자들은 작은 팩트나 주제의 협애한 문제에 매달려 일생을 보낼 수밖에 없다는 것이다. 한국은 터무니없이 그랜드한 과제상황들을 역사의 목표로 설정하고 있다. 그래서 항상 활력이 넘친다는 것이다. 그는 내가 필연적으로 맞부닥칠 운명에 대하여 젊은 날, 나에게 부러움을 표시하곤 했다. 동경대학 수재였던 그 친구의 그러한 부러움이 나의 젊은 날의 이상의 한 원천이 되었다. 나는 미국유학을 계속 했고, 또 미국유학을 성공적으로 마친 후에도 미국 대학에 머물 수 있는 많은 기회가 있었지만 굳이 나는 분단된 조국의 품으로 돌아와야만 했다.

통일이라는 과제상황은 단순히 정치적인 차원에서 그치는 문제가 아니다. 그것은 『중용』제1장에서 말한 중中과 화和의 실천이다. 중中은 천하지대본天下之大本이라 했고, 화和는 천하지달도天下之達道라고 했다. 본시 우리민족은 1948년까지만 해도 분단된 적이 없다. 더구나 서구적 이데올로기에 의한 분단이라는 것은 너무도 우리민족에게 생소한 것이다. 이데올로기라는 것은 지배계급의 인민지배를 위한 왜곡된 세계관이다. 모든 이데올로기라는 것은 허위의식이다. 우리민족의 실체는 하나된 중中이다. 그런데 그것이 발하여 불화의 분열을 일으켰으니 이제 그것을 화和로 가져가야 한다. 그것은 남북한사회가 달성해야만 할 달도達道가 된 것이다. 통일이란 20세기적 모든 분열상황을 근원적으로 해소함으로써 인류의 새로운 중용中庸의 패러다임을 창출하는 창신의 도입이다. 그것은 인류의 철학적 과제상황의 지고·지난의 테마이다.

촛불집회의 충격으로 실의에 빠졌던 이명박 장로를 충심으로 위로하던 소망교회 장로들이 그를 위해 기도를 했다고 한다. 그 기도내용이 무엇이었을까? 물론 촛불집회를 조정하는 불온세력들을 철저히 봉쇄하는 일이다. 불온세력이란 남한사회에서 모두 "빨갱이"로 통한다. 빨갱이는 논리적으로 북한과의 커넥션을 떠나서 생각할 수 없다. 하여튼 이명박 정권은 어떠한 이유에서든지간에 북한을 철저히 봉쇄시키는 정책을 취했다. 북한은 남한이 봉쇄한다고 봉쇄되는 나라가 아니다. 남한이 봉쇄자세를 취하면 취할수록 북한은 중국에 더 가까이 다가갈 수밖에 없다. 그러면 세계사의 분열의 골은 휴전선에서 더 깊어질 수밖에 없다. 남한은 점점 대륙의 질서에서 분리되어 섬나라로 유리될 수밖에 없다. 북한은 남한과의 주체적 협업의 관계를 포기하게 되면 그만큼 중국에 예속될 수밖에 없다. 나는 지금 이러한 정치권력의 판도의 변동에 관한 시론을 펼치고 있는 것이 아니다. 바로 햇볕정책을 180° 선회시키는 이명박의 단절과 분열의 결단은 대한민국 청춘의 꿈을 앗아가 버리는 가장 본질적이고도 효율적인 정책의 케리그마였다는 것을 말하려는 것이다. 월남전과 중동붐이 불면서 한국의 기업에 들어간 젊은이들은 진취적인 모험의 열정을 펼쳤다. 내가 김우중 회장과 아프리카대륙을 방문했을 때였다. 뽀얗게 먼지를 휘날리며 사하라사막을 달리는 르망차 한 대를 목격했을 때 옆의 수행원이 눈물을 흘리는 것을 보았다. 그 한 대를 팔기 위해 너무도 너무도 고생스러웠던 자신의 세일즈맨 시절의 로맨스가 감격스럽게 눈앞에 객화되어 펼쳐지고 있었던 것이다. 한국의 젊은이들은 이렇게 모험하고 방황하면서 자신들의 인격성을 뛰어넘는 무아의 헌신을 맛보았다.

"세상은 넓고 할 일은 많다"를 외쳤던 김우중의 케리그마는 조선의 젊은이들에게 대륙의 장벽을 무너뜨리고 무한히 소통의 영역을 확대해간 칭기스칸적인 꿈을 심어주었다. 이러한 꿈의 좌절이 MB정권의 북한봉쇄였고! 그 봉쇄의 직접적 효과는 젊은이들을 대한민국이라는 섬에 유폐시키고 철저히 순응시키는 것이었다.

우리가 반드시 깨달아야 할 것은 북한의 문제는 남한의 문제로부터 객화될 수 없다는 것이다. 객관적인 실체로서 대상화되어서는 아니 된다는 것이다. 북한의 역사가 곧 남한의 역사이며, 남한의 역사가 곧 북한의 역사이다. 남·북의 역사가 각기 독자적 행보를 취한 것 같아도, 결국 그 진로는 서로에게 영향을 주면서 상대적인 제약성을 구현해나간 것이다. 북한의 죄악은 궁극적으로 나로부터 대상화되는 죄악이 아니라, 나 스스로의 죄악이다. 남·북한 사이에서 벌어진 모든 문제는 선·악의 이원론이 있을 수 없다. 타방이 악이고 자방은 선이라고 하는 이분이 있을 수 없다. 선·악을 모두 포용하는 대자대비의 일심一心이 있지 않으면 안된다.

"웅장하고 감동적인 설법이기는 하지만 너무 추상적입니다."

— 나의 언설은 결코 추상적이지 않다. 아주 기본적인 게임의 룰을 새롭게 설정하자는 것이다. 가장 큰 문제는 체제의 불인이다. 우선 북한이라는 체제를 있는 그대로 긍정하고 시인하는 것으로부터 출발해야 한다는 것이다. 6·25전쟁에 관한 어떠한 논의도 공동의 책임을 벗어나는 것은 없다. 나는 학술적 자료에 의거하여 "북한의 남침"을 시인하고 그 남침의 시도가 매우 현명하지 못한 처사였다는 것을 인정하지만, 그러한 문제로 인하여 그 이후에 전개된 북한질서를 부정할 수 있는 특권은 우리에게 객관적으로 주어져있질 못하다. 그리고 어찌 되었든 한국전쟁을 빌미로 구축된 미소냉전세계질서 속에서 그토록 우직하게 "주체사상"을 고집하고 미국이나 일본에는 물론, 소련이나 중국에 대해서도 비굴종적 태도를 고수해온 그들의 삶의 방식이 비록 인민의 삶을 고통스럽게 만들었다 할지라도 반드시 세계질서의 보편성으로 편입되어야만 한다는 획일적 사고를 강요할 수는 없다. 터무니없는 이념·이상이지만 그들 나름대로 지켜온 주체적 삶의 방식을 우선 시인하는 것으로부터 진정한 교류의 시작을 삼아야 한다. 미국식으로,

자본주의식으로, 서방식으로, 개혁·개방식으로 북한의 동포가 살아야만 우리와 소통할 수 있다고 생각하는 것은 조화의 기본을 망각하는 것이다. 조화란 반드시 그 내부에 강렬한 대비를 지니는 상호억제의 요소들간의 텐션을 내포하는 것이다.

주체적으로 살아보려는 안간힘, 그것을 말살할 것이 아니라, 오히려 "우리"의 내부의 긍정적 긴장의 계기로서 활용한다면 더 큰 조화의 신선함을 창출할 수 있을 것이다. 북한은 우리 역사의 영원한 활력소가 될 수 있는 것이다. 일자를 타자에 순응시키는 획일적 말살은 조화의 다양한 형식을 말살시키는 것이다. 모험의 중요한 계기들을 유실하는 것이다.

　"통일이란 무엇입니까? 어떻게 해야 이루어지는 것일까요?"

— 통일을 말하는 자들은 대체적으로 통일을 원하지 않는다. 다시 말해서 "통일"이 레토릭에 그치고 있다는 것이다. 북한이나 남한이나 꾸준히 통일방안을 제시해왔다. 그러나 그러한 도식적 방안의 대결은 정책의 방편으로서 반드시 필요한 것이기는 하지만 그러한 방안의 레토릭에 너무 집착하다 보면 통일을 근원적으로 거부하는 완고한 세력들에게 덜미를 붙잡히는 시비의 말꼬다리가 된다는 것이다.

북한이 일관되게 주장하는 것은 연방Federation을 통일의 완성으로 보는 것이다. 그런데 남한은 통일에 대한 근본적 생각도 없으면서도 항상 단일국가Unitary State를 통일의 완성으로 보는 입장을 견지해왔다.

그래서 김대중은 1)공화국연합제에 의한 국가연합단계, 2)연방제 단계, 3)완전통일의 단계라는 3단계의 통일방안을 제시하였고 평화공존, 평화교류, 평화통일의 3원칙을 제시하였다. 김대중은 남한의 꼴보수 반동파 사람들의 견해도 수용하면서 북한의 주장과의 단계적 합의점을 발견하려고 하였던 것이다. 김대중의 햇볕정책은 방법상의 문제가 있을지는 몰라도 근원적으로 우리가 취해야만 하는 불가피한 당위성을 제시한 것이다. 햇볕정책을 "퍼주기"라고 비난하는데 동포에게 퍼주기라도 할 수 있다면 얼마나 다행한 일이며, 얼마나 행복한 일인가?

그러나 문제는 이러한 도식적 역사진행방안은 현재로서는 말장난에 지나지 않는다는 것이다. 이미 분할되어버린 두 체제의 관계의 역사는 몇 정책자들의 주관적 성견에 의하여 성립한 도식만을 따라가지는 않는다. 그것의 정책적 방편성을 인정한다 할지라도 그 모든 방편에 앞서서 상호실리적 핵을 위한 획기적 대책을 마련해야 하는 것이다.

그 "핵"이란 무엇인가? 그 "핵"이란 바로 "자유왕래" 그 한마디일 뿐이다. 내가 말하는 "자유왕래"라는 것은 보수세력이 말하는 획일주의적 일방적 개방이 아니라 서로의 체제를 존중하는 전제조건으로 통일을 향한 자연스러운 교류의 기반을 말하는 것이다. 지금 우리는 미국도, 일본도 비자 없이 간다. 왜 주변 이웃나라와는 자유왕래를 하면서 동포들끼리는 자유왕래를 하지 못한단 말인가? "자유왕래"는 어떻게 실현하는가? "휴전협정"을 "종전협정"으로, "평화협정"으로 바꾸어야 한다. "휴전"이란 전쟁중인데 싸우지 않는다는 뜻이다. 휴전선이란 전쟁선이라는 뜻이다. 잠시 전쟁을 쉬고 있을 뿐이다. 이승만은 패배의 책임을 회피하기 위하여 휴전의 당사자로서 참여하기를 거부했다.

그래서 "평화협정" 문제만 나오면 북한은 남한의 배제를 요구한다. 북한 정책자들도 참으로 어리석다. 남한을 배제하고 미국과 어떤 협약의 변경이 불가능하다는 것을 알면서도 그런 형식론적 억지를 부리는 것이다. 문제는 남한이 주체적으로 미국을 설득하여 이런 문제를 풀어야 하는데 그럴 기회는 얼마든지 있었다. 노무현은 후보시절에 "나는 대통령 당선되어도 미국에 사진 찍으러 가지는 않겠다"는 둥 매우 주체적인 발언을 많이 했다. 그래서 미국은 잔뜩 긴장했다. 노무현에 대한 정보가 부재했던 것이다. 그런데 노무현은 당선되자마자 그러한 주체적 스탠스를 스스로 배반했다. 국민의 열망을 스스로 저버린 것이다. 사진 찍으러 갔고, 미국에 가서는 안해도 될 얘기까지 잔뜩 늘어놓았다. 미국의 도움이 아니었더라면 한국은 민주주의국가가 되지 못했을 것이고, 그렇게 되었더라면 자기 같은 사람은 정치범수용소 같은데 갇혀있을 것이라는 식의 망언을 했다. 한국의 민주주의는 미국의 기여로 이루어진 것이 아니라 우리 대한민국 국민의 열망으로 이루어진 것이다. 미국은 오히려 민주의 열망을 억제하는 정책을 펴왔다. 광주민중항쟁도 지켜만 보았고, 당시 군부의 이동을 묵인하였다. 미국은 정의와 이익의 갈림길에서 항상 자국의 이익을 선행시킨다. 도무지 우리 나라의 대통령이 할 수 있는 발언은 아니었다. 노무현은 국제사회에서 두려운 존재에서 무시당할 수 있는 존재로 영락했다. 대북송금문제가 정치쟁점으로 부각했을 때도 "정치구단" 운운하면서 특검을 수용했다. 그리고 결국 정몽헌을 죽이고 현대아산을 죽였다. 그리고 현대아산이 따온 모든 개발이권을 휴지로 만들었다.

만약 노무현이 사진 찍으러 미국에 가질 않고, 중국을 먼저 방문했다든가, 그리고 특검 같은 바보짓을 하지 않고, 이라크파병의 조건으로 평화협정이나 휴전선왕래의 모든 이니시어티브를 장악하는 조치를 취했더라면 "자유왕래"는 중국의 양안관계 이상으로, 변질될 수 없는 우리역사의 대세가 되었을 것이다. 노무현은 그렇게 위대한 기회들을 다 유실하였다. 그까짓 자식 학비 변통한 사소한 일 때문에 자살할 수 있는 용기를 지닌 사람이라면, 대통령이 되자마자 한 일 년 동안 미국CIA의 권총을 맞을 각오를 하더라도 한번 민족의 주체적 이니시어티브의 염원을 실현했더라면 그는 마하트마 간디나 윈스턴 처칠을 능가하는 위대한 역사적 인물이 되었을 것이다. 근본적으로 그릇이 작다. 우리가 무엇을 더 개탄하고 무엇을 더 바랄 수 있을 것인가?

통일은 이념의 문제가 아니라, 민족역사의 당위성에 관한 문제이며, 우리민족이 우리민족 스스로 역사의 이니시어티브를 장악한다고 하는 정도正道의 문제이며, 민족갱생을 위한 "실리實利"의 문제이다. 통일을 하지 않는다면 우리민족은 영원히 강대국에게 조정당하는 꼭두각시가 될 뿐이다. 그런데 김대중이나 노무현이 통일이 이념이 아닌 "실리"라는 팩트를 역사과정 속에서 보다 구체적으로 제시했더라면 보수·진보를 떠나, 국민이 남북화해를 부정적으로 파악하는 일은 결코 없었을 것이다. 통일이 실리라는 사실을 구조적으로 과시하지 못했기 때문에, 그를 위하여 미국을 회향시키지 못했기 때문에, 항상 통일은 "이념"의 허울 속으로 퇴행하곤 하는 것이다. 생각해보라! 통일된 단일국가, 즉 완전통일을 운운하는 자들은 근원적으로 통일에 대한 생각이 없는 것이다. 어떻게 북한을 일방적으로 흡수통일 할 수 있겠는가? 세상에 그렇게 어리석은 졸렬한 생각이 어디에 있나? 완전통일을 위해서라도 모든 단계적 협의를 레토릭에 구애 없이 수용해야 하는 것이다. 어차피 통일이란 쌍방의 중립지대에 협의기구를 설정하여 다양한 협상과 양보를 통하여 서서히 시행착오를 거치면서 진행되는 것이다. 통일은 도식적 방안이 아니라, 자유왕래를 통하여 민족자결의 원칙에 의하여 전개되는 것이다. 스스로 자내적인 역학에 의하여 완만하게 진행되는 것이다. 부작용의 시행착오를 스스로 교정해나가는 것이다.

내가 말하려는 최종적 결론은 남북문제야말로 대한민국의 청춘의 모험의 열정이 전개되는 무한한 가능성의 장이라는 것이다. 남북의 자유왕래가 이루어지면 남한의 젊은이들이 김일성대학의 교수가 되어 북한의 학도를 위대하게 교육시키는 꿈을 키울 수도 있을 것이고, 몇몇이서 합동하여 개마고원에 인류사를 변혁시키는 새로운 연구소나 벤처사업을 설립하는 꿈을 꿀 수도 있을 것이다.

"선생님! 선생님의 말씀은 너무도 지당하신 말씀입니다. 그러나 그 청춘의 열망을 펼 수 있는 현실적인 여건은 도래하고 있질 않습니다. 청춘이 스스로 자신의 모험을 위하여 감행할 수 있는 힘이 너무도 없습니다!"

— 그것은 착각이다. 너희들은 힘이 많다. 너희들은 조선의 역사를 뒤흔들 수 있는 유일한 주체세력이다. 가위에 눌렸을 때는 깨기만 하면 된다. 가위에 눌린 채 발버둥치면 앞으로 나아갈 수 없다. 그러나 의식이 깨어나기만 하면 온전한 신체적 조건으로 충분히 달려나갈 수 있다. 필요한 것은 단지 의식의 전환이다. 왜 바보 같이 등록금투쟁을 하

고 있는가? 왜 사회적 비리를 쳐다보면서 그에 대한 항거를 하지 아니하고 자기의 이권에 관련된 듯한 협애한 이슈에 집착하는가? 등록금 반값투쟁을 운운하지 말고, 정권퇴진운동의 구호를 오늘 외쳐보라! 등록금 반값은 내일 실현된다. 청춘은 아직 사회의 죄악에 물들지 않았다. 그래서 그들이 사회적 정의와 관련된 설득력 있는 투쟁을 전개하면 기존의 모든 세력이 무릎을 꿇을 수밖에 없다. 옛날처럼 가두시위가 힘들다면 학생회 단위로 의미있는 대사회적 성명서를 발표해도 그것은 과거의 가두시위보다 더 큰 힘을 발할 수도 있다. 그리고 박정희처럼 무고한 인혁당 사람들에게 죄를 뒤집어씌워 단기간에 사형을 집행하는 그런 무지막지한 짓을 이제는 할 수가 없다. 당시는 언론의 통제가 가능했지만, 지금 정보의 시대다. 그러한 언론의 통제가 현실적으로 불가능하다. 진실은 반드시 폭로된다.

조중동은 더 이상 영향력이 없다. 보수세력을 대변하는 하나의 정보센터일 뿐이다. 지금은 다양한 언론의 루트가 개방되어 있다. 권력의 핵심을 움직이는 힘은 부족해도 사회악을 폭로하는 힘은 막강하다. 젊은이들이 궐기하면 권좌에 앉은 사람들은 벌벌 떨 수밖에 없다. 자기들의 공포를 제거하기 위하여 더티한 액션을 취하게 되어 있다. 그러면 국민들의 정의감이 폭발한다. 그리하면 반드시 청춘은 승리한다! 청춘이 사회악과의 투쟁에서 좌절한 역사는 없다! 일어서라! 조직하라! 단결하라! 투쟁하라!

"등록금투쟁보다 더 구체적이고 더 파급력이 큰 이슈가 없을까요?"

— 있다! 그것이 올 대선이다! 한번 생각해보라! 중국의 젊은이들이 사회악을 감지해도 그것을 항의할 수 있는 조직적 루트가 없다. 천안 문사건과 같은 피의 항전은 역사적 상황이 극한에 무르익을 때만 가능한 것이며 정상적 루트를 통하여 조직될 수 있는 이벤트가 아니다. 그러나 대한민국의 청춘은 기나긴 선학들의 피흘림에 힘입어 최소한 "선거"라는 하극상의 합법적 루트를 확보했다. 이 "선거"를 조작하려는 모든 음모가 기존세력에 의하여 진행되고 있지만 가장 결정적인 하드 팩트를 조작할 수는 없다.

언론을 장악하고, 투표장을 임의로 옮기고, 컴퓨터를 다운시키고 여러 가지 조악한 짓을 해도, 이제 이승만시절처럼 투표용지에 기입된 팩트를 조작하지는 못한다. 그런데 젊은이들의 향배는 대선에 결정적 영향을 준다. 재미있게도 우리나라의 보수세력이라는 사람들은 한결 같이 젊은이들이 투표장에 오는 것을 두려워한다. 청춘의 투표를 공포스러워하는 정권을 어찌 그 나라를 통치할 자격을 지니는 정권이라 말할 수 있겠는가?

청춘이 기존의 체제의 압박 속에서 순응해야만 하는 중압감을 벗어날 수 있는 가장 효율적인 방법은 그 체제의 상부 권좌의 성격을 변화시키는 것이다. 그러면 전체 교육행정 체계나, 그대들이 취직하는 회사의 분위기나, 공무원의 행동방식이나, 사회의 일반적 가치관에 숨을 쉴 수 있는 최소한의 여백이 생겨난다. 우리나라는 근원적으로 아래로부터의 변화는 요원하다. 윗물이 맑아야 아랫물이 맑다. 그 수원을 맑은 물로 바꾸는 것이 가장 효율적인 변혁이다. 그런데 지금 우리사회는 윗물이 똥물이다. 그러니 아랫물에서도 부패가 심하고 쿠린내가 나는 것이다. 부패를 지도층이 가르치고 있는 것이다. 이것을 바꿀 수 있는 힘은 "정점의 권력"밖에는 없다. 우리나라는 아직도 대통령이 조선왕조의 왕보다 더 막강한 권력을 지니고 있다. 현재 이명박 대통령의 권력은 조선왕조의 어느 왕보다 더 강하다. 어느 왕도 MB처럼 효율적으로 사회전체를 지배할 수 있는 매카니즘을 지니지 못했다. 언론·사법·행정·입법·감찰·정보 등등의 모든 권력과 금권을 마음대로 주물렀다.

이 정점의 권좌를 조직적인 국민들의 힘으로 바꿀 수 있는 매카니즘이 "선거"라는 행위로써 확보되어 있다는 이 사실은 단군 이래 우리나라 역사에서 최초로 등장한 신국면이다. 이것은 주변의 일본이나 중국도 확보하지 못한 우리역사의 위업이다.(최근 일본의 민주당집권은 일본역사의 새로운 계기이기는 하나 직접선거에 의한 정권교체와는 좀 성격을 달리하는 것이다. 일본의 지배체제의 타성은 아직도 완고하다). 만약 조선왕조에 왕을 일정기간마다 갈아치울 수 있는 귀족합의체가 있었다고 한다면 조선왕조의 성격이 매우 달랐을 것이다. 하여튼 우리역사는 서구역사가 700년을 걸려 달성한 공정선거라는 신국면을 불과 반세기만에 완벽하게 달성하였다. 이 선거를 통하여 지배체제의 전체적 성격을 변화시킬 수 있는 발란싱의 추뉴를 장악하고 있는 세력이 바로 대한민국의 청춘이다! 아시아역사에서 거의 유일하게 그러한 조직적 힘의 가능성을 지니고 있는 것이 한국의 청춘이다! 대선을 통한 변혁의 주체세력이 되어라! 이명박을 탄생시킨 썩은 물결을 근원적으로 봉쇄해야 한다. 조직하라! 항거하라! 투표장에 가라!

"선생님의 말씀을 들으니까 이 땅의 젊은이들이 각성하기만 하면 역사를 변화시킬 수 있는 주체세력이 될 수도 있겠다는 생각이 드는군요. 정말 깊게 깨닫고 뜻있는 친구들끼리라도 뭉쳐서 무엇인가 역사에 의미있는 족적을 남길 수 있는 일을 해야겠다는 새로운 신념이 생겨납니다. 그런데 더 근원적인 문제로서 역사가 무엇인지 선생님의 가르침을 받고자 합니다."

— 역사가 무엇인지를 말한다는 것은 너무도 광대한 주제이기 때문에 입을 열기가 두렵구나.

"그래도 선생님! 꼭 한 말씀만이라도 해주십시오. 아주 간결하게라도."

— 역사는 고중근이 아니다.

"그게 무슨 말씀입니까? 제가 '조중동'을 잘못 들은 것은 아닌지 싶습니다만 ……."

— 역사가 "고중근"이 아니라는 뜻은 역사에 고대와 중세와 근대가 있을 수 없다는 것을 의미한다.

"옛? 어떻게 역사에 고대와 중세와 근대가 없을 수가 있습니까? 시간은 흘러가는 것 아닙니까?"

— "시간이 흘러간다"는 말은 약간의 어폐가 있다. 시간이라는 실체가 있고, 그 실체가 흘러가는 것은 아니다. 다시 말해서 한강에 시간이라는 배가 떠있고, 그 배가 가는 것처럼, 시간이라는 물건이 떠내려가는 것은 아니다.

"말씀을 들으니 정말 시간이라는 물건이 우리 주변에 있는 것 같지는 않군요. 그럼 시간은 무엇입니까?"

— 시간이란 단지 인간이 현상계, 그러니까 천지코스몰로지의 틀 안에 있는 만상의 변화Change를 감지하는 인식의 체계이다. 인식이란 곧 나의 의식의 내부사건이라는 뜻이다. 시간은 외부적 사태로 유발되지만 의식의 틀을 떠나서 생각할 수 없는 것이다. 내가 감지하는 모든 물체가 일체의 변화가 없다고 한다면 물론 시간은 없다. 모든 것이 완전히 정지되어 있기 때문이다. 기독교인들이 믿는 천당은 한마디로 시간이 없는 정지의 관념체계이다. 어느 미친놈이 그런 데 가서 살고 싶어 하는지 나는 도무지 이해할 수가 없다. 천당에는 시간이 없다. 그래서 변화도 없고 고락苦樂도 없고 생성도 없다. 그래서 영원하다고 말하는 것이다. 영원이나 불변은 시간의 부정이다. 그러나 시간은 역易이다. 시간은 64괘의 착종의 세계이다.

"다시 한 번 여쭙겠습니다. 역사란 무엇입니까?"

— 역사란 시간이다. 무엇이든지 시간이 지나면 역사가 된다. 내가 쓰는 만년필도 내 손에 잡힌 후로부터 그것은 역사가 된다. "내 만년필의 역사"가 쓰여질 수 있다. 하느님도 인간의 관념이다. 그래서 인간세에 따라 변해왔다. 그래서 우리는 "하느님의 역사History of God"를 쓸 수가 있다.

"선생님! 지금 방금 선생님께서도 '시간이 지나간다'는 표현을 쓰셨지 않습니까? 시간이 흐르는 이상 고·중·근이 없을 수는 없을 것 같은데요."

— 미안하다. 인간의 언어는 매우 방편upāya적인 것이라서 그런 표현을 회피할 길이 없구나! 지금 우리의 이야기는 결국 시간이 흐른다는 문제에 관한 것이 아니라, 그 흐름을 인식하는 인간의 인식체계, 혹은 그 모양새, 결국 그것은 시간의 모양새가 되겠지만, 그런 모양새에 관한 것이다. 아주 쉽게 한번 생각해보자! 올해가 몇 년이냐?

"2012년입니다."

— 무엇을 근거로 그렇게 말하는가?

"서기西紀라는 것 아닙니까?"

— 우리가 지금 쓰고 있는 칼렌다 그 자체는 1582년에 교황 그레고리 13세Pope Gregory XIII가 예수회의 천문학자 크리스토퍼 클라비우스Christopher Clavius의 도움을 받아 반포한 그레고리역Gregorian calendar이

지만, 올해가 2012년이라는 것은 예수탄생을 원년으로 하는 계산법으로서 AD 525년에 디오니시우스 엑시구스Dionysius Exiguus라는 수도사가 만든 기독교도들을 위한 햇수계산법이다. AD라는 것은 중세 라틴어 "Anno Domini Nostri Iesu Christi"의 약자인데, 그것은 "우리의 주 예수 그리스도의 해 안에서In the Year of Our Lord Jesus Christ"라는 것이다. 이것도 햇수계산이 잘못되어 헤롯의 죽음이 기원전 4년이므로 예수는 "그리스도 이전" 4년이나 5년에 태어났다고 보아야 한다. BC라는 것은 "Before Christ"라는 영어의 약자이다.

그러니까 인간의 역사를 BC·AD로 계산한다는 것은 인류사의 모든 사건이 마치 예수의 탄생을 기준으로 완벽하게 일직선으로 나열되는 느낌을 갖게 되는 것이다. 그러니까 우리가 "안노 도미니"라는 연호를 사용하는 동시에 우리는 암암리 기독교적 세계관의 질서 속으로 편입된다는 것을 의미한다. 그러니까 교회를 나가지 않아도 기독교인이 되는 방식은 우리사회 도처에 깔려있다. 그래서 대형교회 장로님들의 자만심이 그렇게 막강할 수 있는 것이다. 그러나 내가 어렸을 때만 해도 서기를 쓰지 않았다.

"무엇을 썼습니까?"

— 5·16군사혁명이 일어나기 전만 해도 우리나라에서 나온 책들을 보면 모두 단기로 되어있다. 단기에서 2333이라는 숫자만 빼면 서기가 된다. 단기란 단군왕검檀君王儉이 고조선을 세워 즉위한 BC 2333년을 원년으로 하는 한국의 연호이다. 고기록들을 종합해보면 단군이 단

군조선을 1048년간 다스렸고, 그로부터 164년 후인 주나라 무왕武王 원년에 기자箕子가 나라를 세웠다는 것으로 요약되는데, 무왕 원년이 BC 1122년이므로 이로부터 소급하면 BC 2333년이 단군기원이 된다. 그런데 이 단기를 만든 사람은 나철羅喆이다. 너는 나철이 누구인지 아는가?

"전혀 모릅니다. 들어본 적이 없습니다."

— 나철羅喆은 본명이 나두영羅斗永, 혹은 나인영羅寅永이라고 하는데 1863년에 전남 보성에서 태어났다. 지금도 보성에 가보면 그의 생가가 그대로 보존되어 있는데 사람들이 그가 누구인지를 몰라 매우 초라하게 방치되어 있다. 나철은 29세(1891년 고종 28년) 때 식년 문과에 장원 급제하였으니 대단한 천재라 할 것이다. 승정원 가주서假注書와 승문원 권지부정자權知副正字를 역임하였으나 나라꼴이 말이 아니고 일본의 침략이 노골화되자 관직을 사직하고 귀향하여 호남의 지식인들을 모아 비밀결사인 유신회維新會를 조직하였고, 을사조약 직전인 1905년 6월에는 오기호, 이기, 홍필주 등과 함께 일본에 건너가, "동양평화를 위하여 한·일·청 삼국은 상호친선동맹을 맺고 대한제국에 대하여는 선린의 교의로서 부조扶助하라"는 의견서를 일본의 정객들에게 제시하였다. 이러한 그의 동양평화론은 훗날 안중근에게로 계승된 것이다. 응답이 없자 그는 일본의 니쥬우바시 황궁 앞에서 3일간 단식투쟁을 전개한다. 결국 이토오 히로부미伊藤博文의 강압 속에 을사늑약이 체결되었다는 소식을 듣고 매국노를 전부 제거해야만 국정을 바로잡을 수 있다고 생각하고 날카로운 일본의 단도短刀 두 자루를 사서 품에

넣고 귀국한다. 그 뒤로 을사오적암살단을 조직하여(을사오적은 내부대신 이지용, 군부대신 이근택, 법부대신 이하영, 학부대신 이완용, 농상공부대신 권중현을 가리킴) 치밀한 계획을 세웠으나 사전에 탄로가 나서 동지들이 붙잡히자, 동지들의 고문을 덜어주기 위해 자수하여 10년 유배형을 받는다. 그러나 고종이 그의 위인을 알았기에 1년 후에는 특사로 풀려난다.

그 뒤로 그는 서울 재동에서 단군대황조신위檀君大皇祖神位를 모시고 단군교를 개창하였는데, 단군교를 사칭하는 친일분자들의 소행으로 이름을 대종교大倧敎로 바꾸게 된다. 이 대종교는 처음부터 교세가 급속하게 팽창하였고, 경술국치 이후에는 국내에서 일제의 탄압을 강하게 받자 그 교단활동을 만주로 옮겼는데, 북간도·서간도 만주지역에서 활약한 독립운동가들의 정신적 구심점이 되었을 뿐 아니라, 교민들의 신앙으로서 생활 속에 깊게 침투하였다. 대종교의 포교활동은 그것이 곧바로 항일독립운동이었으며, 교단조직은 그것이 곧바로 항일독립운동의 조직이었다. 우리가 너무 이 대종교의 활약상에 관하여 무지하지만 청산리대첩을 주도한 김좌진의 북로군정서北路軍政署 부대가 바로 대종교의 지원조직이었으며, 그 북로군정서의 총재였던 서일徐一 장군도 대종교의 대 이론가였다. 대종교의 제3세 교주였던 윤세복尹世復도 순결한 배달민족주의에 입각하여 열렬한 독립운동을 전개한 인물이었다. 뿐만 아니라 상해임시정부 성립의 모든 기반을 한 몸으로 마련해놓은 예관 신규식도 대종교의 열렬한 신자였고, 민족사학의 태두 신채호도 대종교를 신앙한 사람이었다. 대종교는 교주 중심의 신앙체계라기보다는 단군이라는 상징체를 중심으로 민족의 결속을 요구한 외로운 광야에서의 외침이었기에 많은 사람이 정신적 지주로 삼았던 것이다. 나철 본인은 1916년 음력 8월 시봉자 6명을 대동하고 단군의 성소인 구월산 삼성사에 들어가 8월 14일부터 수행에 들어갔는데 사흘만에 조식법調息法으로 좌탈하였다. 군더더기 없는 일생을 살았다.

"정말 우리가 너무도 망각 속으로 흘려버린 역사의 일면 같군요."

— 단기는 나철이 연호로 만들었고, 또 임정 인사들이나 독립운동가들 중에 대종교에 호의적인 사람들이 많았기 때문에 1948년 대한민국정부를 수립하면서 공식연호로서 단기를 채택한 것이다. 단기는 박정희 군사정권에 의하여 62년 1월 1일에 폐지되었으나, 내가 생각하기에는 단기에 묻어있는 민족정서를 생각한다면 단기를 굳이 폐지할 필요는 없는 일이었다. 유대교 정통파 사람들은 아직도 "안노 문디 anno mundi"라는 야훼의 천지창조를 기점으로 삼는 연호를 쓰는데, BC 3761년 10월 7일이 그 원점이다. 하여튼 내가 말하려는 것은 이 모든 연호는 시간을 직선으로 놓고 역사적 사건들을 나열하는 것이다. 그런데 얼마 전까지만 해도 햇수를 이러한 숫자로 기록하는 습관이 부재했다.

나의 윗세대만 해도 해를 갑자로만 기억했다. 올해를 임진년으로만 알고 있는 사람은 역사를 인지하는 방법이 매우 다를 것이다. 우선 일곱 갑자 이전(60×7=420년 전)의 임진왜란이 먼저 떠오를 것이고, 혹은 한 갑자 이전의 판문점 휴전협정이나 반공포로석방을 생각할지도 모르겠다. 하여튼 내가 말하려는 것은 시간이란 인식의 모양새를 갖는다는 것이다.

"시간은 직선 아니면 원형의 모양새를 갖는다는 말씀입니까?"

— 직선과 원형을 결합한 나선형도 있을 수 있고(헤겔의 변증법), 나선형의 또 거시적인 원형도 있을 수 있고, 또 그러한 모든 것이 착종된 아주 다양한 리듬의 모양새가 있을 수 있다. 그러나 이런 모든 이야기가 별 의미가 없는 것이다. 역사의 직선이란 단순직선일 수가 없으며 역사의 원형이란 단순반복일 수가 없기 때문이다.

역사에서 직선이라는 시간관은 "비가역성"을 전제로 하는 것이다. 가역성이 허용되지 않고 한 방향으로만 결국 진행한다는 것이다. 사람이 느끼는 직선의 대표적인 것이 죽음이다. 한 유기체의 몸을 고립시켜 볼 때 그 몸은 결국 해체를 향해 진행되는 것이다. 죽음을 피면할 길은 없다. 죽는다는 사실은 우리에게 시간의 직선을 일깨워주는 엄연한 사실이다. 그러나 그 직선적 삶의 구체적 느낌은 수없는 순환(원형)체계로 이루어져 있다. 깸과 잠, 낮과 밤, 배고픔과 배부름, 피곤과 상쾌, 봄·여름·가을·겨울 그리고 또 봄, 이 모든 것은 순환적 시간이다.

빅뱅이론Big-Bang theory에 의하면 우주는 계속 팽창한다고 한다. 빨강 치우침redshift이 그것을 잘 설명해준다고 한다. 그러나 스테디-스테이트이론Steady-state theory도 있다. 시작도 없고 종말도 없으며 항상 일정한 중용의 밀도를 유지한다고 한다. 이 이론이 마이크로웨이브 배경복사 등의 사태를 잘 설명하지 못하기 때문에 별로 설득력을 얻고 있지 못하다 해도 스테디-스테이트이론이 틀린 것은 아니다. 만약 우주가 계속 팽창하지 않고 계속 수축한다면 시간의 관념은 어떻게 바뀔 것인가? 물리학자들에게 물어보라!

천지코스몰로지의 체계 안에서는 기제괘와 미제괘의 문제에서 이야기되겠지만(244쪽 참조), 엔트로피가 증가하는 물질의 쇠락과 엔트로피를 감소시키는 생명의 상향이 항상 밸런스를 유지하기 때문에 64괘의 착종의 세계에서는 전체적 직선방향이라는 시간의 모양새가 성립할 수가 없다. 근원적으로 방향성이 없다. 나라는 몸의 유기체는 유한하고 해체되지만 그것은 반드시 다음 단계의 생멸에 또다시 포섭되는 것이기 때문에 종말론적 종료라는 것은 있을 수가 없다. 생명은 결코 직선의 체계가 아니다.

"선생님! 하여튼 문제는 당초로부터 고·중·근이라는 화두話頭에 있었던 것 아닙니까?"

— 그렇다! 고대·중세·근대라는 시간의 흐름은 명백히 직선적인 시간관의 대표적인 사례이며, 더 큰 문제는 고대·중세·근대가 단순한 직선적 시간의 추이를 의미하는 것이 아니라 인간사회를 규정하는 규합개념 organizing concept으로서의 매우 명료한 속성을 지니고 있다는 것이다.

"그 속성이 무엇입니까?"

— 그 속성을 얘기하기 전에 역사기술historiography에 관한 이야기를 할 필요가 있다. 역사는 황야에 팽개쳐 버리면 역사가 아니다. 그냥 쥐도 새도 모르게 사라진다. 역사는 반드시 기술되어야만 역사가 되는 것이다. 다시 말해서 역사는 인간의 언어의 소산인 것이다. 인간에게 언어가 없다면 역사도 없다. 개에게 고도의 지능이 있다 해도 역사는

없다. 역사기술에는 구전口傳, oral tradition과 사전寫傳, written tradition이 있다. 물론 모든 문명에서 구전이 사전에 앞선다. 그리고 구전은 사전이 발달된 문명의 단계에서도 영원히 강력한 역사를 담는 방식이다. 그런데 구전은 사실 "자장가"로부터 시작한 것이다. 우리의 역사에 대한 추억은 잠자리에서 들려주는 할아버지의 옛 영웅들의 무용담이나 할머니가 들려주는 지혜로운 민담으로부터 시작된 것이다. 이것이 "서사시epic poem"의 원형이다. 나중에 이 서사시에 대한 지배계층의 요구에 의하여 "전문적인 이야기꾼들professional storytellers"이 생겨나게 되었고, 이들이 점차 사관史官으로 바뀌어 가거나, 역사기술에 대한 요구를 자극시켰다. 이집트, 바빌론의 금석문, 힛타이트 연대기, 그리고 방대한 고설형문자 문헌들, 우가리트 점토판문서, 이런 것들을 들춰보면 고대역사기술이 이루어진 배경들을 알 수 있다. 그런데 이런 전문적 얘기는 또 주제를 흐리게 만든다.

우리가 어릴 때, 할머니에게서 옛날이야기를 들을 때 반드시 첫머리는 이렇게 시작한다: "옛날 옛날 한 옛날에"라든가, "옛날 옛적에." 그런데 "고대에"라고 시작하는 옛날이야기는 없다. 지난 것은 모두 옛날이고, 거기에 무슨 시대구분이 있는 것은 아니라는 것이다. 그러나 할머니의 이야기는 "옛날이야기"라 할지라도 그것을 우리는 과거의 이야기로서 들은 것이 아니라, 항상 오늘 나의 주변에 일어날 수도 있는 이야기로서 들은 것이다. 이야기는 고대의 이야기래서 가치있는 것이 아니라 오늘 나의 이야기래서 재미있는 것이다. 여기 우리는 이런 가설을 세워볼 수 있다. 모든 옛날이야기는 나의 이야기이며, 현재적 실존의 관심을 떠나지 않는다. 여기서 우리는 매우 중요한 역사철학의 관점을 도출해낼 수 있다 : "모든 역사는 현대사이다.All history is contemporary."

　우선 역사를 일직선으로 본다는 것은 유치무쌍한 어린아이들의 장난에 불과하다. 서양인들의 단순사고를 반영하는 것이다. 역사가 아무리 거시적으로 보면 비가역적으로 진행한다 할지라도 빨리 가는 부분도 있고 늦게 가는 부분도 있고 앞으로 가기도 하지만 거꾸로 퇴보하는 부분도 있고, 고대적인 분위기도 있는가 하면 현대적인 분위기도 있고, 도무지 그 시간성의 착종은 무궁무진한 것이다. 모든 역사의 시간의 질점이 균일하게 한 방향으로 진행한다는 생각은 역사를 바라보는 시점이 공간화되어 있고 기하학화되어 있으며 관념화되어 있다는 것을 의미한다. 천문학자가 밤하늘을 바라볼 때 무수히 다양한 광년의 정보가 한공간에 펼쳐져 있듯이, 역사에 있어서는 공간과 시간이 일치하는 법이 없다. 무수한 시간과 무수한 공간이 교직交織되어 있는 것이다.

　"정말 우리가 여태까지 너무 단순하게 역사를 바라보았던 것 같습니다. 역사는 팔뚝 위에 있는, 그리니치천문대를 기준으로 하는 똑딱시계가 아니라는 말씀이군요. 그런데 최초의 주제인 고중근의 속성에 관해 빨리 알고 싶습니다."

── 고·중·근의 역사가 우선 직선사관의 대표적인 유형이라는 것은 이제 충분히 논의된 것이다. 단지 역사를 단순직선으로 보는 우리나라 사가들의 지능을 낮게 보고 감내해주어도 별로 그렇게 큰 피해는 없다. 어차피 역사는 흐르는 것이니까. 그런데 그 인식의 폭이 좁은 사가

들이 인류를 호도糊塗하는 가장 무서운 죄악은 이 한 사실에 있다: 그들은 거의 예외없이 시간이 흐를수록 가치론적으로 더 우위를 차지하는 국면이 발생한다는 것을 그들의 역사기술을 통해 강요한다는 것이다. 과거보다 현재가 더 좋은 것이며, 미래는 더 좋은 것이라고 생각하는 것이다. 다시 말해서 고대는 문명의 암흑의 시대이며 나쁜 시대이며, 중세는 그 다음으로 나쁜 것이고, 근대는 좋은 것이다. 그리고 근대 후에 올 미래, 즉 모던 후의 세계는 더욱 좋은 것이다.

이렇게 되면 모든 인류의 역사의 모든 소이연이 근대의 달성이 되고, 이 근대성을 기초로 하여 필연적으로 도래할 미래의 이상향을 향해 달려나가야만하는 것이다. 그런데 그 미래의 이상향이라는 것은 항상 그것을 조작하는 놈들이 있게 마련이다.

"역사에 있어서 진보라는 개념을 말씀하시는 건가요?"

— 넌 참 똑똑하구나! 그러나 역사학에 있어서 "진보Progress"라는 말은 일반명사가 아니라 특수한 규정성을 갖는 전문술어a specified term라는 것을 이해해야만 한다. 진보사관Idea of Progress은 17세기 계몽주의적 분위기 속에서 서서히 머리를 들기 시작하여 불란서혁명 전후로 이론적 기초를 확립하여 19세기 말기에 그 정점에 이르게 된다. 하여튼 역사는 진보한다는 생각은 인류에게 없었던 생각이며, 그것은 19세기 서양문화의 산물이라고 단정지어도 좋다. 맹자도 역사를 "일치일란一治一亂"이라 했고, 사마천도 역사를 진보로서 규정하지 않는다. 사마광도 단지 오늘의 "감鑑"(거울)으로서의 역사를 말했을 뿐이다. 헤로도토

스Herodotus나 투키디데스Thucydides, 그리고 폴리비우스Polybius의 저술들을 헤집어 보아도 로칼한 역사적 사태들에 대한 합리적 설명을 추구하기는 했어도 역사를 진보라고 생각한 흔적은 없다. 희랍인들은 기본적으로 역사를 순환적으로 생각하였지 직선으로 생각하지 않았다. 기본Edward Gibbon, 1737~1794이 로마의 역사를 쓸 때에도 진보의 관념을 도입하지 않았다. 로마는 유기적 전체였으며 진보와 퇴보는 항상 동시적 사태였다.

지금 "역사가 진보한다" 이 하나의 명제는 매우 복합적 의미가 중첩되어 있으며, 그 주어가 되고 있는 "역사"라는 개념도 명확히 규정하지 않으면 안된다. 일례를 들면 조그만 시골동네의 역사를 기술하여 군지를 편찬하고 있는 지방사학자의 관심은 누가 이사 왔고 누가 이사 나갔으며 상점이 몇 개 있고, 자동차 몇 대 있고, 혹은 전기가 언제 들어왔고, 인구가 어떻게 변동했고, 등등의 로칼한 사실들의 수집에 있지 이 동네가 진보했는가 안 했는가 따위의 추상적 사태에 대하여 관심을 갖지 않는다. 다시 말해서 모 동네라는 그 커뮤니티의 삶의 양식의 변화에 관심을 갖지 그 전체의 가치평가valuation에 관심을 갖지 않는다는 것이다.

지금 "역사가 진보한다"는 이야기는 대체적으로 단대사를 놓고 하는 이야기가 아니다. 『조선왕조실록』을 편찬하는 사람들은 그 한 조대에서 일어난 사건들의 추이를 편년의 사실에 부합하도록 기술하는 데 총력을 기울이지 그 사건들이 가치론적으로 진보하는지 안 하는지, 그 따위 평가에 관심을 갖지는 않는다. 다시 말해서 "역사가 진보한다"

고 할 때, 이 "역사"는 단대사나 지방사가 아니라 반드시 인류 전체를 포괄하는 "보편사Universal History"가 되어야만 한다. 인류전체의 보편사가 진보한다는 것이다. 우선 이것은 황당한 환상적인 관념이거나(대체적으로 종교적 동기를 갖는), 인류의 모든 역사가 소통되는 국제적 교류의 장, 즉 이 지구 위의 모든 역사가 하나로 인식되는 실제적 보편의 장이 생겨나기 전에는 불가능한 사태이다. 따라서 19세기 서구의 제국주의시대에나 와서 비로소 "진보"라는 개념이 정착되는 것이다. 이론적으로는 계몽주의 사상가들의 보편이성의 개념이 정착되면서 생겨나기 시작했다. 비코Vico로부터 시작하여, 볼테르Voltaire, 뚜르고Turgot, 헤르더Herder, 그리고 칸트Kant, 그리고 헤겔Hegel에 이르러 그 역사주의는 정점에 이른다.

진보라는 개념은 이러한 계몽주의적 이성의 신화와 더불어 시작하였고, 또 계몽주의 시대의, 과학적 지식의 증대와 사회적 삶의 개선이 일치한다는 새로운 신념과 결부되었다. 그리고 산업혁명 이래의 부의 증대, 자연에 대한 인간의 제어의 막강함, 증기기관의 발명 이래 문명의 온갖 이기의 발전이 인간의 삶의 물질적 조건을 날로 혁명시켰으며, 더구나 19세기에 새롭게 등장한 생물학적 진화의 이론들은 꽁트Auguste Comte, 1798~1857의 실증주의철학이나 스펜서Herbert Spencer, 1820~1903의 우주론적 진화론과 함께 인류역사의 전체적 진보라는 신념을 굳게 심어주었던 것이다.

"19세기에 서구의 사람들이 그러한 변화를 감지하면서 역사를 진보한다고 생각했고, 20세기 후반에 비슷한 변화를 감지한 조선의 사람들이 인류의 역사를 진보한다고 생각한 것은 너무도 당연한 생각이 아닐까요? 그렇다면 선생님께서는 정말 역사가 진보하지 않는다고 생각하십니까?"

— 역사는 진보하지 않는다.

"옛? 진보한다는 생각이 없이 어떻게 역사를 생각합니까? 선생님은 너무 과격하십니다. 일종의 허무주의자가 아닙니까?"

— 역사는 진보하지 않는다. 역사가 진보한다는 것은 오직 인간의 관념일 뿐이며, 그것은 인간이 역사에 부여한 가치평가일 뿐이다. 역사는 우리에게 오엑스가 가능한 수학문제만을 제시하지 않는다. 역사는 진보라는 일양적一樣的 가치에 의하여 평가될 수 없다.

"생물학적 진화의 사실도 진보가 아니란 말씀입니까?"

— 생물학적 진화Evolution도 진보Progress는 아니다. 진화는 진화일 뿐이다. 계통을 밟아 생명의 양식이 변화한 것일 뿐이다. 모든 역사는 발전한다고 말할 수 있어도 진보한다고 말할 수는 없다. "발전發展Development"이란 "발하여 펼쳐진다"는 중립적인 의미일 뿐이다. 역사는 그냥 흐를 뿐이며 진보하지 않는다.

"역사를 그렇게 무목적적인·무규정적인 흐름으로 본다면 그것은 하나의 카오스에 불과한 것이고, 그렇다면 그러한 혼돈 속에서 인간은 삶의 목표를 세울 수가 없지 않겠습니까? 도무지 역사의 목표가 없이 인간이 어떻게 살아간단 말입니까?"

— 너의 사고가 이미 깊게 서양적 가치관, 다시 말해서 기독교적 가치관에 물들어 있기 때문에 너를 과연 설득시킬 수 있을지 모르겠으나 이렇게 한번 생각해보자! 역사가 혼돈이라는 것이 얼마나 아름다운 것인가? 그 혼돈에서 너 자신의 새로운 코스모스를 창조하는 것이야말로 너의 역사의 의미라고 생각해보지는 않았느냐? 왜 역사의 의미를 역사 그 자체에 고정시켜 놓고 굴종적으로 순응하려 하는가? 역사라는 카오스에서 끊임없이 새로운 코스모스를 창출하는 것이야말로, 앞서 말한 청춘의 모험이다. 역사가 진보한다는 생각을 하는 사람은 순응하는 사람이지 진정한 청춘의 모험을 감행하는 사람이 아니다. 나는 이미 20세의 약관의 나이에 역사는 진보하지 않는다는 통찰을 획득했으며, 그 뒤로 한 평생 그 생각에서 한 치도 물러나지 않았다. 역사는 진보하지 않는다는 것을 나에게 가르쳐준 사람은 서양인이 아니라 노자老子였다.

"역사는 의미가 없습니까?"

— 역사 그 자체는 어떠한 의미도 가지고 있지 않다. History has no meaning. 의미는 단지 사람이 부여하는 것이다.

"저의 생각이 깨질 듯 말 듯, 아직 좀 불안한 상태에 있습니다. 고·중·근의 규정성에 관해서 좀더 말씀해주시죠."

— 진보사관의 궁극적 근거는 헤브라이민족의 구약에 있다는 것을 먼저 알아야 한다. 희랍인들에게는 인간세의 모든 움직임을 관장하는

하나의 초월적 인격적 실체가 있다는 생각이 근원적으로 없었다. 플라톤의 데미우르고스Demiourgos도 창조주가 아닌 우주의 작인作因에 불과했다. 다시 말해서 무에서 유를 창조하는 것이 아니라, 유에서 유로 디자인을 해나가는 엔지니어 정도의 개념이었다. 그것이 나중에 로고스 개념, 혹은 플로티누스적 누우스Nous 개념으로 변모해나간 것이다.

그런데 비해 헤브라이 민족의 하나님은 그 하나님 자체가 역사였다. 야훼는 역사의 하나님the God of History이었다. 그것은 자연의 하나님이라기보다는 역사의 하나님이었다. 다시 말해서 이 우주를 창조한 창조주로서의 하나님에 대한 경배보다는 그들에게 약속한 땅Promised Land으로 그들을 인도해주시는 역사를 관장하시는 하나님에 대한 경배가 우선되었다. 아브라함도 팔레스타인의 사람이 아닌 갈대아 우르의 사람이다. 그는 하나님께 약속하신 땅을 찾아 방황하는 사람이다. 그리고 야훼는 이스라엘의 자손들을 애굽의 고난으로부터 구해내서 만나 항아리로 먹여주시고 시내 광야를 거쳐 젖과 꿀이 흐르는 약속의 땅 가나안으로 인도하여주신 민족의 하나님이다. 그들은 유목민생활을 접고 비옥한 반달형의 토지인 가나안에 농경민으로 정착하였을 때도, 농경의 하나님인, 풍산의 하나님God of Fertility인 바알을 수용할 수 없었다. 이러한 신관에는 "약속"이라는 메시아니즘이 개입될 수밖에 없고, 그러한 구속사적 의미는 직선적 역사관이 내포될 수밖에 없다. 하나님의 구원이라는 민족사적 갈망이 항상 역사의 목표로 설정될 수밖에 없고, 역사는 그 목표의 성취를 위하여 직선적으로 달려나갈 수밖에 없는 것이다. 이러한 역사의 패턴은 바빌론유치시대 때도 반복되었고, 또 AD 70년 로마 황제 티투스(당시는 점령군 사령관)에 의한 예루살

렘 성전의 멸망 이후에도 계속 되었다. 유대교의 메시아니즘은 항상 구체적인 역사의 성취로 구현된 것이다. 하나님의 인간역사에 대한 개입이 모세나 다윗과 같은 역사적 인물을 통하여 악의 권세를 정복하고 평화와 정의를 이 땅에 구현한다는 것이다. 그러나 기독교의 메시아니즘은 예수의 재림사상과 묵시론적 환상과 결합하면서 역사의 목표를 역사 밖으로 내던져 버렸다. 초역사적인 이념이 역사를 이끌어가는 원동력이 된 것이다.

그러한 기독교에 있어서의 메시아니즘의 추상화가 19세기의 진보사관과 결합하면서 인류는 막연하게 역사의 모든 사태가 신의 영광을 드러내는 방향으로 진보한다는 신념을 획득하게 된 것이다. 헤겔이 인류의 역사를 절대정신의 자기전개과정으로 보고, 자유의 확대과정으로 보고, 아우프헤벤Aufheben의 가치론적 고양을 인정한 것은 결국 기독교 메시아니즘의 세속화라 할 수밖에 없다. 이러한 헤겔의 변증법을 유물변증법으로 변형시키면서 발전단계사관을 제시한 자가 곧 칼 맑스이다.

"아하! 그러면 바로 고·중·근의 역사의 원형이 칼 맑스의 경제발전단계설에서 왔다는 말씀이군요."

— 그렇다! 물론 맑스 이전에도 아담 스미스가 대표하는 영국의 고전주의 경제학에 대항하여, 정치적으로도 경제적으로도 후진성을 면치 못하고 있었던 독일에서는 이른바 역사주의 경제학이 흥기하였다. 국민경제의 형성이라고 하는 긴박한 현실의 요청에 발맞추어 경제발전

의 역사를 단계적으로 체계화하여, 그것을 독일경제의 구체적 상황을 이론적으로 위치정립하려는 제학설이 제창되었는데, 이러한 주장들을 총칭하여 경제발전단계설wirtschaftliche Entwicklungsstufentheorie이라고 부르는 것이다. 초기 대표론자가 리스트Friedlich List, 1780~1846인데, 그는 자신의 국민적 생산력의 이론과 관련하여 제국민의 경제발전을 1)야만상태 2)목축상태 3)농업상태 4)농공상태 5)농공상農工商상태의 5단계로 나누었다. 독일은 지금 현재 제4의 단계에 있으며 어떻게 제5의 단계로 도약할 것인가 하는 실천적 과제가 중요하다는 것이다. 그 외로도 많은 발전단계이론이 있으나, 그 단계를 이행시키는 역사발전의 필연적 원동력에 대한 법칙적 이해가 결여되어 있었기 때문에 실천적 의욕이 감소되고 점점 관조적인 이론으로 변모해갔다.

칼 맑스는 이러한 결함을 극복하고, 한 단계의 구조연관構造聯關에서 다음 단계의 구조연관으로 이행하는 과정에 있어서 양자를 구조적으로 결합시키는 일관된 통일적·필연적 운동법칙을 생산력Produktivkräfte의 발전과 생산관계Produktionsverhältnisse의 모순으로부터 생겨나는 생산양식의 변증법적 발전원리에 구하였던 것이다. 그리하여 그것을 인간의 역사적 발전(진보) 전체의 기초로 삼았던 것이다. 그 다섯 발전단계가 바로 1)원시공산제 2)노예제 3)봉건제 4)자본제 5)공산제이다. 여기서 사실 원시공산제는 원시사회에 대한 막연한 이상적 가설이며, 공산제는 아직 도래하지 않은 가설이므로 이 1과 5의 알파·오메가를 빼놓고 나면 노예제, 봉건제, 자본제의 현실적 과정이 남게 되는데 이것은 각기 고대·중세·근대에 할당되게 된다.

고대	중세	근대
노예제	봉건제	자본제

"그렇다면 고대·중세·근대라는 역사학의 개념은 모두 칼 맑스의 영향인가요?"

— 그렇다! 실제적으로 칼 맑스 이전에는 고대·중세·근대라는 역사개념이 역사의 하부구조를 지배하는 어떠한 원리로서 제시된 적이 없다. 그리고 맑스의 유물사관을 수용하지 않더라도 그의 경제사적 방법론은 모든 역사학의 대세를 이루었기 때문에 20세기 히스토리오그라피는 맑시즘과의 연관성을 피할 수가 없다. 그러니까 고·중·근을 이야기하는 모든 역사가는 실제로 맑시스트라고밖에 말할 수 없다.

"참 아이러니군요. 한국에서 보수적으로 고·중·근을 이야기하는 대부분의 역사학자들이 반공사상가들인데 그들이 실제로 맑시스트라니요!"

— 아이러니는 거기에 그치지 않는다. 그들은 맑시스트일 뿐 아니라 지독한 예수쟁이들이 되는 것이다. 철저한 아포칼립스의 도래를 신봉하니까!

"서구문명의 세뇌라는 것은 참으로 무서운 것이군요. 우리의 평범한 일상언어, 그 자체에 침투하여 우리의 사고를 근원적으로 오염시키고 갉아먹는군요. 그러나 고·중·근이라는 가장 보편적인 시대구분방법을 사용하지 않으면 역사기술이 매우 불편해지지 않겠습니까?"

— 그렇지 않다! 고·중·근이라는 개념을 쓰지 않아도 왕조사나 정체政體의 변화에 따른 개념을 쓸 수도 있고, 세기별로 구분하여 쓸 수도 있고(19세기사, 20세기사), 추상적인 특징개념을 설정하여 쓸 수도 있고, 생활사적 측면에서의 보편개념들을 설정하여 쓸 수도 있고 …… 하여튼 다양한 방식이 가능하다. 나는 역사를 쓸 때, 절대 고·중·근이라는 개념을 도입하지 않는다. 왜 고·중·근이라는 개념을 거부해야만 하는가? 그 이유는 너무도 간단명료하다. 고대·중세·근대를 말하는 사람들이 그것을 그냥 노미날리스틱nominalistic하게 쓴다면 그런대로 괜찮을 수도 있지만, 그것을 실체론적으로, 실념론(개념실재론, 보편실재론)적으로 쓰기 때문에 문제가 되는 것이다.

다시 말해서 고대사는 반드시 노예제사회가 되어야만 하며, 중세사는 반드시 봉건제사회가 되어야 하며, 근대사는 반드시 부르죠아 자본제사회가 되어야만 하는 것이다. 부르죠아 자본제사회라는 역사적 단계가 보장되어야만 그들의 "과학적 공상"(필연적 추이라는 측면에서 그들은 항상 "과학적"이라는 말을 쓰지만 실제로 그것은 "공상" 즉 판타지에 불과하다)인 공산사회가 도래하는 것이다. 그들이 말하는 공산사회(공산사회와 사회주의사회의 구분은 실제로 제3인터내셔날 이전에는 의미가 없다. 맑스가 『고타강령비판』에서 낮은 단계의 공산주의와 높은 단계의 공산주의를 구분했는데 레닌이 낮은 단계의 공산주의를 사회주의로 규정했다. 낮은 단계는 자본주의 양식의 교환구조가 지속되는 단계며, 높은 단계는 자기의 능력에 따라 노동을 제공하고 자기의 필요에 따라 공동의 재화를 받을 수 있는 사회이다)의 도래는 기독교의 묵시론적인 천국의 도래와 거의 동일한 것이다. 모두 천박한 서양의 신화적 가치의 소산이다.

그런데 재미있는 것은 봉건제Feudalism라는 것은 철저한 분권의 형태를 가리키는 것으로 인류역사상 단지 세 케이스에 한정된 특수제도라는 것이다. 그 첫째 케이스가 중국의 주周왕실의 천자天子와 분봉 제후諸侯들을 묶는 관계망으로서의 봉건제도이다. 그 둘째 케이스로서 서구라파역사에 있어서 로마제국의 강대한 중앙권력이 몰락하면서 은대지제恩貸地制와 결합한 주종관계인 바살리테트Vasalität와 공권의 개입으로부터 철저히 면제되는 특권인 임뮤니테트Immunität를 중심으로 발전한 봉건영주제도를 들 수가 있다. 그리고 그 셋째 케이스가 일본역사에 있어서 센코쿠지다이戰國時代를 거치면서 에도江戶에 들어와 정착하게 된 바쿠한幕藩제도이다. 이 세 경우 외에는 봉건제도로서 인정할 수 있는 사회조직형태가 인류사에 부재하다.

다시 말해서 봉건제는 중세기를 대변하는 보편적 현상으로서의 일반명사가 아니라, 전혀 중세기와는 관련없는 특수한 정치권력 분권형태를 가리키는 것이다. 그런데 맑스적인 고·중·근의 역사과학개념을 고집한다면, 당연히 공자 이전의 주나라가 중세가 되어야 한다. 그리고 근대를 조선후기로부터 잡는 우리나라 역사학계의 일반논리를 쫓아가다 보면 당연히 조선왕조가 일본의 에도와 같은 양식의 "봉건왕조"가 되어야만 한다. 그래서 조선왕조의 "봉건적" 가치관이니 하는 따위의 말들이 전혀 의식의 반추가 없이 마구 사용되어온 것이다. 그런데 조선왕조는 봉건제국가가 아니다. 아주 철저히 중앙집권화된 관료제 국가이며, 왕권도 귀족들에 의하여 심하게 제약된 권력형태를 유지하였다. 차라리 순 형식상으로 말한다면 오히려 서구라파의 근대국가가 지향한 중앙집권의 관료제국가에 가깝다. 그렇게 되면 논리적으로 조선왕조는 중세가 아닌 근대가 되어야 하며, 일본이 막번제도를 타파하고 천황중심의 중앙집권적 관료제국가를 세우고자 한 메이지유신의 소이연이 지향한 모델이 되어야 한다.

이토록 인류사의 규정성이 뒤죽박죽이 되는 것이다. 이 자세한 사례들을 나는 충분히 열거할 수 있으나 지금 우리는 그런 것을 논할 시간이 없다. 단지 한마디 첨가하자면 이런 "고중근의 오류"에서 "실학"이라는 거짓말이 생겨난 것이다.

"네엣? 아니, 실학이 거짓말이라니요? 다산이나 그가 존경한 성호 같은 사람이 실학자가 아니란 말씀입니까?"

── 다산은 실학자가 아니다. 성호도 실학자가 아니다. 반계도 실학자가 아니다.

"아이쿠! 선생님! 또 골치가 지근지근 아파옵니다. 어째서 그들이 실학자가 아니라는 겁니까?"

── 우선 너 자신이 반공이라는 이념을 너 자신의 소신으로서 표방하고 그 반공철학을 네 평생 단 한 번도 입으로 말한 적이 없는데, 후대에 너를 "반공주의자"로서 낙인 찍는다면 넌 억울하지 않겠니?

"물론 억울하지요. 말이 안되는 얘기지요."

── 그렇다. 문제는 "실학"이라는 말을 현재 우리나라 사학계의 사람들

이 실학자라고 규정하는 조선왕조 후기의 일련의 그룹 학자들이 쓴 적도 없거니와, 설사 그 비슷한 용례가 있다 하더라도 오늘날의 사학자들이 규정하는 방식의 실학이라는 개념과는 전혀 다르다. 다시 말해서 조선왕조의 실학 낙인烙印 사상가들이, 마치 일본의 막부 말기의 사상가 요코이 쇼오난橫井小楠, 1809~69이 "실학당實學黨, 지쯔가쿠토오"을 결성하여 인정仁政의 유가사상에 기초하여 유럽의 선진문명을 대폭 수용, 막번제도의 폐습을 개혁하고 막부제도의 경장更張을 꾀했던 것 (요코이 쇼오난은 결국 존왕양이파에 의하여 암살됨)과도 같은 그러한 방식의 실학표방은 전혀 한 적이 없다는 것이다. 그들의 사상에 실사구시적인 학풍의 성향은 있으나, 그들이 실학이라는 기치를 내걸고 실학이라는 운동을 전개한 적은 없다는 것이다. 따라서 그들을 실학자로 규정하는 것은 그들의 입장에서는 너무도 억울한 일이다.

"그럼 '실학'이라는 말은 언제 생겨났습니까? 들리는 말에 의하여 주자 선생님의『사서집주』「중용장구서」에 '실학實學'이라는 말이 있다던데요?"

— 너는 어디선가 주워들은 것이 참 많구나. 그런데 "실학實學"이라는 말이 주희의「중용장구서」에 있다고들 말하는데 주희의「중용장구서」에 그런 말은 없다.

"엣? 그럼 어디 있습니까? 그럴 수가 있습니까?"

—「장구서」에는 없고 그 다음에 나오는 자정자子程子의 서언 부분에 나온다. 그러니까 그것은 주희의 말이 아니고, 주희가 존경한(사숙한)

스승 정자의 말로서, "중中"과 "용庸"이라는 책제목의 글자풀이를 하는 대목에서 나오고 있다. 그런데 그것도 그 원문을 추적해보면 주희가 정자의 말을 있는 그대로 인용한 것이 아니고, 좀 응축시키고 정리하여 인용한 것이다. 이것은 정자 형제 중에서도 동생인 정이천의 말인데, 그의 말의 원래 모습은 이와 같다:

> "『중용』이라는 한 권의 책은 지극한 이치로부터 우리 주변의 일상적 사태에로 추론해나간다. 그 사태란 국가를 다스리는 데 아홉 가지 원칙九經이 있다든가, 역대 성인의 위대한 족적을 알아야 한다든가 하는 것들이니 이와 같은 것이 모두 실제적 배움實學이 아닐 수 없다. 中庸一卷書, 自至理便推之於事, 如國家有九經, 及歷代聖人之迹, 莫非實學也."

여기서 말하는 실학이란 『중용』의 구경九經과 옛 성인의 말씀을 잘 배운다는 뜻이니 전혀 근대학문으로서의 "실학"과는 관련이 없다. 매사를 정확히 알아야 한다. 우리나라 학자들의 문제가 1차지식이 없고 2차·3차지식만 있다는 것이다. 그래서 정보의 정밀성이 부족하다.

"잘 알겠습니다. 그럼 근대용어로서의 실학이라는 말은 언제 생겨난 것입니까?"

— 그것은 일제시대 1935년에 정약용 서거 100주년을 기념하여 정인보鄭寅普·안재홍安在鴻 교정의 『여유당전서』 거질巨帙이 신조선사新朝鮮社에서 인간印刊되면서(1934~1935) 그 간행사업을 둘러싸고 언론기관

들이 학술강연회를 열고 상당량에 달하는 소개 논평의 글들을 실어 정약용의 사상을 중심으로 조선 후기의 사상동향을 "실학"이라는 말로써 선양한 데서 기인한 것이다.

"그렇다면 어차피 역사라는 것은 방편상 개념규정을 회피할 수 없는 것이고, 아무리 1930년대에 생겨난 후대의 개념이라 할지라도 조선왕조 후기의 실사구시·이용후생을 중시하는 학풍을 '실학'이라고 규정한들, 그것이 뭐 그렇게 큰 잘못이겠습니까?"

— 네가 참 정확하게 반론을 제기할 줄 아는구나! 네 말대로 그냥 실사구시의, 다시 말해서 인민에 도움이 되는 현실적 방면에 학문의 관심을 집중시켜야 한다는 실리적 생각을 가진 부류의 사상가들을 실학자라고 규정한다 한들 그게 뭐 그리 큰 문제가 될 리가 없다. 그러나 문제는 우리나라에서 1930년에 "실학"이라는 개념성을 제기한 사람들의 사유는 "실학"이야말로 한국역사에 있어서 "서구적 근대성의 맹아"의 결정론적 근거를 예시한다는 집념에 사로잡혀 있었다. 그렇게 되면 실학 이전의 역사는 모두 전근대적 역사가 되고, 봉건제의 중세적 역사가 되며, 특히 "실학"의 개념규정이 상대적으로 "반주자학"이 되어야만 하는 것이다. 이러한 개념규정의 밑바닥에는 주자학은 공리공론의 "허학虛學"이라는 생각이 깔려있다. 그러면 퇴·율의 학문은 기본적으로 허학이 된다. 그러나 앞서 말했듯이 "실학"은 그 원의에 있어서 『중용』을 바라보는 정자程伊川의 입장이었으며 주자학이야말로 실학이라는 것이었다. 요코이 쇼오난만 해도 "지쯔가쿠實學"를 주자학의 본모습이라고 생각했다. 그러니까 "주자학 = 허학 = 봉건제사상 = 전근대"라는

패러다임을 극복한 새로운 근대적 사상이 실학이고 다산학이라는 매우 오류적인 발상이 생겨나는 것이다. 다산학은 다산학이지 실학이라는 오류적 개념의 틀 속에서 위축되어서는 아니 된다는 것이다.

"그렇지만 다산은 6경4서를 해석하는 데 있어서 주자학의 주소 방식을 탈피하려고 한 것은 사실이지 않습니까? 그의 『논어고금주』나 『맹자요의』를 보면 주자의 신주에 대한 부정적 생각이 많이 노출되어 있다던데요."

— 일본에는 본시 과거제도라는 것이 없었다. 그래서 경학의 해석을 통제할 수 있는 이데올로기적 압제가 부재했다. 그래서 애초로부터 사서나 육경에 대한 해석이 매우 자유로웠다. 그래서 "코가쿠古學"라는 아주 체계적인 반주자학反朱子學의 벨탄샤웅Weltanschauung, 즉 세계관이 오랜 시간을 거쳐 축적되어 있었고 당당한 학파전승을 유지했다. 게다가 일본의 에도는 명실공히 서구의 중세 봉건제에 상응하는 분권제도였기 때문에 반주자학적 해체과정 속에서 일본의 "작위作爲"적인 근대적 패러다임을 찾는다는 것은 매우 유의미한 작업이었다. 그런데 다산이나 반계·성호와 같은 사람들은 반주자학적 세계관을 확립한 사상가가 아니다. 그들은 주자학의 벨탄샤웅 속에서 주자의 경전해석을 좀 싫어했을 뿐이다. 그들을 반주자학자라고 부를 수 없다. 문제는 그들이 주자학적 세계관 속에서 오히려 실사구시·이용후생·경세치용의 강렬한 갈망을 품었다고 해서 그들의 가치가 감소되는 것은 아니라는 것이다.

"선생님의 말씀을 차분히 듣고 있자니, 다산이 실학자가 아니라는 언명이 다산의 가치를 떨어뜨리는 것이 아니라, 오히려 기존의 오염적인 개념규정이 없이

다산을 있는 그대로 풍요롭게 바라봄으로써 그의 가치를 드높이자는 데 있다는 것임을 깨달을 수 있습니다. 선생님의 말씀을 한국의 사학자들이 자세히 들어보지도 아니하고 마구 씹어대는 것이야말로 저열한 학문의 수준에서 나오는 용속성이라는 것을 확신할 수 있었습니다. 조금 더 깊게 서로를 이해해야 하지 않을까요?"

— 1930년대 "실학"을 이야기한 사람들이 일제시대 일본학문의 영향을 받은 사람들이고 또 일본의 실학개념을 상쇄할 수 있는 조선의 실학이 있어야 한다는 사명감에 불타있었던 것은, 조선의 역사가 "근대성의 구축"에 있어서 일본에 뒤져있었기 때문에 그것을 극복하고자 하는 애국의 신념에서 이야기했다는 것은 이해할 수 있다. 충분히 하나의 시대정신으로서 이해해줄 수 있다는 것이다. 그러나 식민지사관을 극복해야만 할 오늘의 시점에서 그들의 오류적 시대정신을 계승한다는 것은 참으로 어리석은 일이다. 최남선, 문일평, 정인보, 안재홍, 백남운, 현상윤, 최익한, 이훈구, 유진오, 이병도 등의 학자들이 이 실학예찬에 가담하였으나 이들의 근원적 오류는 한국역사기술을 서구적 패턴에 맞추어 보려고 한 데 있다. 그래서 그 틀이 잘 맞아떨어지지를 않는 것이다. 그것을 무의식적으로 답습해온 학자들이, 이제 와서 그것을 바꾸자니 너무도 거대한 틀과 그것을 정당화하는 거짓말들이 축적되어 있기 때문에 건드릴 수가 없는 것이다. 건드리는 동시에 자기 학문의 근거 전체가 붕괴된다고 믿는 것이다. 그러나 과즉물탄개過則勿憚改라는 성현의 말씀대로, 오류가 있으면 고치기를 꺼리지 말아야 한다.

"물론이지요. 그런 오류는 빨리 고칠수록 좋겠지요. 조금 마음을 비우기만 하면 될 일인데요."

— 나는 결코 외롭지 않다. 나는 20대에 이런 통찰을 획득한 이후로 줄곧 이 생각을 관철해왔다. 『노자도덕경』을 약관의 나이에 독파하면서 모든 문명의 허위적 패턴에 의심이 생겨나기 시작했던 것이다. 지금 나는 외롭지 않다. 나의 생각에 동조하는 방대한 젊은 학자군이 성장하고 있다. 최근 한국고전번역원 공개세미나에서 다산학에 평생을 헌신해오신 박석무 선생님(다산연구소 이사장)께서도 "실학"이라는 개념을 양기揚棄하고 보다 포괄적인 "다산학"의 정석을 개척해야 한다는 나의 의견에 충분한 공감을 표시했다. 다산이 거중기를 만들어 화성을 쌓는 데 도움을 주었다는 공로를 표방하여 그의 실학의 가치를 형량한다면 그것은 다산의 가치를 왜곡하고 축소시키는 것이다. 당시 "거중기"는 다산의 발명도 아니며, 서학과 더불어 들어온 서방과학서적을 탐독하면 다 있는 얘기일 뿐이다. "실학"이라는 개념은 실학이라는 우산 속으로 들어오는 사상가들의 위상을 너무 초라하게 만든다.

"선생님이 말씀하시는 것은 근원적인 역사인식의 문제이겠지요."

— 그렇다! 한번 이렇게 생각해보자! 우리나라에 고인돌이 4만 기가 발견되며, 전 세계에 분포되어 있는 고인들의 절반이나 되는 엄청난 문화유적이다. 아프리카, 유럽, 지중해연안, 그리고 팔레스타인으로부터 이란, 파키스탄, 티베트, 남부 인도, 그리고 인도네시아, 보르네오, 말레이시아, 일본에까지 두루두루 분포되어 있는데 한국에 4만 기나 있고 또 그 절반인 2만 기가 전라남도에 집중적으로 분포되어 있다. 우리나라의 고인돌문화는 세계역사에서 그 유례를 찾아볼 수 없는, 단일면적 당 밀집도가 가장 높은 특이한 현상이다. 그런데 고인돌은 기본용

도가 무덤이었다고 사료되며 그 외로도 다양한 용도로 쓰였을 가능성이 있다. 그런데 하나의 고인돌을 조성하기 위해서는 수백 명에서 수천 명의 인력이 동원되어야만 한다. 상당한 인구를 전제하지 않고서는 그 동원이 불가능하다고 생각된다.

그 조성연대는 BC 2,000년부터 BC 200년 사이의 시기에 걸치며 북한에서는 탄소측정방법에 의하여 4,900년 이전의 유물이 출토된다고 한다. 하여튼 중국의 하·은·주 삼대에 해당되는 시기에 우리나라에서는 고인돌이 대거 조성되었다는 것을 의미한다. 철기시대 이전의 이 유적을 우리는 물론 "고대"에 집어넣을 것이다. 그리고 "노예제"를 생각할 것이며 많은 인민이 혹사당한 고통스러운 삶을 연상할지도 모르겠다. 내가 본 고인돌 유적 중에서 가장 인상에 남는 것은 전라남도 영암군 서호면西湖面 엄길리奄吉里에 있는 지석묘군이다. 시간이 있으면 한번 꼭 가보라! 서울에서 가까운 곳으로는 오산시 외산미동이나 금암동의 고인돌공원에 가보면 참으로 아름답게 조성되어 있는 고인돌을 만날 수 있다.

그런 곳에 앉아서 가만히 생각해보면 그 고인돌을 조성하기 위하여서는 반드시 엄청나게 많은 사람들이 충심에서 우러나와 한마음으로 협동하지 않으면 조성하기 어렵다는 생각이 든다. 그것이 어느 추장의 묘라고 한다면, 그것은 채찍 아래서 이루어진 사건이라기보다는 추장에 대한 사랑의 표시라는 생각이 든다. 주변에 엄청난 성곽도 없고 국가조직도 없는 상황에서 그렇게 많은 고인돌이 집약적으로 이루어질 수 있는 상황은 매우 평화로운 자발적 협동을 전제하지 않고서는 생각하기 어렵다. 고인돌을 만든 사람들의 문화가 오늘 이명박 정권이 저지르고 있는 부패정치보다는 더 위대한 민주정신을 과시하고 있다고 생각할 수는 없을까? 그들의 삶을 "현대"라고 생각할 수는 없을까?

"그들의 삶은 원시상태였고, 지금이 그래도 더 살기 편하다고 생각해야 하지 않을까요?"

— 삶의 양식이 변한 것이지 결코 그들의 삶보다 우리가 더 진보했다든가, 우리가 더 편한 삶을 살고 있다든가, 그들은 미개고 우리는 문명이라는 생각을 해서는 아니 된다는 것이다. 전라도에 산재해있는 고분에 관해서도 「위지동이전」에 나오는 마한·진한·변한 따위의 개념으로 해결할 수 없는, 그 훨씬 이전부터 토착적이고 자생적인 고수준의 문명이 있었다고 생각해야만 풀릴 수 있는 문제들이 많다. 고대사는 미지의 세계이지만 결코 원시나 고대가 아니다.

"역사적 정보를 오늘의 기준에서 다 가치평가valuation를 하지 말아야 한다는 선생님의 주장은 사학자들이 깊게 생각해봐야 할 문제인 것 같습니다. 역사적 현상을 분석하는 매우 자유롭고도 민주적인 시각의 이동이 있어야 한다는 선생님의 말씀은 공감할 수 있습니다. 그러나 역사의 목표가 없으면 저희는 영원히 방황할 수밖에 없습니다. 역사의 목표란 무엇입니까?"

— 역사에 목표가 있을 수 없다는 것을 내가 말하고 있는 것은 아니다. 역사의 목표가 역사 밖에 있어서는 아니 된다는 것이다. 고중근의 역사는 역사의 목표가 역사 밖에 있다. 그러나 역사가 우리를 어디로 데

려가는 것은 아니다. 역사가 우리를 어떤 이상으로 데려가지는 않는다. 역사의 이상이란 우리가 스스로 창조하는 것이다. 그것도 역사 속에서! 그것도 우리 스스로, "공산사회"나 "신자유주의적 방임"과 같은 허구적 이념의 전제가 없이! 우리 역사의 지향점의 모델이 근대가 될 필요도 없고, 전근대가 될 필요도 없고, 후근대가 될 필요도 없다. 근원적으로 "근대＝자본제"라는 환상을 해소시켜야 한다.

"근대를 부정한다 해도, 역사를 바라봐야 하는 어떤 방편적 시점이 있어야 할 것 아닙니까?"

— 그것이 바로 "시중時中"이다. 시중이란 역사의 목표를 주어진 역사의 상황에 내재하는 것으로 본다는 뜻이다. 우리 역사가 어떤 포스트모던을 지향하는 것이 아니라, 우리의 상황 속에서 우리의 삶을 건강하게 만드는 어떤 중용의 이상을 찾아내야 한다는 것이다. 우리가 서구의 근대로부터 과학을 배웠고, 의회민주주의를 배웠고, 민주의 철학을 배웠다 할지라도 그것을 근대적 가치로 생각할 필요가 없다. 우리 삶의 개선을 위한 방편을 배운 것일 뿐이다. 오늘의 중용적 목표는 남북의 화해라든가, 우리의 역사진로를 통한 미·중의 화해라든가, 국내정치에 있어서의 보수·진보의 근원적 해소라든가, 매우 구체적이면서도 달성키 어려운 현실적 가치이상은 바로 오늘·여기에 내재한다는 것이다. 내일의 하늘나라는 없다. 오늘의 이 땅에서의 하늘나라가 있을 뿐이다. 그 하늘나라가 시중이다. 일치일란一治一亂 속에서 영원히 시중時中을 지향하는 것이다.

　"이제 좀 선생님의 말씀이 이해될 듯 싶습니다. 우리가 너무 서구적 학문논리의 중압감 속에서 사고해왔다는 반성이 일어납니다. 여태까지 역사 그 자체에 관한 충분한 토론이 있었으니까 이제 우리 조국의 역사에 관해 좀 알고 싶습니다."

― 네가 "조국의 역사"라는 말을 의식적으로 썼는지는 모르지만, 매우 적절한 표현이라고 생각한다. "한국의 역사"라고 하면 "대한민국의 역사"가 될 수도 있고 그렇다면 1948년 이상으로 올라갈 수가 없다. 이러한 민족사의 테마는 우리가 흔히 "한국사"라고 표현하는 통사의 개념에는 비교적 문제를 적게 일으키지만, 서양의 경우 "프랑스역사" "독일역사"라는 말 자체가 매우 어색한 표현이 될 수가 있다. 한국의 경우는 우리가 오늘 한국의 국토라고 생각하는 영역과 그 영역에서 산 사람들의 민족적 아이덴티티가 어느 정도 일치하지만 이 지구상에는 그렇지 못한 나라가 너무도 많다. 사실 "민족국가a nation-state"라는 것은 순수하게 20세기 개념이며, 그 이전으로 올라가면 민족국가라는 개념이 그 영토에서 성립하기가 어렵다.

　독일만 해도 1871년에 프러시아의 재상 비스마르크가 통일된 독일의 개념을 만들기 전까지는 어떤 하나의 단일한 정치단위를 형성한 적이 없다. 켈트족, 게르만족, 서방로마제국의 멸망, 프랑크왕국, 색슨왕조, 신성로마제국, 합스부르크왕가, 말틴 루터의 종교개혁과 농민혁명, 30년전쟁과 베스트팔렌조약, 나폴레옹전쟁, 독일연방, 프러시아의 절대주의 등등 너무도 다양한 역사의 아이덴티티가 착종되어 단일한 민족국가의 역사로서 일관되게 서술하기가 매우.어렵다. 그래서 유럽사에서는 문화사적 접근이 매우 유용하다. 좁은 민족국가적 개념에 얽매이지 않고 역사를 통관적으로 기술할 수 있기 때문이다. 그런데 우리역사도 고대사(방편적 개념)로 거슬러 올라갈수록 오히려 그러한 상황에 봉착한다. 고구려의 역사는 광활한 대륙과 일본까지 뻗치는 해양문화와의 총체적 조감 속에서 보지 않으면 아니 되고, 백제의 역사는 대륙해안문명과 『일본서기』의 모든 무대를 하나의 문명권으로 묶고 보지 않으면 안되며, 신라 또한 일본 고문명과의 교섭 속에서 보지 않으면 아니 된다. 다시 말해서 다양한 세계사적 문명권이 조선역사의 공간 속에 착종되어 있는 것이다. 삼국시대 이전의 부족국가시대나 그 이전의 고인돌시대에 이르기까지 자생적 혹은 문명교차적 시각을 가지고 그 유니크한 특성을 탐구해야 한다. 민족국가라는 현대적 한정성을 함부로 고대로 소급해서는 아니 된다는 것이다.

"그러니까 한국사도 민족사적 폐쇄적 시공 속에서 규정할 것이 아니라, 끊임없이 세계문화사의 개방적 착종 속에서 그 동일성을 추구해야 한다는 말씀이군요."

— 그렇다! 주체는 개방 속에서만 그 동일성을 유지할 수 있는 것이다. 국사학의 제 문제를 항상 세계사적 시각 속에서 통섭적으로 관조할 필요가 있다. 그렇게 보면 퇴계와 고봉의 사단칠정논의도 서구근대의

어떠한 철학논의보다도 더 본질적인 인간성의 추구라 말할 수 있으며, 서구사상이 추구하는 "근대성Modernity"논의의 수준을 훨씬 뛰어넘는다.

"한국역사를 통사적으로 어떻게 이해하면 좋을까요?"

— 이것 또한 너무도 광대한 주제이기 때문에 말을 안하고 넘어갔으면 좋겠다.

"그래도 한 말씀만 꼭 해주십시오."

— 우선 "통사"라는 것은 한 민족의 역사를 역사시대의 시작으로부터 오늘 현대사에 이르기까지 그 전체를 통술通述한다는 의미인데, 그것은 단대사나 지역사 같은 특별사를 초극하는 전체사라는 의미이다. 물론 이것 또한 민족국가 개념이 보편화되기 시작한 19세기 말기나 20세기 초에 걸쳐서 등장하는 것이다.

19세기 초반으로부터 독일에서는 근세역사학의 성소라 말할 수 있는 괴팅겐스쿨Göttingen School이 번창하였고, 그 뒤를 이어 등장한 랑케Leopold von Ranke, 1795~1886의 사학이 현대역사기술의 모든 전범을 제시했다고 볼 수 있다. 매콜리Macaulay, 1800~1859의 『영국사*History of England*』5권이 1849~61년에 걸쳐 나왔고(휘그당의 입장을 대변한 역사이기는 하지만 영국사학의 파운더라고 말할 수 있다), 문화사의 모델을 정립한 야콥 부르크하르트Jakob Burckhardt, 1818~1897의 『이태리 르네상스문명*Die Kultur der Renaissance in Italien*』이 1860년에 나왔고, 그에 영향을 받은 독일사가 램프레흐트Karl Gottfried Lamprecht, 1856~1915의 방대한 『독일사 Deutsche Geschichte』12권이 1891~1901에 나왔다. 하여튼 이와 같이 "통사"는 서양에서도 19세기 후반에서나 쓰여지기 시작한 것이니, 우리나라에서도 통사가 20세기 초반에 이미 쓰여지기 시작했다고 한다면 세계사적 행보에 비추어 결코 늦은 것이라고 말할 수 없다. 문제는 누가 어떻게 썼느냐 하는 것이다.

"점점 흥미있어지는데요?"

— 역사라는 것은 누구에게 처음 배우냐, 이런 것이 매우 중요한 문제인 것 같다. 나는 1965년에 고려대학교 생물과에 입학했는데 세계사 과목을 김학엽金學燁 선생님에게 배웠다. 얼마나 열정적 달변가였는지, 그의 강의실에는 배움의 열망으로 가득찬 푸른 교복 입은 학생들이 꽉꽉 들어찼고 웃음이 계속 터져나왔다. 김학엽 선생님은 참으로 대인의 인격과 풍도를 지닌 분이었다. 서양역사의 대세를 아주 비근한 예를 들어 꼭꼭 집어 말씀해주시곤 했는데 내 머리에 쏙쏙 들어왔다. 그 뒤로 나는 1967년에 한국신학대학에 입학했다. 그 동안 내 인생에서 매우 격렬한 실존적 고민과 질병과의 사투가 있었다. 나는 아이러니칼하게도 신학대학에서 동양사개론과 국사개론을 들었다. 동양사개론은 진보적 대승기독교신학의 거두 장공長空 김재준金在俊 선생님 1901~1987께 들었다. 장공 선생은 아오야마 신학교에서 매우 진보적 사상을 흡수했고 또 미국의 프린스턴 신학교에서 보수적 신학을 흡수했다. 내가 그 분을 뵈었을 때는 아직 본격적인 반군사독재투쟁을 전개하기 전의 평온한 시절의 장공이었다. 나는 동양사강의 속에서 진시황

을 결코 부정적인 시각에서만 평가해서는 안된다는 말씀을 처음 들었다. 주자식으로 도덕주의적인 틀 속에서 역사를 바라봐서는 안된다는 말씀을 하셨다.

그런데 나의 인생에 가장 심오한 영향을 끼친 만남은 홍이섭洪以燮, 1914~1974 선생님과의 만남이었다. 홍이섭 선생은 조선의 과학사를 최초로 정립한 분일 뿐 아니라, 다산학을 본격적 한문적 궤도 위에 올려놓은 최초의 사학자라고 말할 수 있다. 나는 선생님께서 쓰신 책으로 내가 평생 간직하여 나달나달 낡아빠진 『정약용의 정치경제사상연구』(서울: 한국연구도서관, 1959)라는 책이 내 서재에 지금도 꽂혀있다. 우연하게도 나는 한국신학대학에서 홍이섭 선생님께 국사를 배웠던 것이다. 홍이섭 선생은 연희전문학교 문과를 졸업하고 서울기독교청년회학교 교사가 되었다가 광복 이후 고려대학교 문과대학 교수를 역임, 1953년 4월 연세대학교 문과대학 교수가 되었다. 내가 그를 처음 뵈었을 때 그의 나이 54세의 원숙한 학자였고 나는 푸릇푸릇한 약관의 소년이었는데, 그가 나를 기억했을 리 만무하다. 그러나 당시 한국신학대학에는 기라성 같은 신학자들이 가득 있었고, 또 그들과 친분이 두터운 홍 선생님은 국사개론강의 요청을 거절하기 어려웠던 것 같다. 사실 연희동에서 수유리까지 과목 하나 때문에 몇 푼 안되는 강사료를 받고 그런 사계의 거두가 출강한다는 것은 그리 쉬운 일이 아니었다. 그 잠깐의 인연의 시기에 내가 한국신학대학을 입학하였던 것이다. 참으로 기연이라면 기연이라 하지 않을 수 없다. 내가 귀국했을 때 살아계셨더라면 나는 선생님을 꼭 찾아뵈었을 것이다. 그런데 선생님은 내가 대만대학에서 한참 석사논문을 쓰고 있을 즈음, 자택에서 연탄가스 중독으로 돌아가셨다(1974년 3월 4일). 만 60세가 되기도 전, 참으로 어처구니없이 이 세상과 이별하고 말았으니 그 청빈했던 안빈낙도의 삶의 일면을 엿볼 수 있다. 옛날 수유리 임마누엘동산의 이층 강의실에서 처음 뵈었을 때 땅딸막한 키에 머리가 어찌나 큰지 꼭 커다란 사각 메주 덩어리가 굴러떨어질 듯한 느낌이었다. 인품이 얼마나 자상하셨든지 부드러운 목소리로 귀여운 듯한 미소를 지으시면 까만 테 안경 위로 훤출한 이마가 빛이 났다.

선생은 첫 시간에 들어오셔서 이렇게 말씀하셨다: "역사를 아무리 많이 배워도 아무 소용이 없어요. 누가 어떻게 쓴 역사인지를 먼저 알아야 돼요. 한국사의 연구는 한국사기술의 역사로부터 시작되어야 합니다."

역사는 반드시 히스토리오그라피Historiography로부터 출발해야 한다. 그러니까 역사쓰기의 역사를 알아야 한다는 것이다. 그런데 일찍이 박은식, 신규식, 신채호와 같은 사람들의 피눈물나는 민족사학의 흐름도 있었지만, 기본적으로 우리민족의 근세적 "통사通史"라는 역사 기술은 일정한 의도를 지닌 일본 관변사학자들의 노력에 의한 것이다. 다시 말해서 "조선통사" 그 자체가 한국인이 만들어간 개념이 아니라, 일본이 만들어간 개념이라는 것이다. 지금 나에게 당시의 강의노트가 있으면 좋겠지만 그 노트가 남아있는 것이 없어 희미한 기억에 의존할 뿐이다.

"그래도 기억나는 것만 말씀해주세요. 선생님이 젊은 날에 들었던 강의의 엑기스를 지금 우리들이 선생님을 통하여 들을 수 있다면 얼마나 좋겠습니까?

한 사람의 긴 삶의 과정에서 온양된 깨달음을 전수받을 수 있는 호기가 아니겠습니까?"

— 홍 선생님은 국사개론 한 학기 동안 "국사"는 전혀 강의하지 않으시고, 일본사람들이 19세기 후반으로부터 20세기 전반에 걸쳐 어떻게 조선사를 기술했는지를 사람별로 그 특성을 하나하나 짚어 말씀해주셨다. 그야말로 당시 한국신학대학 학생들의 일반감각으로 도저히 이해가기 어려운 내용이었을 것 같은데 선생님은 외우기도 어려운 일본학자들의 이름들, 하야시 타이스케林泰輔, 1854~1922, 니시무라 유타카西村豊, 1864~1928, 쿠보 텐즈이久保天隨, 1875~1937, 키쿠찌 켄죠오菊池謙讓, 시노부 쥰페이信夫淳平, 쯔네야 세이후쿠恒屋盛服, 그리고 조선사편수회의 쿠로이타 카쯔미黑板勝美, 1874~1946, 이마니시 류우今西龍, 1875~1932, 이나바 이와키찌稻葉岩吉, 1876~1940, 그리고 시데하라 타이라幣原坦, 1870~1953, 아오야기 쯔나타로오青柳綱太郎, 1877~1932, 오다 쇼오고小田省吾, 1871~1953, 샤쿠오 슌죠오釋尾春芿, 1875~? 등등을 나열해가면서 이들이 어떻게 조선역사의 이미지를 형성해나갔는지를 갈파하셨다. 나로서는 인생에 두 번 듣기 어려운 강의였고, 또 엄청난 개안開眼이었다.

"선생님은 훌륭한 스승들을 많이 만나시는 행운을 타고나신 분 같네요."

— 정말 나는 평생에 대인大人을 많이 만나는 복을 얻은 사람인 것 같다. 내가 배운 학문의 대가들은 이루 헤아릴 수가 없다. 그런데 1967년 한 해에만 해도 구약학개론을 문익환 선생님에게, 신약학개론을 이우정 선생님에게, 그리고 서양철학개론을 소흥렬 선생님에게 들었으니

당시 내가 흡수한 학문의 수준은 참으로 놀라운 것이었다. 나는 1년 동안 신학대학에서 너무도 머리가 개화되어서 신학대학을 떠나 새롭게 철학을 전공할 수밖에 없었다. 홍이섭 선생님은 어느 날은 두 시간 내내 "고려청자"의 빛깔에 관해서만 말씀하신 적이 있다. 고려청자의 빛깔을 도무지 찾을 수가 없는데, 아주 맑은 새벽 먼동이 트려고 할 때, 아직 태양이 떠오르지 않았을 때의 검푸른 보라빛을 치고 올라오는 개벽의 저 푸름, 그 너머에 있는 희푸르스름한 빛, 모든 속기가 정화된 그 푸름에서만 찾을 수 있다는 것이다. 나는 그 말을 듣고는 매일 새벽 일찍 일어나 그 먼동의 개벽 하늘에서 청자색깔을 느껴보려고 한 달 가량 심취한 적도 있었다. 홍 선생님은 역사학자였지만 그토록 심미안이 뛰어난 사람이었다.

"요즈음 학생이 고려청자 빛깔을 느껴보려고 한 달 동안 새벽하늘을 연구하는 사람이 있을까요? 참으로 낭만적인 학창시절을 보내셨네요. 그런데 홍 선생님께서 말씀하신 일본사람들에 의한 한국사기술이 결국 '식민지사관'이라는 말로 압축되는 것일 텐데요, 과연 그것이 무엇입니까?"

— 참으로 좋은 질문이다! 그런데 우리가 식민지사관 하면 뭐 단군신화를 부정한다든가, 미마나부任那府 등으로 고대사를 왜곡한다든가, 혹은 일본 경제학자 후쿠다 토쿠조오福田德三, 1874~1930가 주장한 한국역사의 정체론停滯論(한국역사는 봉건제를 결하고 있으며 일본역사의 후지와라시대藤原時代에 머물고 있으므로 일본은 그것을 동화시켜 진보로 이끌어줄 운명과 의무를 지니고 있다), 야오야기柳青綱太郎 등의 내선일가론內鮮一家論, 내선일체론內鮮一體論, 일선동조론日鮮同祖論, 혹은 여타 조선의 식민지통치를

정당화하기 위한 여러 가지 이념적 장치만을 연상하기 쉬우나 그런 것은 얼마든지 쉽게 극복될 수 있다. 실체의 왜곡은 식민지사관의 핵심이 아니다. 우리역사의 최초의 근대적 통사라고 말할 수 있는 하야시 타이스케林泰輔의 『조선사』(1892)로부터 이마니시 류우今西龍의 여러 저작이나 조선사편수회의 대사업들에 깔린 사관들을 조목조목 따져서 지금 여기서 이야기하는 것은 별로 적절하지 않다. 단지 내 머릿속을 평생 지배한 홍이섭 선생님의 식민지사관에 관한 유훈 같은 것이 있는데, 그것은 오직 두 가지 포인트로 집약된다. 선생님은 항상 말씀하시었다. 식민지사관은 객관적 이론의 체계가 아니라 우리 머릿속을 이미 지배하고 있는 보이지 않는 우리 스스로의 사고의 질곡이라고.

"바로 그런 것을 알고 싶습니다. 그 두 가지가 무엇입니까?"

— 알고 보면 매우 평범한 이야기 같지만 평범하기 때문에 보편적이고, 또 교정이 어려운 것이다. 우리 민족 스스로의 깊은 질병인 것이다.

"빨리 말씀해주십시오."

— 그 첫째는 조선민족은 분열을 사랑한다는 것이다. 분열하기 좋아하고 서로 붕당을 지어 싸우기를 좋아하고 대의를 위하여 화합하고 양보하는 것을 싫어한다는 것이다. 그래서 조선의 역사는 처음부터 끝까지 분열의 역사라는 것이다. 그래서 이런 분열을 종식하기 위해서는 대일본제국에 동화되어 하나로 통합되어야 한다는 것이다. 부족국가시대를 보아도 서로간에 분열하여 싸우는 것으로 이해하고, 삼국시

대도 백제·고구려·신라간에 서로 싸우는 것으로만 이해하고, 통일신라도 골품제도 내부에서의 갈등구조만 부각시키고 발해 동포의 역사는 배제시키며, 고려도 문신·무신의 대립으로 이해하고, 조선의 건국도 붕당의 승리로만 이해하며 그 뒤로도 온갖 정변, 훈구·사림의 대립, 무오·갑자·기묘·을사사화, 동·서분당, 남·북 대립, 노·소론 대분당 등등 조선왕조는 붕당으로 흥기하고 붕당으로 멸망하였으며, 심지어 3·1운동도 아오야기 쯔나타로오青柳綱太郎, 1877~1932는 이완용을 위시한 노론이 우대받은 원한 때문에 소론계열의 사람들이 일으킨 붕당소요일 뿐이라고 단정짓는다. 붕당의 분열의 역사는 저열한 역사이며 육국이 진시황이 망하게 한 것이 아니라 스스로 붕괴한 것이듯이, 조선의 역사는 스스로 망한 것이다. 그러기에 문명적인 식민통치를 통해 열등국민의 오명을 씻고 대일본제국의 일등국민으로 거듭나야 한다고 촉구했다.

이에 대하여 홍 선생님은 우리에게 조선의 역사는 분열의 역사가 아닌 통합의 역사이며 화합의 역사라는 것을 강조하셨다. 부족국가에서 삼국시대로, 삼국시대에서 통일신라로 가는 과정이 분열의 과정이 아니라 통합의 과정이며, 신라의 통일이야말로 조선민족에게 민족적 아이덴티티를 수립함으로써 향후 한 민족으로서 한 역사를 유지해가는 원점이 되었다고 말씀하시었다. 이러한 민족적 아이덴티티의 정립은 고려말 단군신화의 기록에서 보다 구체적인 상징성으로 등장하지만 이 지구상의 어느 민족보다도 그 동일민족의 아이덴티티를 확립한 것이 빠르며, 그 대통합을 고도의 추상적 논리로 표현한 통일신라 초기의 사상가가 원효라고 말씀하시었다. 하여튼 내 머릿속에 충격적인 것으로 기억된 선생님의 말씀이 이러한 것들이다. 그리고 조선의 붕당·사화도 200여 개의 제한된 권력 포스트(탐날 정도의 중요 포스트는 이 정도밖에 안되었다)를 놓고 귀족세력간의 세력균형이 이루어지는 권력발란싱의 역학일 수도 있고, 그것은 그 나름대로 역사를 움직여가는 하나의 양식으로 파악해야지, 무조건 분열의 나쁜 정치로만 이해할 수는 없는 것이라고 말씀하시었다. 하여튼 당시 나로서는 너무도 참신한 견해였다. 함석헌 선생님은 고구려의 기상을 찬양하며 신라의 통일이 한민족의 위세를 위축시킨 불행한 사건으로 보았으나 내 생각으로는 고구려의 기상이 뻗치고 뻗쳐 중원을 다 지배했더라면 오히려 조선반도는 중국의 한 성省이 되고 말았을 수도 있다. 중국이라는 용광로를 처먹고 중국에 동화되지 않은 변방민족은 없다. 몽고·거란·만주 등등 모두 같은 길을 걸었다.

"그릇 기술된 역사에 대한 변명이 중요한 것이 아니라, 최초의 역사의 관념을 그런 방식으로 주입시켜 버리면 그것이 마치 사실의 전부인 양 착각하여 체화된다는 데 더 큰 문제가 있겠네요. 하여튼 충격적인 역사인식의 반전이군요. 다음의 제2의 포인트는 무엇입니까?"

— 우리민족은 자기 운명을 스스로의 힘으로 결정하지 아니 하고 반드시 더 큰 힘에 기대어서만 생존을 꾀한다는 것이다. 이것을 보통 맹자의 용어를 빌어 "사대事大"라고 하는데 한번 생각해보자! 중국이라는 거대한 땅덩어리 동쪽 한 구석에 붙어 있으면서 자신의 독자적 아이덴티티를 오늘까지 유지해왔다는 이 기적적인 사실은 우리 민족의 역사가 "사대事大의 역사"가 아닌 "항대抗大의 역사"였다는 것을 입증

하는 것이다. 우리는 대륙의 질서에 편입되는 것을 끊임없이 항거하면서 높은 문화수준을 유지하고 일본의 문명 젖줄 노릇을 하였고 주변 국가들의 존경을 받아왔다. 사대라는 것은 조선왕조의 특수붕당의 편향된 이념체계에서 찾을 수 있을지는 몰라도 우리 역사 그 전체를 규정하는 논의가 될 수는 없다.

"최초의 역사를 그런 방식으로 기술하고 그렇게 식민지 사람들을 교육시키면 그 내재화된 인식체계가 지속적인 영향력을 발휘한다는 데 가장 큰 문제가 있을 것 같습니다."

── 그렇다! 1877년에 동경개성학교東京開成學校와 동경의학교東京醫學校를 합병하여 성립한 동경대학東京大學이 1886년에는 제국대학령에 의하여 동경제국대학東京帝國大學으로 변모한다. 제국대학이 되면서 이듬해 9월에 문과대학에 사학과가 설치된다. 이때 사학과에 독일실증사학의 태두 랑케의 수제자인 루드비히 리이스Ludwig Riess, 1861~1928가 주임교수로 초빙된다. 리이스는 사학과의 정비와 사학회의 창립을 지도하였고, 아카데미즘으로서의 사학개념을 정립한다. 그리고 독일 사학방법론을 철저히 가르친다.

그의 지도 아래 일본 근세역사학의 태두라 할 수 있는 시라토리 쿠라키찌白鳥庫吉, 1865~1942가 배출되었다. 시라토리가 바로 유럽에서 우랄·알타이어계 민족의 언어와 역사를 연구하고 귀국하여 동경제국대학 교수가 되었고, 또 1905년, 아시아학회를 창립하였고 1908년에는 만철동경지사 내에 만선역사지리조사부滿鮮歷史地理調査部를 성립하였던 것이다. 최초의 한국 통사를 쓴 하야시 타이스케林泰輔도 이런 분위기 속에서 같은 시기에 동경제국대학이 배출한 인물이다. 그 뒤로 식민지사관의 보루인 조선총독부 조선사편수회의 활동을 주도한 사람들도 일본사학계의 대가들로서 동경제대에서『대일본사료大日本史料』『대일본고문서大日本古文書』를 편찬한 경험이 있는 사람들이었다.

그러니까 우리나라 통사를 최초로 만들어간 사람들의 정신에는 랑케Leopold von Ranke, 1795~1886의 독일사학방법론이 흐르고 있다고 말할 수도 있다. 그런데 랑케는 실증사학의 대가로 알려져 있으며, 역사의 객관성을 치밀하게 추구한다. 그의 모토 "역사의 사실을 있는 그대로wie es eigentlich gewesen"는 우리에게도 잘 알려져 있다. 그러나 재미있게도 랑케는 독실한 루터교 목사 집안의 아들이며, 역사를 하나님의 행위의 전개과정으로 파악한다. 쉘링의 철학에 깊은 영향을 받았으며, 헤르더의 로만티시즘을 신봉했다. 역사를 인간진보의 승리의 연대기로서 파악한 것이다. 다시 말해서 고증근의 기본정신을 충실히 구현하는 사학이었던 것이다. 식민사관을 인간진보의 필연방편으로 설정하고 그 대일본제국의 진보를 위한 수단으로서의 종속적·예속적 한국역사를 치밀한 사료동원을 통하여 정당화시키는 것이 바로 일본사학의 홍류였다. 따라서 식민사관과 실증사학방법론의 결합은 교묘하고도 공포스러운 것이다.

"일본사람들은 정말 대단하군요. 그 무단적 제국주의를 실천해간 방식이 서구의 문화제국주의를 능가하는군요."

— 너무 대단해서 큰일인 것이다! 『조선고사고朝鮮古史考』 『백제사연구百濟史研究』 『신라사연구新羅史研究』 『조선사의 길잡이朝鮮史の栞』 등을 쓴 조선사편수회의 이마니시 류우今西龍, 1875~1932만 해도 동경제대 문과대학 사학과를 졸업하고 동 대학원에서 조선사를 전공하였다. 그 후로 경도제국대학에서 조교수가 되었고 1922년에는 『조선고사의 연구朝鮮古史の研究』로 문학박사 학위를 획득한다. 그 후에 그는 조선사 전문가로서 양성되기 위하여 중국·영국 유학을 떠난다. 중국에서는 『사고전서제요四庫全書提要』를 주편한 커 사오원柯劭忞, 1850~1933에게 배웠다. 그리고 조선사편수회 위원이 되면서 경성제국대학 교수와 경도 제국대학 교수를 겸임했다. 하여튼 일본사람들은 인재들을 이렇게 조직적으로 키웠다.

"문제는 오늘 이 시점에서 식민사관이 어떻게 작동하고 있느냐? 그것이 더 큰 문제가 아니겠습니까?"

— 너 말 참 잘했다! 생각해보라! 지금 홍 선생님께서 하신 말씀은 **분열의 역사, 사대의 역사** 두 마디로 요약되는데, 일본사람들이 이 땅에서 물러난 이후로 남한의 정권을 장악한 모든 사람들이 정확하게 일본사람들이 물려준 식민사관의 유산을 충실하게 구현하였다고 말할 수 있다. 이승만은 그 삶 자체가 "분열의 대가"였다. 그리고 그 뒤로 오는 모든 지도자들이 이 분열과 사대의 대전제를 무너뜨린 사람이 한 명도 없다. 이명박은 말할 것도 없지만, 아이러니칼하게도 김대중·노무현 두 사람도 식민사관의 충실한 계승자였다. 김대중은 한국경제를 철저한 "사대"의 구조로 끌고갔고, 노무현은 한국정치를 철저한 "분열"의 구

조로 끌고갔다. 노무현이 특검수용으로 남북화해의 흐름을 차단한 것은 역사의 대세를 파악하지 못한 끔찍한 실책에 속하는 것이다.

"지금은 우리가 중국을 소홀히 하는 경향이 있으니까 '사대'가 아니지 않습니까? 사대주의는 중국대륙에 대한 복속을 의미하는 것이 아니었겠습니까?"

— 너 이놈! 여기선 네 머리가 너무 안 돌아갔구나! "사대"란 고정적 대상성이 있는 것이 아니라, 주체성의 상실, 자율성의 파기, 강대국에의 의존성을 총칭하여 말하는 것이다. 그러니까 우리민족의 사대는 조선왕조의 사명事明, 사청事淸에서, 구한말·일제시대의 사일事日로, 그리고 그 이후의 사미事美로 그 제목만 바꾸어 나간 것이다.

오늘의 친미주의자들은 사실 과거의 사중事中보다 더 지독한 사대주의자들이다. 보수언론에서 중요한 활동을 하고 있는 친구들을 만나 이야기하다 보면 꼭 견해가 갈리는 것이 이승만과 6·25전쟁의 해석으로부터 갈려나간다. 이승만은 위대한 민족의 지도자이며 6·25는 김일성의 악랄한 행동이며 그것을 미국이 구출하였다는 것이다. 6·25가 2차세계대전 이후에 미국이 필요로 하고 있던 냉전체제구축의 거대한 틀 속에서 유도된 전쟁induced war이라는 생각은 못하는 것이다. 국공분열로부터 인도차이나의 전쟁에 이르는 "동아시아30년전쟁"의 한 계기라는 거시적이고도 공평한 시각이 없다는 것이다. 이것은 임진왜란의 종료를 오직 명군明軍의 공로로서만 돌리는 시각과 동일하다. 맥아더에게 충심의 감사의 은덕을 바치는 마음자세라면 이여송의 동상 또한 크게 세워놓아야 할 것이다. 명나라에 빚을 졌다는 충성심이 구조적으로 또 하나의 비극, 병자호란을 불러일으켰다는 생각은 하지 못하는 것이다.

우리민족은 왜 이다지도 무지할까? 미국은 우리를 도와준 것이 아니라, 우리의 역사의 장을 활용하여 그 몇천 배의 이득을 취해갔다. 그리고 우리가 해방 이후에 미국에게 바친 저자세의 충성심은 이미 단군 이래 조선 말기까지 대륙중원에 바친 충성심의 합계를 몇천 배 뛰어넘는다. 미국에의 사대는 유례가 없는 사대다! 왜 이렇게 되었는가? 미국 없이는 정말 못살까? 미국 없으면 망하는 기업은 있겠지만 단연코 말하건대 우리 국민은 망하지 않는다! 도대체 미국을 버리고 어떻게 살려고 그러오? 눈물어린 심정으로 나에게 호소하는 보수파의 순진한 거물의 멘탈리티가 바로 식민사관의 소치라는 것을 내가 구태여 언급할 필요가 있겠는가? 미국 없이 살자는 것이 아니라, 미국에만 의존하여 생존을 모색하는 좁은 사대의 시각을 교정하여 모든 주변 강대국의 화해를 도모하자는 것이다. 그러나 감정적으로 미국에 의존코자 하는 사람은 대체적으로 강남 대형교회의 장로님이거나, 반드시 그 혈연을 파보면 "빨갱이"들에게 당한 추억이 있다. 북한에서 잘살다가 너무도 억울한 쌩피를 보고 내려왔다든가, 6·25전쟁 과정에서 혹은 그 전후의 동족상잔의 비극 속에서 쓰라린 체험의 암영이 어른거리는 것이다. 나는 미국 아니면 못살아! 예수 아니면 못살아! 빨갱이는 정말 미워! 바로 이 한국인의 정서가 식민사관의 최대의 승리라는 것을, 바로 일제의 관변사학자들이 지금도 무덤에서 빙그레 미소짓고 있을 것이다.

남북의 분열을 획책하고, 미·일제국 일변도의 종속외교에 집착하는 모든 사유가 식민사관의 연장태라는 것을 우리는 깨달아야 한다. 요번 대선에 승리하는 대통령은 반드시 먼저 북한에 다녀오고 난 다음에, 중국이나 러시아를 다녀오고, 그리고나서 미국을 가야한다. 이것이 진정 미국이라는 우방에 대한 공경의 표시이다.

"결국 역사와 관련된 모든 사관의 테마는 현대사로 귀결되는군요."

— 그렇다! 그래서 내가 일찍이 말하지 않았니? 모든 역사는 현대사라고. 그런데 모든 역사는 현대사라는 테제는 결코 관념으로 끝나서는 아니 된다. 실제로 현대사를 공부해야만 그 시각의 구체성이 생긴다. 역사공부를 하되, 구한말에서 끝나는 역사는 죽은 역사이다. 반드시 그 이후로부터 오늘에 이르기까지 현대사에 대한 확고한 시각을 획득해야 한다. 이것은 구한말로부터 해방에 이르는 우리민족 독립운동의 역사를 먼저 이해하는 것으로부터 시작해야 한다. 그것을 가장 포괄적으로 숙지시켜 주는 나의 작업이 마침 준비되어 있다. 2005년 8월에 EBS에서 방영된 "도올이 본 한국독립운동사 10부작"이라는 방대한 분량의, 내가 연출하고 출연하여 만든 특집 다큐멘타리 영상이 있다. 이것은 광주MBC에서 재방되었고 지금은 유튜브에 올라 있어 누구든지 쉽게 볼 수 있다. 반세기에 걸친 우리 민족의 독립운동투쟁의 족적을 거의 샅샅이 두 발로 찾아다니며 찍은 것이다. 나는 삼천리 금수강산 곳곳, 서간도, 북간도, 연해주, 시베리아, 만주벌판, 그리고 중국대륙, 그리고 대만, 그 모든 족적과 자료의 보관처를 직접 방문하였다. 그 현장에서 울고, 웃고, 감격하고, 피를 토하면서 찍었다. 나의 격정과 격분, 그리고 격양과 격려가 잘 표출되어 있다. 꼭 한번 찾아보라!

"알겠습니다. 꼭 찾아보겠습니다. 그런데 현대사에서 미스테리처럼 생각되는 것이 하나 있습니다. 우파 보수정치의 성웅처럼 모시는 박정희 대통령이 빨갱이 었다는 것은 정말 사실입니까?"

— 누가 박정희가 빨갱이라고 하더냐?

"제 주변의 젊은 학동들은 흔히 하는 말이고, 또 우파보수를 자처하는 언론 인이 쓴 책에도 그런 얘기가 명료하게 기술되어 있습니다."

— 어느 누구든지 이 땅에서 활동한 사람들을 "빨갱이"라고 부르는 것은 정당치 못한 표현이다. 왜냐하면 해방 후 좌·우 분열이 골이 깊어 지기 이전, 즉 세계의 냉전구도가 정착되기 이전, 그리고 미국에서의 무분별한 매카시즘Macarthyism이 기승을 부리기 이전에만 해도 인류 의 인식체계 속에 오늘과 같은 "빨갱이"라는 개념은 없었다. 더구나 일 제시대에는 우리민족의 지상과제는 독립의 쟁취였고, 그 최선의 수단 은 일본과의 무력투쟁이었다. 어떠한 어설픈 개화사상이나 계몽운동 도 결국은 떳떳치 못한 타협의 굴레 속으로 들어가고 만다. 이러한 항 일정신을 가장 투철하게 지원하는 것은 공산이념밖에는 없었다. 공산 이념 자체가 핍박받고 억압받는 노동자계급의 투쟁이론이었으며, 그 타도의 대상 또한 명료하게 자본가 지배계급으로 결정되어 있었다.

물론 공산혁명이론과 독립운동은 근본정신이나 달성하려는 목표 가 다르지만, 투쟁의 방법론은 상통하였다. 레닌이나, 특히 마오 쩌뚱은 민족해방운동을 공산혁명을 완수시키는 과정적 동력으로 생각하였다. 우리나라 지식인들에게도 공산혁명은 민족주의적 색깔을 짙게 입은 해방전선으로 부상하였던 것이다. 따라서 뜻있는 모든 지사들은 직·간접으로 좌파적 성향을 안 띠기가 어려웠다. 실제로 국내에서 투쟁하기가 어려워 대륙에 가면, 한국인들은 중국공산당 당군인 홍군紅軍에 들어가 활동하는 것이 가장 보람찬 일이었다.

박정희에게는 4명의 형이 있었는데, 그 중 셋째 형인 박상희朴相熙의 영향을 어려서부터 가장 많이 받았다. 박정희가 구미보통학교에 다닐 때 형 박상희는 20대의 건실한 청년이었는데, 그는 구미 지역에서 민족운동의 선구적 역할을 수행한 큰 인물이었다. 그는 민족주의계열과 사회주의계열이 다 뭉친 신간회(1927. 1.~1931. 5)의 활동도 했고, 구미면 동아일보 지국장을 지냈으며, 해방 후에는 구미 인민위원회 위원장을 역임하기도 했다. 박상희는 소신있는 사회주의운동가였다. 그러기에 박정희는 좌파지도자인 형에 대한 존경심으로부터 자신의 인격과 삶의 비전을 키워나갔다. 그래서 박정희의 삶의 뿌리에는 사회주의적 성향이 분명히 있다.

"박상희라는 분은 어떻게 되었습니까?"

— 박상희는 아주 친한 친구 황태성의 소개로 김천의 한양 조씨의 규수인 조귀분趙貴粉을 아내로 맞이하였는데, 그 조귀분이 낳은 맏딸 박영옥朴榮玉이 바로 김종필의 부인이다.

"기맥힌 인연이군요. 그 뒤로 어떻게 되었습니까?"

— 박상희는 해방 후 미군정의 실정으로 일어난 1946년 10월의 소위 "대구폭동," 그러니까 그것은 식량난으로 민중이 일어선 정당한 항변이었기에 "대구민중항쟁"이라 불러야 할 것이다, 하여튼 그 10월 대구민중항쟁의 지도자 중의 한 사람이었다. 그런데 그 항쟁을 진압하기 위해 외부에서 투입된 경찰들이 그를 쏘아 죽인다. 그때 박정희는 조선경비사관학교에 입학한 지 불과 일 주일밖에 안되었을 시점이었다. 평생을 존경해오던 형님의 쓸쓸한 3일장 장례식에도 참석하지 못했다. 그리고 그 비보의 내색을 하지도 않았다. 그때 세태는 매우 혼란스러웠고 자신의 인생행로도 매우 복잡했다. 일제시대 때 천황폐하에게 사쿠라 꽃잎처럼 깨끗하게 목숨을 바치겠다고 서약한 황군 육군 소위 타카기 마사오高木正雄(박정희가 창씨개명한 이름: 엄밀하게 말하면 그는 만주군이었다)군이었던 그가 이제 조선경비대(남한에 정식 군대가 생기기 전의 이름)에 입대하여 새로운 제2의 군인생활을 시작하려는 그 시점에 어떠한 생각도, 분노도 표출할 수 없었다. 복잡한 세태의 추이를 관망하며 분노의 심정을 가슴 깊이 형의 주검과 함께 묻어버렸던 것이다.

"그 뒤로 어떻게 되었습니까? 매우 궁금합니다. 박정희 인생이 그렇게 복잡한 것인 줄 잘 몰랐습니다."

— 그 두 달 뒤에, 46년 12월 14일 박정희는 소위로 임관했고, 47년 9월 27일에는 중위도 거치지 않고 대위로 승진했고, 48년 8월 1일에는 소령으로 진급했다.

"진짜 고속 승진이군요. 어떻게 그렇게 빨리 승진할 수 있었습니까?"

— 당시로서는 그런 식의 승진이 별로 이상한 것이 아니었다. 물론 당시 군인으로서의 박정희는 인품이 있었고 탁월하게 유능했다. 그러나 문제는 이때 박정희가 무엇을 했는지 아느냐?

"모르겠는데요?"

— 당시 박정희는 공산당 남로당원으로서 세포조직의 중책을 맡고 조선경비대의 조직 속에서 이른바 "빨갱이" 활동을 벌이고 있었다.

"엣? 그게 어떻게 가능합니까? 그게 말이 됩니까? 박정희가 정말 공산당원이었습니까? 그렇다면 태능 육사 학생들 중에 빨갱이가 득실거린다는 류의 이야기가 될 텐데 구조적으로 그것이 어떻게 가능하겠습니까?"

— 오늘날 우파권세가들의 정신적 지주이며 그 직접적인 뿌리인 대부 박정희 본인이 공산당원이었고 좌파혁명의 꿈을 꾸었던 사람이라는 사실은 조금도 이상하지 않다! 그러기에 현대사를 우리가 바르게 이해해야 한다는 것이다. 우선 이런 문제부터 짚어보자! 일제시대 때 우리나라 사람들 스스로에 의한 군대가 있었겠니? 없었겠니?

"그거야 물론 일제시대에 우리 스스로의 군대는 있을 수 없겠죠. 일본군대로 징병나간 사람들이나 중국대륙에서 공산계 밑에서 활약한 홍군이거나 조선의용군, 동북항일연군, 그리고 장개석 계열의 지원을 받는 임정 광복군이거나 뭐 그런 사람들만 있었겠죠."

— 너 참 말 잘했다! 우리나라, 특히 조선왕조는 일본사람들과 같이 무사武士를 중시하지 않았고, 문신이 중심이 되어 나라를 다스렸다. 고려의 최씨무단정치에 대한 반감도 크게 작용했을 것이나, 세조가 왕위를 찬탈한 후 그 신변에 위협을 느껴 공적인 나라의 군대를 자기 왕권을 지키는 사적 수경사와도 같은 개념의 체제로 개편하였다. 그래서 근원적으로 국가의 수호라는 국방의 개념이 소홀하게 되었다. 그래서 율곡도 나라의 실상을 개탄하고 양병의 절박한 필요성을 호소하는 상소문을 수없이 올리지만 선조가 묵살하고 만다. 율곡은 선조의 무책임한 처사에 냉가슴의 병이 들어 불과 49세의 나이에 세상을 뜨고만 것이다. "선조"라는 콤플렉스 덩어리의 임금이 두 덕수이씨德水李氏를 대한 꼬라지를 보면 조선왕조가 얼마나 잘못되어가고 있었는가를 확인할 수 있다.

두 덕수이씨란 이이(율곡)와 이순신을 가리키는 것이다. 이순신이 이미 토요토미가 죽고 오로지 도망갈 것만을 꾀하고 있던 마지막 일본군을 섬멸하려고 한 것은, 당시 군대의 상식으로 볼 때 좀 이상한 것이다. 그토록 이순신이 어렵게 구축한 수군을 더러운 정치적 암투로 괴멸시키고 난 후의 빈곤한 수군을 데리고 또다시 도망가는 적의 꼬리를 섬멸한다는 것은 참으로 이상한 일이다. 그냥 내버려두면 깨끗이 끝날 일이었다. 왜 그랬을까? 첫째는 왜놈들이 다시는 조선에 발을 들여놓지 못하도록 혼쭐을 내기 위함이다. 이 땅에서 7년 동안 저지른 죄악에 대한 처절한 보복의 의미도 있었겠지만 이 민족의 미래세대를 위한 대인의 우환의식에서 그 결단의 의지를 굳힌 것이다.

둘째는 자신의 생애를 명예롭게 마감하고 싶었기 때문이다. 이순신에 대한 당시 국민의 열망은 선조와 같이 부패한 임금에 대한 향심보다 몇천만 배를 뛰어넘는 것이었으니, 전쟁이 끝나기만 하면 이순신은 선조에 의하여 꾸며진 각본에 의하여 더러운 죽음을 맞이할 수밖에 없다는 것을 너무도 잘 알았기 때문이다. 더구나 선조의 시기는 우리나라 조선왕조의 문물이 축적되어 중후한 문신들의 지배체제가 가장 확고하게 자리잡은 시기였다. 이순신이 선조를 죽여버리는 혁명을 감행하지 않는 한 이순신은 죽임을 당할 수밖에 없었다. 그래서 노량에서 영예로운 죽음을 택한 것이다.

그러나 선조는 왜란 후에 이순신의 공훈을 인정하는 것조차 인색했고, 또 나라의 미래를 걱정하여 군대를 재건하는 일도 하지 않았다. 그래서 조선왕조는 병자호란을 꼼짝없이 다시 당하기만 했고, 토요토미 히데요시의 꿈은 메이지유신과 더불어 되살아났다. 이순신이 그토록 죽음으로 지킨 조선의 강토가 또다시 막부를 쓰러뜨리고 제번을 통합한 근대관료제국가 일본 식신군대의 총칼 아래 짓밟히고 만 것이다. 구한말에 우리에게는 군대라는 것이 없었다. 나라를 고스란히 일본에 내줄 수밖에 없었다. 나라를 지키겠다고 나선 것은 또다시 의병이었다.

"역사가 참 한심하게 되풀이되는군요. 선생님이 말씀하시는 역사의 순환이라는 게 실감납니다. 진보라고는 하나도 없었군요."

— 진보와 퇴보는 항상 동시적으로 일어난다. 하여튼 1945년 해방이 되었을 때 또다시 우리에게 찾아온 최대비극이란 해방의 주체가 없었

다는 것이다. 히로시마의 "피카 – 톤"(원폭이 터진 그 순간을 일본사람들이 묘사하는 말) 때문에 그냥 도둑 같이 찾아온 것이다. 그래서 결국 북쪽은 친소 도둑이 처먹고 남쪽은 친미 도둑이 처먹게 된 것이다.

대한민국 정부수립은 1948년 8월 15일의 일이다. 그런데 사실 이것은 기쁜 사건이 아니라 슬픈 사건이다. 김구나 김규식, 여운형과 같은 위대한 지사들이 그토록 염원한 단일조국의 꿈을 깨고 남·북이 각자 세력의 아성을 구축한 사건일 뿐이다. 이승만이 정부수립을 강행하자 물론 연이어 9월 9일 김일성은 조선민주주의인민공화국을 선포한다. 드디어 분단국가가 되고 만 것이다. 자아! 박정희가 조선경비대의 소령으로 임관한 것이 바로 대한민국 수립이 선포되기 14일 전이었다.

"정말 흥미진진합니다. 당시 역사상황을 생각하면 뭔가 긴박한 흐름이 있다는 것이 느껴지는군요."

— 생각해보라! 1948년 8월 15일 대한민국정부가 수립되기 전 해 47년 7월 19일은 3·1운동의 진정한 리더였고, 건준·근로인민당의 수뇌였던 여운형이 피살된다. 그 배후는 뻔한 것이다. 그리고 다음 해 1949년 6월 26일 애국자 김구가 암살된다. 그 배후는 뻔한 것이다. 대한민국 수립 전후로 이와 같이 두 거두가 암살된다. 그리고 1948년 8월 15일 대한민국 정부수립과 동시에 하지는 미군정의 폐지를 발표한다. 김구는 일찍이 외군철퇴를 주장했다. 김구가 피살되었을 때 미군철퇴가 완료된 시점이었다(양자의 특별한 관계를 시사하는 언급은 아니다).

"그러니까 대한민국 정부가 수립되기 이전, 그러니까 45년 8·15해방으로부터(정확하게는 미군이 진주한 9월 8일부터) 48년 8·15까지 3년 동안은 우리나라는 완벽하게 미국 군인들이, 일본이 식민지통치한 것처럼, 또다시 다스린 나라였군요."

— 그렇다! 우리나라의 모든 수뇌부를 우리나라에 대하여 아무 것도 모르는 미국 군인들이 장악하고 다스렸다. 별 볼일 없는 신참 장교만 되어도 미군이면 도지사도 해먹고 대학총장까지 다 해먹을 수 있었다.

"참 우스꽝스러운 나라였군요. 그런데 '조선경비대'라는 말이 잘 이해가 안 됩니다."

— 1945년 8월 15일 해방이 되었다는 것은 국가가 사라졌다는 뜻이다. 통치체제가 갑자기 증발해버린 것이다. 국민들은 식민통치가 끝났다고 좋아 날뛰며 길거리로 쏟아져나와 만세를 불렀지만, 그 해방의 사건이야말로 우리나라의 모든 비극을 불러올 수 있는 공백의 사태라는 것을 염려하는 사람은 건국동맹·건국준비위원회를 만들어온 여운형이나 그 외의 소수 애국지사들밖에는 없었다.

하여튼 국가가 없으니 "국군國軍"이라는 것이 있을 수 없다. 국군이란 국가의 군대란 뜻이다. 따라서 "대한민국"이라는 국가명도 없으니까, 일본사람들이 쓰던 "조선"이라는 말을 쓴 것이다. 미군정청에서 조선을 경비해야 하니까, 미군정청에 소속된 임시적 군사단체를 급조해야 할 필요가 생겨난 것이다. 그래서 1946년 1월 15일 남조선국방경비대를 창설하였고 그해 6월에 이름을 조선경비대로 바꾼다. 이렇게 급조를 하려니까 "조선경비사관학교"라는 간부양성 속성과정을 만들어 2·3개월을 속성훈련을 받고 바로 장교로 임관시킨다. 박정희를 "육사2기생"이라 말하지만 그것은 요새와 같은 육사를 말하는 것이 아니고, 경비사관학교 2기생을 말하는 것이다. 이렇게 군대를 급조하려니까 재미난 일들이 많이 생기지 않겠니?

"우선 순수한 군인이 없었겠네요."

— 급조하려면 가장 좋은 방법은 전력이 있는 사람들을 모으는 것이다. 따라서 조선경비대에는 만주군·일본군의 군경력을 가진 사람들이 대거 진출할 수밖에 없었고, 박정희는 그 부류에서는 진짜로 제대로 훈련받은 우수한 군인이었다. 더구나 그는 만주군관학교 2년의 본과 과정을 마치고 일본으로 건너가 일본육사 유학생대를 3등으로 졸업한 탁월한 인물이었다. 그런데 재미있는 사실은 조선경비대에 몰려온 사람들은 독립투사나 독립군을 탄압한 만주군·일본군 출신만 있는 것이 아니라 당연히 그 반대편에 있었던 항일투쟁의 기나긴 역정 속에서 훈련받은 많은 좌파계열의 다양한 사람들이 있었다는 것이다. 그러니까 조선경비대에는 거칠게 말해서 "백계"와 "빨계"가 반반씩 있었다고 말해도 좋을 것이다(좀 우스꽝스러운 표현이지만 방편적으로 설정해도 재미있다). 더구나 미군정 하에서 조선경비대의 군인들은 군인으로서의 존엄스러운 대접을 받지 못했다. 당시 미군정 하의 권력의 실체는 경찰이었으며 이 미군정 경찰이야말로 독립투사들을 잔악하게 괴롭히던 일본경찰 하수인들이 해방으로 잠시 밀렸다가 다시 권세를 부활시킨 악랄한 자들이었다.

그들은 경비대의 군인을 경찰의 보조병력 정도로 생각했으며 하대했다. 경찰들이 길거리에서 군인들의 따귀를 치고 군화발로 조인트를 까는 모습도 쉽게 목격되는 상황이었다. 따라서 조선경비대의 불만은 컸으며, 경비대의 장교로서 조선인을 탄압했던 친일경찰 쁘락치들이 날치는 세상에 대하여 반체제적인 사유를 한다는 것은 결코 어색한 일이 아니었다. 더구나 미국을 상대로 싸웠던 일제의 군인이란 골수에 사무치는 반미감정이 있었다. 미군정을 빙자하여 놀아나는 모든 집권세력에 대한 저항심리가 있었던 것이다. 백계 출신의 박정희가 빨계의 활동을 한다는 것은 너무도 당연한 사태였다. 우리는 역사를 이해해야 한다. 그 삶의 실제적 정황을 알아야 한다. 그냥 단순하게 딱지만 붙여놓아서는 아니 되는 것이다.

"박정희는 어떻게 남로당에 포섭되었습니까?"

— 그것은 너무도 명약관화하다. 박정희가 일제 막바지에 일본장교의 꿈을 꾸었다가 일본이 패망하자 시무룩하게 빈둥빈둥 나날을 보내다가 46년 9월 24일에 조선경비사관학교 2기생으로 입학했고 바로 존경하는 형 박상희의 죽음을 맞이한다. 그리고 46년 12월 23일 남조선노동당이 정식으로 결성되고 남한적화공작을 하는데 박상희의 친구들이 대거 참여한다. 그들로 볼 때는 박정희는 포섭대상 제1호였다. 박상희의 친구들은 박상희가 피살된 후 그의 유족들을 보살펴주었고 자연스럽게 박정희는 그들의 조직망 속의 중책을 맡지 않을 수 없었다.

"정말 흥미진진하군요. 손에 땀을 쥐게 만드는 드라마군요. 그래 어떻게 되었습니까?"

— 1948년 11월 11일 박정희는 남로당 가입 등의 죄목으로 군 수사당국에 체포되었다. 그리고 박정희는 빨갱이로서 무기징역을 언도받았다.

"어떻게 해서 그렇게 된 겁니까?"

— 미군정과 이승만이라는 허울 좋은 위선자의 폭정을 민중이 사랑했을 리가 없다. 대한민국정부 수립에 앞서 그 해 4월 3일에 4·3제주민중항쟁이 발발했고, 그 항쟁을 진압하라는 출동명령을 받은 여수 주둔 14연대가 반란을 일으킨 것은, 우리가 "여순반란사건"이라고 보통 알고 있는데, 그것은 "여수·순천항명사건"이라고 불러 마땅하다. "동족상잔이냐, 항명이냐"하는 택일의 기로에서 그들은 항명을 선택한 것이다. 동포에게 차마 총부리를 겨눌 수 없었다. 물론 이 항명의 주체는 빨계의 사람들이었다. 따라서 대한민국 국군 내에 좌빨이 퍼져 있다는 사실이 뒤늦게 알려진 것이다. 결국 여순항명사건으로 국군 내에 거대한 숙군肅軍의 회오리바람이 일어났던 것이다. 박정희 소령이 검거된 것은 너무 당연한 일이다. 박정희는 당시 고문도 심하게 당했다. 당시 중형을 선고받은 군인 가운데 구명된 케이스는 오직 박정희 한 사람뿐이다.

"어떻게 살아남았습니까?"

— 박정희는 변절했다. 그를 살린 사람이 당시 최고 요직에 있었던 백

선엽 육본 정보국장이었다. 박정희는 목숨을 구걸했다.

"어떻게 구걸했습니까?"

— 박정희보다 세 살 나이가 어렸지만 만군의 선배였던 백선엽 중령은 그에게 정확한 목숨의 대가를 요구했다. 박정희는 살기 위해서 그 요구에 순순하게 응했다. 박정희는 군조직 내의 좌빨세포들(그들은 실제로 의식있는 우국지사들이었으며 박정희의 동지였다)의 상세한 명단을 공개했다. 박정희의 자술서로 우리나라 군부 내의 유능한 인물들이 수도 없이 형장의 이슬로 사라졌다. 그 이슬의 대가로 박정희는 목숨을 건졌다.

"참 슬픈 이야기네요. 저희들이 박정희를 어떻게 이해해야 할까요?"

— 박정희는 이상을 추구하는 인간이었고, 결의와 결단이 있는 인간이었으며, 성취를 향한 자기 디시플린이 있는 인간이었다. 미래를 향한 그의 발돋움을 성취하기 위해서 그는 항상 그의 현재를 왜곡했다. 현재의 삶의 상황이 미래적 이상과 불일치를 일으킬 때, 그는 항상 자기가 품었던 이상을 배반했다. 그리고 써바이벌의 본능을 발휘했다. 그의 인생은 변절과 굴절로 얼룩질 수밖에 없었다. 그가 했다는 "내 무덤에 침을 뱉어라"라는 말도 본인의 생애를 어느 정도 그 자신이 알고 있었다는 것을 의미하는 것이다. 그런데 나는 그의 삶에 침을 뱉어줄 가치조차 느끼지 않는다.

"그 뒤로 어떻게 됐습니까?"

— 6·25전쟁이 그를 살린다. 전쟁이 터지자 또다시 국군 내에는 지휘능력과 전쟁상황 판단능력이 있는 무게있는 인물이 필요했다. 6·25직후 그는 소령 계급장을 다시 달았다. 50년 9월 15일 인천상륙작전의 날 그는 중령으로 진급했다. 10월 25일에는 신설된 제9사단의 참모장이 되었고, 1951년 4월에는 대령으로 승진했다. 그리고 1953년 11월 25일 준장으로 진급했다. 36세에 스타계급장을 단 것이다. 1954년 1월 박정희 준장은 대구에서 미국행 비행기를 탄다. 그리고 1955년 7월 1일 그는 제5사단 사단장이 되었다. 박정희는 비로소 전투부대의 지휘관이 되었고, 대한민국 국군 내에서 젊은 장교들의 존경을 받는 묵직한 인물로서 자리잡았다. 그의 삶의 하중이 비록 변절과 굴절을 거쳤을지라도 이승만 치하에서 부패한 군상들과는 비교할 수 없는 어떤 이상주의적 가치관의 무게를 전달하고 있었다.

"그 뒤로 어떻게 되었습니까?"

— 모택동의 인민해방군이 양자강을 넘었을 때(1949년 4월 21일) 김일성의 결심은 굳었다: "나도 한강을 넘어야 한다!" 장개석이 대만으로 밀리는 것을 보고, 미국이 중국대륙도 포기할 수 있다면, 남한 정도는 쉽게 포기하리라고 믿었다. 게다가 박헌영은 김일성에게 남한은 이미 조금만 쑤셔대면 쉽게 적화될 수 있는 분위기라는 환상을 심어주었다.

그런데 4·19학생혁명으로 그토록 완고하게 미국의 지원을 받던 이승만정권이 무너지는 것을 본 국군 내 정풍운동의 수뇌들은 쿠데타의 가능성을 충분히 점칠 수 있었다. 대사大事의 대국大局은 반드시 대국

大國의 동향을 간파해야 하는 것이다. 1960년 4월 19일에 결심이 섰고 1961년 5월 16일 그들은 결행에 옮겼다.

"국군 내의 정풍운동이라는 것이 무엇입니까?"

— 생각해보라! 이승만정권 하에서의 군대처럼 썩은 조직은 없었다. 나는 어릴 때 직접 경험한 일들이기 때문에 너무도 잘 안다. 역사적으로 보아도 창설의 뿌리조차 미군정의 방편이었고 더 캐어들어가면 일군·만군의 화려한 경력들만 펼쳐진다. 게다가 군대의 존엄은 어떠한 전쟁을 수행했느냐 하는 그 가치에 의하여 결정되는 것이다. 평화 시의 존재이유는 위대한 전쟁 시의 가치에 의하여 결정되는 것이다. 그러나 국군은 불행하게도 동족상잔의 비극의 주체세력이 되었고, 또 철저히 미군의 통제를 받는 조직이 되었으니 자존심이라는 것은 찾아보기 힘들게 되었다. 그리고 이승만은 군 수뇌부를 자기의 정권유지를 위하여 충성하도록 교묘하게 조작하는 능력이 있었다. 자유당 시절, 군대라는 것은 정말 개판이었다. 군납물자를 둘러싼 부정의 도수는 조선후기 삼정의 문란을 뛰어넘는다.

이런 상황에서 군대 내의 소장파 장교들 사이에서 군대를 바로잡아야 한다는 생각이 드는 것은 너무도 당연했다. 그 정군整軍운동의 중심에 박정희가 있었다. 그리고 5·16쿠데타는 멋들어지게 성공하였다. 한 번 생각해보라! 쿠데타가 일어나니까 윤보선이 "드디어 올 것이 왔다"라고 말했다는데, 과연 그 혼자만 그런 함성을 질렀겠는가? 북한의 김일성은 어떻게 생각했겠는가?

"그야 물론 자기 편의 사람이 혁명에 성공했다고 기뻐했겠지요. 박상희의 동생, 그리고 남로당 세포조직의 군대 내 중책을 맡았던 사람이 쿠데타에 성공했는데 기뻐하지 않았을 리 있었겠습니까?"

— 박정희의 쿠데타가 사전에 미국과의 협의가 없었던 것은 너무도 확실하다. 당시 쿠데타에 대한 미 대사관의 보고를 보면 5·16쿠데타를 **좌익정권의 등장**으로 규정하고 있었다. 내가 생각하기에 박정희는 이미 산전수전 다 겪고 형장의 이슬로 사라질 뻔까지 한 사람이니까 매우 신중했을 것이다. 그러나 박정희의 깊은 신념 속에는 주체 없는 우리나라 역사의 꼬라지에 대한 극심한 불만이 있었다. 우선 그는 이승만과 같은 "예수쟁이"가 아니었다. 미국을 전 인류에게 하나님의 복음을 전해주는 로고스의 전당으로 칭송하는 그런 멘탈리티는 없었다. 그는 일제강점기 사범학교 출신이다. 일제시대 사범학교 교육의 수준을 오늘날 어느 교육기관의 교육도 따라가지 못한다. 특히 도덕·인륜 방면의 교육에 있어서는, 남을 교육하는 교사로서의 도덕적 인격이 무엇인지 매우 혹독하게 가르치는 교육이었다. 그리고 박정희는 일본군인이었다. 그가 일본군인이라는 그 사실 하나만으로 우리는 그의 삶을 오명으로 다 휘덮을 수는 없다. 그 나름대로의 로직에 따라 어떤 인격의 철저성을 배워간 디시플린의 과정을 우리는 인정할 수도 있다. 하여튼 혁명가 박정희의 가치관 속에는 사회주의적 국가재편에 대한 어떤 갈망이 있었다고 나는 생각한다. 박정희는 군사혁명을 일으켰을 때도 분명 좌빨 성향이 있었다.

한번 이런 것을 생각해보자! 1963년 10월에 치러진 제5대 대통령선거는 4·19로 탄생한 민주당 세력과 5·16쿠데타로 이를 무너뜨린 공화당 세력간의 한판 대결이었다. 혁명의 목적이 달성되면 원대복귀 하겠다고 약속한 박정희가 군복을 벗고 여당인 공화당의 후보로 나왔고, 야당에서는 그에게 대통령 자리를 빼앗긴 윤보선 전 대통령이 범민간 세력의 대표로서 후보로 나왔다. 어느 선거보다도 국민적 관심이 높았던 치열한 선거였다. 그런데 선거를 불과 이틀 앞둔 1963년 10월 13일 당시 야당정통지로서 명성을 드날리던 『동아일보』호외 하나가 서울 시내 중심가에 뿌려졌다. 그 내용은 박정희가 빨갱이라는 것을 폭로한 내용이었다. 그리고 여순반란사건麗順叛亂事件 이후 군법회의에서 박정희가 무기징역을 선고받았다는 사실을 폭로한 내용이었다. 나도 내 손으로 그 호외를 받았던 기억이 있다. 국민들이 얼마나 경악했을까?

생각해보라! 정몽준이 선거 전날 후보단일화를 포기하고 지지를 철회했을 때 모든 사람들은 그것이 노무현의 득표를 감소시키리라고 생각했다. 그러나 국민은 더 단결하여 노무현에게 표를 몰아주었다. 박정희가 좌빨이었다는 폭로가 박정희를 궁지로 몰았을까? 해위海葦 윤보선은 아산의 만석꾼 99칸짜리 집에서 태어난 인물이며 상해 임정의 지사인 신규식 선생이 창설한 박달학원에서도 훈도를 받았고, 여운형과 깊은 친교를 맺었으며, 최연소로 임시정부 의정원 의원으로 피선되기도 하였다. 신규식의 주선으로 영국으로 떠나 옥스퍼드에도 잠깐 머물렀다가 에딘버러대학에서 6년에 걸쳐 고고학을 전공하고 정식 졸업한다. 남한 단독정부 수립 후 초대 서울시장으로 발탁되었으며 49년 상공부장관으로 전임되었다. 3·5·6대 국회의원을 지내고, 신익희·조병옥이 연속으로 사망하면서 민주당 구파의 최고지도자로 부상하였으며 59년에 유진산이 양보하면서 민주당 최고위원에 선출되었다. 그리고 60년 8월에 제4대 대통령이 되었다. 이러한 소위 자격 있는 정통파 정치인이 국민에게 박정희가 여순반란사건의 관련자이며 일본제국주의의 군인이며 아주 새빨간 공산주의자라고 폭로했을 때 국민들은 "아이쿠! 이거 나라가 빨갱이 나라가 되겠구나"하고 윤보선을 지지했을까?

선거의 결과는 예기한 것과는 정반대였다. 내가 하바드에서 공부하고 있을 때 한 연구자가 전라도·경상도 지역에서 박정희 표가 더 많이 나온 지역을 전부 지도에 표시를 했는데, 그 지도는 대략 해방 후에 미군정과 이승만정권 하에서 좌빨의 활동이 왕성했던 지역, 그리고 보도연맹학살과 관련된 지역, 그리고 좌익연좌제에 몰려 고생받고 있는 사람들이 많은 지역과 일치했다. 민중은 윤보선의 폭로를 오히려 매카시즘류의 야비한 공세로 낙인찍은 것이다. 하여튼 우리나라 정치는 이와 같이 복잡하다. 지금도 새누리당이 보수세력만 믿고 종북세력논쟁이나 네가티브선전만 해대면 승리할 것으로 생각하는 것은 윤보선의 오류를 반복하는 것이다. 한국의 보수세력 속에도 뼛속 깊은 곳에 숨겨진 좌빨들이 많을 수도 있다. 당시 민중은 스펙 좋은 윤보선의 허울을 쓰기보다는 오히려 군사혁명세력의 참신한 붉은 색깔을 좋아했던 것이다.

"참으로 역설적인 아이러니들이 한국정치사에는 깔려있군요. 군사쿠데타 직후 김일성은 어떤 액션을 취했나요?"

— 김일성은 박상희의 동생이 남조선을 뒤엎었다는 소식을 듣고 기뻐

했다. 평화통일의 논의가 이제 가능할 수도 있겠다고 생각한 것이다. 그래서 박정희와 직접적인 커넥션이 닿을 수 있는 인물을 모색했다. 누가 물망에 오를 수 있었겠냐?

　"박상희의 결혼을 중매한 박상희의 절친한 친구 황태성 같은 사람이면 적격이겠네요."

— 녀석 참 알기도 잘 아는구나! 황태성黃泰成은 해방 전에 연희전문을 2년 다니다가 중퇴한 인테리로서 공산주의운동을 하다가 해방 후 조선공산당 경북도당 조직부장으로서 대구지방에서 활동했다. 그는 당시 대구 남로당 간부였던 박상희와는 둘도 없는 친구였으며 박정희를 조선경비대 남로당 조직원으로 포섭한 이재복李在福(평양신학전문대학 졸업)과 함께 셋이서 10월대구민중항쟁의 주도적 역할을 했다. 황태성은 박상희가 피살되고 대구민중항쟁이 진압되자 도주하여 남로당 지도자 박헌영의 측근이 되어 미군정에 의하여 박헌영 체포령이 내려지자 지하에 잠복하여 활동을 벌인다. 그러다가 1947년 10월 박헌영과 같이 월북하여 북한 정권의 무역성 차관에까지 승진하였다. 한국전쟁의 책임을 물어 박헌영이 사형에 처해질 때(1955년) 황태성 역시 무역성 차관에서 해임되어 근근이 연명해오던 차이었다. 김일성은 이러한 황태성을 소환, 박정희가 일으킨 혁명의 진정한 동기와 박정희의 통일에 대한 견해, 그리고 남북정권간의 비밀협상에 대한 가능성을 알아보기 위하여, 남한에 평화통일을 제안하는 비밀협상대표를 파견할 것을 지시한다. 그러나 황태성 입장에서 본다면 대표를 아무리 파견해도 안전하게 박정희를 접촉할 수 있는 인물은 자기 본인밖에는 없다고 판

단한다. 그래서 김일성에게 박정희는 내가 어려서부터 세배도 받고 머리를 수없이 쓰다듬어주곤 했던 아이이므로 본인이 자진해서 가보겠다고 나선다. 황태성은 최소한 자기만은 다치지 않고 다시 북한에 귀환할 수 있다고 믿었다.

그리고 북한의 당시 분위기는 남한 쿠데타 주체세력을 민족성향이 강한 인물들로 평가했고 "뭔가 대화가 될 수 있다"는 희망적 분위기에 젖어 있었다. 황태성은 임진강을 건너 1961년 9월 1일 서울에 잠입하는 데 성공한다.

"아! 손에 땀을 쥐게 하는군요! 그 뒤로 황태성의 행보는 어떠했습니까?"

— 황태성은 1963년 12월 14일 토요일 오전 11시 20분, 인천 근교의 한 육군부대 안에서 총살형이 집행됨으로써 역사의 뒤안길로 사라졌다. 이것이 그 유명한 "황태성간첩사건"의 시말이다. 당시만 해도 국가재건최고회의의 의장이었던 박정희는 눈물을 흘리면서 그에게 내밀어진 사형집행 승인서류에 싸인하기를 주저하고 또 주저했다: "아까운 분인데! 아까운 분인데 ……" 자기가 인간적으로 가장 숭배했던 형님의 가장 절친한 친구, 그리고 이 민족의 지도자로서 결코 흠 없이 살았던 황태성을 자기 손으로 죽인다는 악연을 감내하기 어려웠을 것이다. 누가 생각해도 그것은 가혹한 일이었다.

"왜 그렇게 됐을까요? 그 전말을 좀 더 자세히 말씀해주실 수 없습니까?"

— 황태성은 남한에 침투한 후에 제일 먼저 자신의 친구로서 대구민중 항쟁의 동지였고 당시 동양통신 사장이었던 김성곤金成坤, 1913~1975(쌍용의 창업자)을 찾아간다. 그런데 공교롭게도 김성곤은 구라파 여행중이라 만날 수 없었다. 그래서 황태성은 대구로 내려가 친구 박상희의 부인 조귀분趙貴粉의 집으로 갔다. 그는 월남할 때 조귀분의 주소를 외우고 있었다. 조귀분의 경악은 쉽게 상상이 간다. 황태성은 조귀분을 설득했다. 결국 조귀분은 황태성을 자기 사위인 김종필에게 데려갔을 것이다. 박정희·김종필·황태성 이 세 사람은 한 자리에 앉아 담론을 즐겼을까? 이런 이야기들은 내가 확실한 근거를 가지고 말할 수 있는 소소한 기록이 나의 수중에는 없다. 내가 대학에 다닐 때만 해도 김종필과 황태성이 같이 공화당을 정식 창당이전에 사전조직했으며, 황태성이 공화당 비밀요원의 밀봉교육을 담당했으며 철저한 마오 쩌뚱류의 당 우선의 대중노선을 가르쳤다는 등등의 이야기는 학생들의 써클실 담론의 흔한 주제였다. 교육자와 피교육자가 서로의 얼굴을 볼 수도 없었으며 세포조직의 기본을 유지시키기 위해 교육장소 출입도 시간차를 두었다고 한다. 이런 얘기는 김형욱의 회고록 등등에도 나타나 있다. 하여튼 황태성은 반도호텔에 상당기간 유숙했으며, 박정희도 황태성을 일정하게 예우했음에는 틀림이 없다.

그런데 박정희가 황태성을 죽인 것은 곧 자신의 형 박상희를 죽인 것이다. 자신의 형 박상희를 죽인 것은 곧 자신의 과거를 죽인 것이다. 자신의 과거를 죽였다는 것은, 이 경우 북한과의 모든 인연을 단절하겠다는 것을 표명한 것이다. 이러한 의지표명만이 제3공화국 대통령으로서 인간 박정희가 생존해나갈 수 있는 유일한 길이었다. 결국 황태성은 미국이 죽인 것이다. 황태성간첩사건을 미 수사당국이 집요하게 추구했고, 결국 황태성의 신병을 2주 동안 넘겨받아 필요한 모든 정보를 빼갔다. 박정희에게 남은 아무런 선택의 여지가 없었다.

결국 박정희는 조선경비대 남로당 조직의 친구들을 죽게 만듦으로써 자신의 활로를 개척했고, 또다시 황태성을 사형에 처함으로써 자신의 활로를 마련했다. 이것은 박정희 생애에 반복적으로 나타나는 동일한 패턴이지만 그것은 박정희의 개인적 변절이라는 차원을 떠나 박정희가 비애롭게 굴종해야만 했던 우리시대사의 굴절이기도 했다. 박정희는 분명 쿠데타를 일으킬 때는 참신한 사회주의적 사고까지를 포섭했을지 모르지만 황태성을 죽이고 난 후부터는 철저히 친미·친일 우익의 매판자본 경제발전의 활로를 적극적으로 개척해나간다. 박정희의 쿠데타성공은 일본인들에게도 복음이었다. 이승만은 자신의 전력과 과오를 은폐하기 위하여 이승만라인을 선포하는 등(1952년 1월 해양주권선언) 대일외교에는 강경하게 대처했고 국민의 반일감정을 잘 동원했다. 그러나 일본정계에 자기들이 길러낸 타카기 마사오군의 등장은 희소식일 수밖에 없었다. 박정희는 비상계엄령까지 동원하면서 한일회담을 성취시키고 "김종필·오오히라 메모" 이후의 대일청구권 문제에 대한 굴욕적 외교자세를 비판하는 거센 투쟁을 묵살시킨다. 국군의 월남파병을 시작한다. 그리고 제1차(1962~66)·제2차(1967~71) 경제개발5개년계획을 세차게 추진한다.

"자기 이상을 끊임없이 배반하면서 우리민족에게 경제개발, 그 도약의 계기를 마련한 박정희의 인생을 총체적으로 어떻게 평가할 수 있을까요? 그런데

선생님이 이야기하시는 이 모든 것들을 그의 따님인 박근혜 후보가 다 알고
있을까요?"

— 우선 내가 박정희 이야기를 하는 것은 그 이야기를 통해서 남·북의
역사가 서로를 소외시킬 수 없는 하나 된 몸이며 그 역사의 진로가 서로
가 서로에게 한정성을 예시한 것이라는 사실을 인식해야 한다는 것이다.
즉 남한의 역사가 곧 북한의 역사이며, 북한의 역사가 곧 남한의 역사라
는 것이다. 이러한 인식이 없으면 우리가 발해를 잃어버린 것과 같이
북녘땅을 잃어버리고 말 수도 있다는 것이다. 이제 우리는 남·북의 역
사를 근원적으로 초극하는 새로운 통합적 관점이 필요하다는 것이다.

   박근혜는 박정희를 안다고 말할 수 없다. 박정희를 안다는 것은 박
정희의 삶의 사건들을 안다고 해서 알아지는 것이 아니라, 그 모든 삶
의 사건들에 얽힌 역사 전반을 통관할 줄 알아야 하고, 또 그 사건들
의 내면에 흐르는 박정희 본인의 생각과 느낌과 신념과 원칙을 총체적
으로 파악해야 하는 것이다. 그리고 박정희 삶의 중요한 사건들은 이
미 박근혜가 이 세상에 태어나기 이전의 사건들이거나 철들기 이전의
사태들이며, 박근혜의 자연적 앎의 대상이 아니다. 그것은 박근혜나
우리에게나 똑같이 객화되어 있는 인식의 지평이다. 더구나 자식들은
아버지나 엄마의 생애를 잘 알지 못한다. 그것을 객관적 앎의 대상으로
소외시킬 수 있는 감정적 여유를 갖지 못한다. 자식들은 자기 부모를
무개념無槪念적 느낌 속에서 일차적으로 파지把知하며 그 느낌은 역사
의 일반개념 속에서 보편화되지 않는다.

박정희는 신념의 사나이였고 원칙의 사나이였고 삶의 디시플린이 있었고 또 이상주의가 있었다. 그런데 박근혜는 이러한 아버지의 정신 세계를 하나도 제대로 배우지 못했다. 그러니 아버지를 안다고 말할 수 없다. 박정희는 최소한 자기의 신념에 자기의 목숨을 걸었다. 그가 해방 후 부패정국에서 남로당 조직원으로 활약한 것도 부끄러운 일이 아니라 자랑스러운 일이다. 그리고 6·25휴전 이후의 국군의 부패상 속에서도 그는 정군整軍의 중심에 있었다. 그는 살아남기 위하여 변절을 했을지라도 끊임없이 새로운 이상적 가치를 실현하기 위하여 항상 그의 몸을 던졌다. 그런데 박근혜는 자기 아버지 박정희와 달리 끊임없이 몸을 사렸다. 아무 일도 하지 않았다. 박근혜는 국가와 민족을 위해 아주 사소한 정의감만 발현한다 해도 국운을 뒤바꿀 수 있는 권좌에 있는 기나긴 기간 동안에도 오직 침묵만으로 일관했다. 오직 미소만을 지었을 뿐이다. 그리고 우아한 자태로 인기만을 유지하는 데 총력을 기울였다. 국민들의 기억 속에 의미있는 단 하나의 "우환의 발언"이 없다. 정강도 정책도 정적政績도 없다. 그녀의 정치적 치적이라는 것은 오직 선거유세판을 돌며 미소를 뿌린 것뿐이다.

지난 번 대선과정 당내경선 때도 그녀는 이명박의 대운하 운운하는 짓거리가 국가를 망치는 일이며 지금 대한민국의 통치방법이 그 따위 물리적 토목공사에 의존할 시점이 아니라 보다 고차원의 추상적 가치를 개척해야 한다는 소견을 계속 밝혔다. 그런데 경선에 지고 난후로 이명박 대통령이 4대종단의 리더들과 그토록 대다수의 국민이 반대를 했음에도 불구하고 4대강정비사업을 강행하는 데 대해 일체 침묵으로 일관했다. 박근혜의 발언 하나만으로도 4대강정비사업은 포기될 수 있었다. 그리하면 국론이 이렇게 분열되지 않았고, 국고가 이렇게 고갈되지 않았으며, 국민의 부채가 이렇게 배가 되지 않았으며, 사회의 양극화가 이토록 심화되지는 않았을 것이다.

한 나라의 경제주체를 우리는 크게 가정, 기업, 정부의 세 가지로 나눌 수 있다. 1)가정은 생존을 위하여 노동을 제공하며 또 소비의 주체가 된다. 2)기업은 생산활동을 영위하는 경제주체이며 사적 이윤을 추구한다. 3)정부는 기업과 가계로 구성되는 민간부문의 경제활동을 조정하고 규제하는 준칙을 마련하여 그것을 준수시키고, 또 민간부문이 생산할 수 없는 특수한 공공재를 생산한다. 정부는 공익公益의 옹호자이며, 공익을 극대화하도록 활동하는 것이다. 그런데 이명박 정부는 그 공익적 측면을 철저히 사익화私益化시키려고 노력했다. 그는 국가를 공개념으로 생각치 아니 하고 사개념으로 생각했다. 국가가 관장하는 공익사업부문을 사영화시키는데, 그것도 자신과 사적 관계에 있는 사람들의 사익을 불리는 것으로 수단화시키는 데 총력을 기울였다. 세계에서 가장 모범적으로 운영되고 있는 국민의 공항을 사적 기업에게 팔아넘기고, 흑자수익을 올리고 있는 KTX노선을 자기와 관련있는 사기업에게 팔아넘기겠다는 발상은 하나의 정책이기에 앞서 사기요 기만이요 명백한 사회적 죄악이다.

박정희는 이러한 국가의 대계에 관한 한 공익의 기능을 소홀히 하지 않았다. 모든 공적 인프라를 국가가 깔고 관장하여 기업의 도약에 도움을 주는 것만 생각했지, 인프라 그 자체를 사유화하여 이윤을 취득한다는 생각은 꿈에도 꾸지 않았다. 박근혜는 지금도 이런 문제에 관해

침묵으로 일관한다. 아버지를 배우지 못한 것이다. 박근혜는 이명박이 국가 그 자체를 거대한 사기업으로 전락시키는 데 도움을 준 최대의 공로자이다. 그 공로로 대통령 후보가 되는 것을 보장받은 것이다.

『노자』에 "위자패지爲者敗之, 집자실지執者失之"(29장)라는 말이 있다. 무엇인가 하나의 목적을 향해 인위적인 조작을 하는 자는 반드시 패敗하고, 무엇인가를 끊임없이 잡으려고만 하는 자는 반드시 놓치고 만다는 뜻이다. 대통령이 되고자 하는 자는 대통령이 될 수가 없다. 이명박도 결국 국민의 심상 속에서 대통령이 될 수 없다. 어떻게 그토록 민족사에 추악한 오명을 남긴 사람을 대통령이라 말할 수 있겠는가? 대통령의 자리를 잡으려고만 하는 자는 반드시 놓치고 만다. 이것은 내 얘기가 아니라 노자가 말한 만고의 지혜의 명언이다. 대통령이 되기 위해 미소만 짓고 우아하게 기다리는 인내심을 발휘하기보다는, 대통령이 되어도 안되어도 좋으니, 지금·여기 내가 이 나라를 위해 정의롭게 행동하고 내 신명을 바쳐야 할 사업이 무엇인가, 오로지 그것을 생각하고 실천했다면 대통령 직위는 자연스럽게 따라붙을 것이다. 그런데 그런 비젼과 소신, 그리고 결단과 실천력에 있어서 박근혜는 박정희를 하나도 배우지 못했다.

육영수 여사가 흉탄에 맞아 비명에 갔을 때 박근혜는 불과 스물 두 살의 소녀였다. 그 후로 박근혜는 엄마를 대리하는 이 나라의 퍼스트레이디인 것과도 같은 이미지를 국민의 심상에 심어주었다. 그런데 때는 3선개헌의 소요를 지나 10월유신을 강행하고 계속 긴급조치를 발동하던 시기였다. "유신維新"이란 명치천황의 유신에서 따온 말이니,

한마디로 박정희를 영구집권하는 천황으로 만들겠다는 또 하나의 쿠데타인 것이다. 그리고 유신헌법 제53조에 규정된 대통령의 긴급조치란 단순한 행정명령 하나만으로도 국민의 자유와 권리에 대해 무제한의 제약을 가할 수 있는 초헌법적 권한이다. 육영수 여사가 비명에 간그 해에 대통령긴급조치 4호가 선포되어 민청학련 관련 활동이 금지되고 이철·김지하 등 7명에 대한 사형이 선고되었고, 비상군재가 지학순 주교에게 실형을 선고하고, 동아일보 기자들이 자유언론의 실천을 선언하는 등, 유신의 막바지로 접어드는 고비의 시점이었다. 이때에 퍼스트레이디 노릇을 한 황녀 박근혜는 흥기하는 아버지 박정희를 배운것이 아니라, 멸망해가는 아버지, 오로지 권좌의 포스트에만 집착하는 독재자 박정희를 배운 것이다.

아버지로서의 박정희는 훌륭한 인간이었을 것이라고 나는 생각한다. 요즈음의 평균적 아버지와는 달리, 일제시대에 사범학교를 나온박정희는 딸에게 도덕적 삶의 규율을 가르친 엄부였을 것이다. 그래서박근혜의 아버지 추억은 위대한 도덕적 가치관의 결정체였다. 박근혜는 이러한 전적으로 사적인 느낌구조에서 평생 벗어날 수가 없다. 박근혜는 황녀로서 모든 세계가 자유롭게 교감될 수 없도록 차단되어 있었기 때문에 그 지성의 지평이 개방될 수가 없었다. 그것은 태생적 한계이자 본인의 생존본능에서 발생하는 한계이다. 박근혜는 대화를 모른다. 진정한 대화가 무엇인지 모른다. 모든 것이 꾸며져 있다. 옷입고 말하고 행동하는 모든 것이 극도의 꾸밈 속에서 일정한 패턴을 반복한다. 박근혜 충성에 대한 종교적 열정을 과시하지 못하는 자들은 그녀에게 접근할 길이 없다.

"박정희의 최후에 대하여 한 말씀 해주시죠."

— 나는 박정희의 최후의 순간을 같이 했던 여가수와 오랫동안 심도 있는 대화를 나눈 적이 있다.

"아~ 심수봉 말입니까? 그 분의 노래는 입 속에서 사각거리는 솜사탕 같아요. 참 충격이 컸을 텐데요."

— 심수봉은 서산 사람인데, 그 백부가 우리나라 가야금 산조의 큰 유파를 이룬 심상건沈相健, 1889~1965이니까 뼛속 깊이 음악성이 풍부한 집안의 소생이다. 그 부모가 다 국악의 명인들이었다.

"아~ 그렇군요. 어떻게 선생님은 그런 것까지도 그렇게 소상하게 아십니까?"

— 우리나라 인맥은 항상 보학譜學적 정보를 무시할 수 없다. 나는 국악에 취미가 많고 우리나라 국악의 발전을 위해 적지않은 공헌도 한 사람이다.

"박정희의 최후에 관한 이야기를 듣고 싶습니다."

— 번거로운 이야기는 다 생략하기로 하자! 1979년 10월 26일 저녁 궁정동 안가에 심수봉沈守峰은 기타를 들고 박 대통령의 왼쪽에 앉아있었다. 박 대통령의 오른편에는 신재순申才順이라는 활달한 성격의 미녀가 앉아 있었는데 신양은 가수는 아니었다. 신재순의 또 오른쪽 코너

에 경호실장 차지철車智澈이 앉아 있었다. 그리고 그 맞은편에 정보부장 김재규金載圭와 비서실장 김계원이 앉아 있었다. 이 당시의 상황에 관해서는 여러 진술이 있다. 나는 단지 심수봉에게 들은 것만을 옮기기로 하겠다.

> "대통령께서 저에게 '심양, 「그때 그 사람」 한번 불러보게'하고
> 청했어요. 그 노래를 부르고 나니깐 다른 노래 하나 더 하라고
> 해서 재순이가 「사랑해 당신을」을 불렀어요. 그런데 걔는 음치
> 였어요. 너무 못 부르니까 박 대통령께서 재순이 부르는 것을
> 도와주시느라고 흥얼거리셨죠. 그리고 제가 기타반주를 해드렸
> 구요. 그때 노래가 끝나기도 전에 빠앙~ 총소리가 난 거예요."

심수봉의 증언에 의하면, "각하! 이 따위 버러지 같은 자식을 데리고 정치를 하니 ……" 운운하며 차지철과 김재규가 언성을 높이며 싸웠다는 얘기는 다 거짓말이라고 했다. 박 대통령 앞에서 경호실장과 정보부장이 언성을 높이며 투닥거리며 싸우는 그런 분위기는 감히 생각치도 못할 일이라고 했다. 총소리는 그냥 갑자기 났다고 했다.

> "총성은 그냥 갑자기 난 것이었어요. 차지철의 오른쪽 손목에
> 구멍이 뻥 뚫렸어요. 난 손목에 그렇게 구멍이 뻥 뚫린 건 처
> 음 봤어요. 순간 차지철은 화장실로 도망갔어요. 총이 없어서
> 도 그랬겠지만 아마도 다음 총알이 각하에게 날아가리라
> 는 것은 상상도 못했겠죠. 하여튼 경호를 맡은 사람의 행동은
> 아니었어요. 저는 그 순간 이런 장면을 각하는 어떻게 생각하

실까, 하고 놀랜 가슴을 누르며 바로 옆을 쳐다보았지요. 각하는 총소리에 조금의 동요도 없이 눈을 지그시 감고 앉아계셨어요. 이 녀석들이 또 철없이 난동을 부리는구나 하는 식의 태연한 모습이었어요. 이때 운명의 총알이 튀었지요. 오른쪽 가슴으로부터 비스듬히 복부를 관통해서 왼쪽 아래 옆구리로 피가 줄줄 흘러내렸습니다. 그런데도 박 대통령은 아무런 흐트러짐이 없는 자세로 그대로 위엄을 지키며 선승처럼 끝까지 앉아계셨습니다."

김재규의 권총은 독일제 월터 PPK 32구경 7연발 탄창식 권총. 총알은 오른쪽 가슴 상부로 들어가 허파를 지나 오른쪽 등 아래쪽을 관통한 것으로 다른 기록에는 나온다. 차지철이 총을 맞은 것과 제2의 탄환이 튄 것 사이에는 한 5초 정도의 시간이 있었던 것으로 사료되고 있다. 그 순간 박정희는 액션을 취할 수도 있었겠지만 모든 것을 체념한 듯 눈을 감고 무념무상의 선승처럼 침착하게 정좌하고 앉아 있었다는 것은 모든 사람이 증언하는 사실이다. 바로 옆에서 사람이 총을 맞고 있는데 눈을 감고 정좌한 채로 앉아 있다는 것은 본능적으로 불가능한 사태이다. 범인의 경지를 뛰어넘는 참으로 놀라운 절제와 극기의 심미경이 아닐 수 없다.

"그리곤 곧이어 화장실에서 나온 차지철과 김재규 사이에서 격투가 벌어졌죠. 그리곤 불이 꺼졌고 김재규가 나갔어요. 그리곤 잠시 정적의 순간이 계속 되었죠. 이땐 이미 박 대통령은 쓰러져 있었어요. 그때 정적 속에서 심하게 가래가 끓는 소리가 들렸어요. 나는 본능적으로 대통령을 부축하면서 '괜찮으세요'하고 물었지요. 그때 '괜찮아'하는 소리가 들렸어요. 대통령 뒤편으로 시커먼 방석 같은 게 있었어요. 그때 그것을 짚었는데, 물컹, 너무도 끔찍한 느낌이 들었어요. 피가 시커먼 묵이 되어있었던 거예요. 나는 도망치고도 싶었지만 어찌할 수 없이 대통령을 부둥켜안고 있었죠. 그때 김재규가 다시 들어와서 대통령 머리에 총을 대고 확인사살을 하는 것이었어요. 나는 아무 말도 못하고 부들부들 떨며 애원하는 눈빛으로 김재규를 바라봤지요. 그런데 찰칵~ 불발이었죠. 나는 그때 이젠 살았구나 했어요. 그런데 김재규가 나가자마자 누가 총을 건네주었어요. 김재규는 새 총을 들고 들어와 가혹하게 대통령 머리를 겨누었지요. 오른쪽 귀로 총알이 들어갔지요. 박 대통령은 제 품에서 그렇게 마지막 숨을 거두셨습니다."

지금 디테일에 관한 검증은 아무 의미가 없다. 우리에게 중요한 사실은 박정희가 죽음의 순간에 모든 것을 예기하고 받아들이는 듯한 초연한 자세를 취했다는 것과, 그의 마지막 말이, "괜찮아" 이 한마디였다는 사실이다.

박정희를 이해한다는 것은 3선개헌으로부터 유신정국에 접어들어 얼마나 많은 사람들이 고통을 받았는가, 그 민중의 신음소리를 동시에 이해한다는 것을 의미한다. 왜 그토록 많은 학생들이 길거리에서 피를 흘려야 했고, 위수령 발동으로 군인들의 장갑차가 대학교정을 짓밟아야 했고, 인혁당의 사람들이 아무 죄도 없이 사형집행을 당해야 했으며, 그 많은 노동자들이 인권을 침해당해야 했으며, 비상계엄의 부마사태에까지 이르게 되었는지를 정확하게 이해해야 한다. BC 7세기 이전의 중원의 시가집 『시경』에는 폭군의 폭정에 항거하는 민중의 신음소리가 이와 같이 적혀있다: "이 놈의 태양이여! 너 언제나 없어질 것이냐? 네놈이 없어지기만 한다면 우리가 다 멸망해도 여한이 없으리라.時日害喪, 予及女偕亡。" 박정희라는 태양의 폭염은 너무도 강했다. 당시 박정희가 제거되기를 갈망하지 않은 상식적인 인간은 없었다!

박정희는 비록 이 민족에게 경제적으로 도약할 수 있는 발판의 계기들을 마련했다고 하지만, 그것을 도덕적으로 달성할 수 있는 여지가 충분히 있었음에도 불구하고, 그 위대한 전범을 달성하기에는 그가 치달린 삶 그 자체가 너무도 왜곡되어 있었다. 3선을 넘어 종신대통령을 꿈꾸는 유신으로 치달은 그는 이미 목이 잘린 항룡亢龍이었다. 항룡유회亢龍有悔! 항룡에게 남은 것은 후회밖에는 없다. 그러나 그가 탄 자전거는 계속 페달을 밟을 수밖에 없었다. 안 밟으면 쓰러지니까! 그러나 박정희는 그 지겨운 페달 밟기를 누군가 멈추게 해주기를 바랬을지도 모른다. 여민동락與民同樂의 대의를 위하여 자기의 권세를 포기하는 용단을 내리지 못하는, 개인적 독락獨樂의 욕망 때문에 계속 굴러가야만 하는 자전거에 올라 탄 그 자신을 그는 가련하게 관조했을지도 모른다.

김재규는 비록 나이가 박정희보다 9살 어리지만 같은 고향사람이며(선산 출생), 조선경비사관학교 제2기생으로 박정희와 동기생이다. 그러니까 박정희의 친구인 셈이다. 그리고 키도 같고 교사생활을 한 경력

도 비슷하다. 박정희는 그를 아꼈고, 끊임없이 그를 발탁하여 주요포
스트에 앉혔다. 그는 1964년 6·3사태 당시 계엄군을 지휘하여 박정희
의 신임을 얻었다.

　김재규는 의리가 있었고 의협심이 강한 사람이었다. 부마민중항쟁
등 계속된 정국불안사건들을 수습하면서 단 한 명의 권력자를 위하여
더 이상의 국민희생이 있어서도 아니 되겠다는 생각을 할 정도의 상
식은 있었던 사람이었다. 그의 상식적 판단이 박정희의 종언을 가져
온 것이다. 그가 야수의 심정으로 유신의 심장에 총부리를 겨누었을
때 박정희는 그 총부리를 회피할 수 있는 최소한의 발악의 여유는 있
었다. 그러나 박정희는 그 순간 친구 김재규가 유신의 심장을 쏜다면
기꺼이 그 총알을 받아들이겠다는 역설적 안도의 숨을 내쉬었을지도
모른다: "친구여! 끝내주게! 나도 어쩔 수 없었네. 이제 그만 내 인생의
종막終幕을 내리려 하네! 난 괜찮아!" 그 몇 초 안되는 순간이지만
이러한 대인의 교감이 오갔을지도 모른다.

　1949년 10월 1일 오후 3시 중국공산당은 천안문 광장에서 중화인
민공화국을 선포하는 개국대전開國大典의 대례를 거행했다. 이날 이른
아침부터 타이뻬이의 지앙 지에스蔣介石의 관저에는 개국대전 식장에
공습명령을 하달해달라는 공군사령관 저우 즈러우周至柔의 전화가 빗
발쳤다. 당시 국민당의 공군력은 막강했다. 정시에 출발만 하면 중화인
민공화국의 선포식을 쑥대밭 만들 수 있을 뿐 아니라 그 전례에 참여
하는 모든 공산당의 거물들을 죽일 수 있는 실력이 있었다. 그러나 지앙
지에스는 단호히 그 요청을 거절했다. 더욱 재미있는 것은 마오 쩌뚱이

지앙 지에스가 그 시간에 천안문에 폭격을 가하지는 않을 것이라는 믿음이 있었기에 그 거대한 전례를 유유하게 진행할 수 있었던 것이다. 대인들의 교감이란 이런 것이다.

박근혜가 아버지 박정희를 이해한다면 동시에 박정희의 심장을 쏜 김재규의 심정도 같이 이해할 수 있어야만 하는 것이다. 나는 눈을 지그시 감고 친구의 총성을 기다리는 박정희의 모습에서 지친 해탈인의 모습과 역사의 굴절의 톱니바퀴에서 희생당하고 만 초라한 욕망의 화신 그 두 면모를 동시에 본다. 도저히 우리 역사가 되돌아가야 할 지점은 아닌 것이다. 그런데 "구국의 결단"을 운운하는 박근혜의 판단능력은 인간학의 걸음마도 경험하지 못한 유치한 소녀의 푸념에 불과하다. 이제 아버지의 구국의 결단을 재현하기 위하여 이 나라의 대통령이 되겠다는 것인가! 거대한 박정희 동상을 세우고 그 밑에 전 국민을 집결시키겠다는 것인가!

"선생님의 주옥같은 말씀을 통하여 조국의 역사에 대한 거대한 통찰을 얻었습니다. 감사합니다. 이제 박근혜 후보 이야기가 나온 김에 올해 대선에 관하여 한 말씀 여쭙고자 하옵니다."

— 대선에 관해서는 이미 내가 충분히 얘기한 것이다. 더 이상 별로 할 말이 없다.

"그렇지만 몇 말씀만이라도, 대선정국을 우리가 어떻게 넘겨야 할지, 많은 사람들이 국가존폐의 위기감마저 느끼고 있는 이 마당에, 꼭 선생님의 구체적이고도 거대한 담론을 듣고 싶어합니다."

— 2012년 대선은 앞서 말한 조국의 역사라는 거대 담론의 구조 속에서 구조적으로 이해해야 한다. 그런데 2012년 대선은 이미 승자가 결정되어 있다.

"그 승자가 누구인가요?"

— 박근혜이다.

"엣? 그럼 박근혜 후보가 이긴다는 말씀입니까?"

— 아니다. 여기서 승자라는 것은 확고한 "오늘의 승자"라는 것이다. 그런데 우리 동방사상에는 "물극필반物極必反"이라고 하는 순환의 원리가 있다. 박근혜의 승리는 이미 도를 지나쳤다. 별 내용도 없는 승리가 지나치게 되면 반드시 패배로 향한다. 내가 박근혜였다면 지난 총선에서 그토록 많은 의석을 독식하는 전략을 쓰지 않았을 것이다. 적당히 의석수가 야당보다 적기만 했어도 박근혜의 대권확보는 확실시되는 것이었다. 상승의 허虛가 없으면 반드시 항룡亢龍이 되고 만다. 이것은 병가兵家의 휘諱에 속하는 일이다. 항룡은 후회할 일만 남아있다. 지난 총선에서 반드시 이명박의 실정에 대한 심판이 이루어졌어야 했다. 그러면 박근혜는 매우 홀가분하게 신선한 게임을 다시 시작할 수 있었다. 그러나 심판이 대선으로 미루어졌다. 그러니까 박근혜는 이명박 정권의 모든 죄악을 떠안을 수밖에 없다. 그리고 박근혜는 이미 최고의 권력자가 되었으므로 이명박 정권이 저지르는 모든 행위에 대한 책임을 모면할 길이 없다. 말로 아무 상관없다고 시치미 떼어도 국민의 심상 속에서 그 이미지는 실추될 수밖에 없다.

"그럼 박근혜 후보가 진다는 말씀입니까?"

— 지금 새누리당은 강자이며 권력을 독식할 수 있는 위치에 있다. 그런데 국민은 강자에게 동정심을 보내지는 않는다. 오히려 이명박 정권이 잘못 저질러온 모든 국면에 대하여 책임을 묻는다. 민주통합당이나 통합진보당이 잘하는 것이 아무 것도 없다 할지라도 그들에게 책임을

묻지는 않는다. 따라서 야당은 성장할 일만 남아있다.

"선생님! 선생님의 생각은 나이브하다는 비판을 모면키 어렵습니다. 여당이 하강곡선을 그릴 뿐이고 야당이 상승곡선을 그릴 뿐이라고 해봤자, 야당의 상승곡선은 여당의 밑바닥에도 다다르지 못합니다. 야당후보들 전체를 합쳐도 박근혜의 아성을 무너뜨릴 수 없습니다."

— 역사의 국면은 예기치 않은 상황에서 항상 우발적으로 전개되기 때문에(역사에 과학적 필연이라는 것은 없다), 앞으로 어떻게 전개될 지는 누구도 속단할 수 없다. 그러나 역사적으로 매우 중요한 사실은 여당후보의 품격과 야당후보의 품격에 현저한 차이가 있다는 것이다.

"뭔 차이가 있습니까? 국민들 눈에는 다 똑같은 정치꾼들로만 보이지 않겠습니다. 선생님께서도 너무 주관적 판단을 내리시는 것 같군요."

— 여당후보들은 구시대의 정치행태를 계속하는 그 인격의 틀에서 조금도 벗어나지 못하는 사람들인데 반하여, 야당후보들은 새로운 사고와 새로운 이념과 맑고 깨끗한 인격의 느낌을 주는 신선함을 가지고 있다는 것이다. 따라서 야당후보들은 보다 참신한 흥행에 성공할 가능성이 있다는 것이다.

"그것 역시 국민대중의 입장에서는 선생님의 주관적 판단이라는 느낌을 벗어나지 못합니다. 그럼 묻겠습니다. 손학규에 대해서는 어떻게 생각하십니까?"

— 경기고·서울대 출신에다가 옥스퍼드대학의 제대로 된 정치학 박사 학위까지 받았고 그의 논문은 영국에서 출판되기까지 하였다. 그리고 그는 대학시절부터 박정희와 대결하여 누구보다도 치열한 반독재투쟁을 벌인 인물이다. 그리고 경기지사 시절에 기적 같은 경제발전을 이룩하였다. 그것도 아주 민주적인 지략과 설득에 의하여 달성한 것이다. 내 말은 손학규만 해도 학력과 경륜과 정책컨텐츠를 누구보다도 풍요롭게 소유한 새 시대의 인물이라는 것이다.

"왜 젊은이들에게 그 분의 젊은 날의 투쟁과정이 잘 전달되어 있지 않은지, 참 유감이네요. 그건 그렇고 김두관에 대해서는 어떻게 생각하십니까?"

— 공과 사가 분명하고, 자기 삶에 부정의 요소라고는 한 오라기도 없을 만큼 치열한 공직생활을 사는 건실한 인물이다. 『목민심서』에서 다산이 강조하고 있는 "율기律己"의 전범이라고 할 만 하다. 젊고 겸손하며 배움에 대한 향심이 있다. 그리고 결단력도 있고 카리스마도 있고 외관이 출중하다. 그리고 인품이 신비로울 정도로 듬직하다.

"문재인에 대해서는 어떻게 생각하십니까?"

— 해맑기가 그지없는 아름다운 사람이다. 사심이 없고 대의에 대한 헌신이 있으며 어떠한 경우에도 자사의 이익보다는 공익을 우선시하는 매우 훌륭한 인격구조를 가지고 있다. 성품이 선량하여 사물의 정도를 학습하는 능력이 탁월하다.

"모두 일방적으로 칭찬만 하시네요. 그렇게 말씀하시면 설득력이 없지 않습니까?"

— 나는 기자가 아니다. 기자들은 문장을 쓸 때 긍정과 부정의 양념을 골고루 섞는다. 그래서 아무 것도 아닌 글과 판단이 된다. 나는 사상가이다. 나는 소신껏 그들을 평했을 뿐이다.

"그래도 약점이 있지 않겠습니까? 손학규는 어떻습니까?"

— 매사에 바른 판단을 내리고 사귐성이 좋은데 뜨거운 가슴이 좀 부족하다.

"김두관은 어떻습니까?"

— 사람이 너무 착실해서 극적이고 선동적인 멋있는 언변이 부족하다. 거대 담론을 소화해낼 수 있는 집약적 학습이 더 필요하다. 그러나 그는 이미 중국에서도 공부했을 정도로 학구열이 왕성하다.

"문재인은 어떻습니까?"

— 노무현 패러다임을 근본적으로 극복해야 한다. 그리고 생각이 너무 단순하다는 생각이 들 때가 있으나 실상 그것이 그의 매력이다. 깊이와 지도력을 갖춘 담론을 개발해야 한다.

"지금 선생님이 지적하신 약점만으로도 박근혜는 승승장구할 텐데요."

— 너 때문에 괜히 쓸데없는 얘길 한 것 같구나. 그러나 문제는 이 모든 사람들이 우리 주변의 나라들, 미국·일본·중국·대만 등등의 훌륭한 나라들에서 정치를 하겠다고 나서는 사람들과 비교할 때 우리 역사의 긍정적 전개에 대한 신념을 갖게 만든다는 데 있다. 이 정도의 사람들만 해도 여태까지 우리 정계에서 볼 수 없었던 훌륭한 인물들이라는 것이다. 우리 역사는 후퇴하지 않고 새로운 모험을 향해 나아가고 있는 것이다. 빈곤한 여건 속에서도 그 많은 올림픽 메달을 획득하는 젊은이들의 모습도 그 모험의 상징이라고 말할 수 있다(런던 올림픽에 출전한 모든 선수들, 승·패를 불문하고, 그들이 보여준 대한민국 청춘의 기상에 우리 역사의 활력과 저력과 도약을 읽는다. 어느 한 선수 격려치 않을 사람이 없지만, 나는 덕장德將 홍명보의 인품과 전략에 경의를 표한다. 그리고 리듬체조 요정 손연재의 해맑은 얼굴을 잊을 수 없다).

"선생님 말씀이 현실문제로 오니까 점점 겉도는 것 같다는 느낌이 듭니다. 요번 선거의 핵은 빼놓고 말씀하신 것이 아닙니까? 결국 뭐니뭐니 해도 요번 대선은 박근혜와 안철수의 대결 아니겠습니까?"

— 그렇다! 안철수라는 에너지를 키워 잘 활용하면 이길 것이고, 그렇지 못하면 진다.

"그것도 너무 애매하게 말씀하시는군요. 요즈음 젊은이들은 이념이 없습니다. 이념적 방향성에 따라 선거장에 나가 투표하지 않습니다. 이념적 전제 하에서는 아예 투표장을 가질 않습니다. 젊은이들은 이렇게 외치지요. 모든 정치인들은 자신을 버려라! 그리고 안철수를 내놔라! 그러면 우리는 투표장에 간다! 그런데 선생님께서는 안철수를 만나보신 적이 있으십니까?"

— 만나본 적이 없다.

"어떻게 선생님 같으신 분이 안철수를 한 번도 만난 적이 없으십니까?"

— 나하고 세대가 다르기 때문에 자연스럽게 접촉할 기회가 없었다. 소위 연줄이 닿질 않는 것이다. 그리고 나는 아직도 컴퓨터 자판을 손에 만져본 적이 없는 골동품적인 인간이기 때문에 안철수라는 이름이 나의 정신세계 속에 들어올 기회가 없었다. 세상사람들이 내가 박식한 것으로 아는데 나는 매우 무지스럽다. 모르는 것은 철저히 모른다. 그런데 최근에야 안철수라는 사람이 대선과 관련하여 선풍적 대중적 인기를 모으고 있다는 사실을 알았다. 그래서 매우 그 현상을 신비롭게 생각했다. 어떻게 전혀 정치계에 기웃거리지도 않은 미숙한 젊은 사람이 구체적으로 이 나라를 통치해나가야 할 최고의 권좌의 자리인 대통령감으로 "민중의 의식 속에서" 급부상한단 말인가? 스펙이 좋다거나, 컴퓨터 백신을 개발해서 무상으로 나누어주었다든가, 또 청춘콘서트에서 말을 잘한다든가 하는 따위의 인기나 진실이 대통령권좌와 곧바로 연결된다는 것은 도무지 인류사에서 유례가 없는 기현상인 것이다. 로마도 황제를 추대하는 제도를 가진 나라였는데, 그것은 반드시 군단의 리더로서 전쟁에서 싸워 이기고 신망을 얻어야만 하는 구체적 정치행위가 선행하였다.

안철수현상은 도무지 인류사에 유례가 없는 기현상이었다. 그래서 나는 이 시대의 사상가로서 그러한 기현상을 인지한 마당에는 정밀하게 분석해야 할 필요성을 감지하게 되었다. 그 첫째 방법이 안철수를 만나는 일이었다.

　"그래서 정말 만나려고 하셨습니까?"

— 나는 법륜 스님도 잘 알고, 또 그 분도 나에게 깎듯한 예의를 차려 주셨다. 나는 그 분을 인도 수자타 아카데미가 있는 비하르에서 매우 감동스럽게 만났다. 그리고 안철수 주변의 사람들 중에 내가 아는 사람도 많다. 그러면 내가 인맥을 통해 청을 넣을 수도 있는 일이지만, 나는 그런 간접적인 방법이 싫었다. 그래서 나는 직접 그에게 편지를 썼다.

　"우체통에 넣으셨습니까?"

— 아니다. 정중하게 만나고 싶다는 편지를 썼고, 또 내 책 『맹자』를 정성스럽게 싸인해서 인편으로 보냈다. 그것도 융합과학대학원 원장실로 직접 보냈다.

　"그런데도 못 만나셨습니까? 혹시 편지가 전달 안된 것은 아닐까요?"

— 원장실 비서에게 확실히 전달된다는 확약을 받았으니까 전달이 안되었을 가능성은 없다. 그러나 내가 안철수였다면 상대방의 요구가 일방적인 요구였으므로 반드시 응하지 않아도 좋은 것이나, 최소한 편지 한 장은 보내오는 것이 기초적인 예의라고 생각했을 것이다. 내가 모르는 사람도 아니고, 무시할 만한 사람도 아니고, 예의를 차리지 않은 것도 아닌데, "선생님, 제가 사정이 여의치 못하오니 꼭 다음에 연락드리

겠습니다"라든가, 거절을 하더라도 저술을 받은 데 대한 인사 정도는 해야 한다. 옛 법도에 선물을 문간에서 거절했으면 모르되 비서(가신)라도 받았으면 반드시 상대방의 문간에 가서 인사표시를 하는 것으로 되어있다. 공자와 양호 사이에 그런 문제에 관한 재미있는 일화가 있다. 하여튼 안철수는 일체 나에게 답변하지 않았고 일체 예의를 차리지도 않았고 나의 청을 완벽하게 묵살해버렸다.

"기분 나쁘셨겠네요."

— 더럽게 기분 나쁘다. 내 인생에서 처음 당한 모독과도 같은 느낌이었다. 우리사회에서 인격을 가진 사람은 누구든지 내가 사신을 보냈을 때 안철수처럼 행동하지는 않았다.

"그럼 안철수에 대해서 나쁜 감정을 가지고 계시니까 안철수에 대한 평가도 각박하실 것 같은데요."

— 우선 공사公事는 사사로운 감정을 가지고 접근해서는 아니 된다는 대원칙을 우리가 여기서 확인해야 한다. 나의 행동은 어디까지나 나의 일방적 관심에서 일어난 것이므로 그 책임은 궁극적으로 나에게 있다. 상대방을 탓해서는 아니 된다. 단지 상대방이 예의를 차리지 못한 데 대한 "서운함"이 있을 뿐이다. 인생의 서운함이란 철인哲人의 다반사茶飯事이다. 어찌 그것으로 대의를 운운하랴! 단지 이 시대를 살아가는 정의로운 사람들 중 많은 사람들이 인간적으로 미숙한 측면이 있다는 것, 자신의 정의로움에 대한 신념 때문에 타인과의 관계를 그르치는

때가 많다는 것, 그래서 항상 보수세력의 음모의 흉계에 걸려든다는 것, 그것이 계속되어 온 역사의 패턴이고 최근 노무현도 그런 덫에 걸려 고독하게 몸을 던지고 만 것이라는 사실만을 숙지시키고자 한다.

"그럼 여쭙겠습니다. 안철수현상을 분석한 결과, 어떠한 결론에 도달하셨습니까?"

— 안철수는 이 시점에 한민족에게 내려주신 하느님의 축복이다. 안철수는 우리 민중의 진실표출의 상징이다. 안철수는 하늘이다!

"우아~ 너무 쎄게 평가를 하시는군요! 어떠한 근거 위에서 그런 평가를 내리셨습니까?"

— 우리가 여태까지 논의해온 모든 것은 "모든 가치의 전도the trans-valuation of all values"라는 하나의 귀착점으로 귀결되는 것이다. 그런데 이것이 상아탑이나 언론의 권력을 쥐고있는 자들에게는 매우 어려운 일일지는 몰라도 대중은 자연스럽게 갈망하고 있는 것이다. 서구적 가치, 종교적 가치, 민주·공산의 이념적 가치, 생활의 무의미한 질서감, 이 모든 것으로부터 해방되기를 원하는 것이다. 그런데 한번 생각해보라! 조선왕조 말기부터 신음했던 민중은 일제의 치하에서 또다시 신음해야 했고, 해방 후 또다시 분단조국의 상처 속에서 시달려야 했고, 계속해서 독재의 마수 속에서 기를 펼 수가 없었다. 그래서 민주투쟁의 기나긴 피흘림의 역사를 통하여 김대중·노무현 정권을 탄생시켜보았지만 유의미한 구조적 성과를 따내지 못했다. 그리고 이명박정권이

라는 최악의 백크래쉬를 맛보았고 민주나 진보에 대한 가치마저 근원적 회의의 대상이 되었다.

한번 생각해보라! 해방 후 분단조국이 고착되면서 새로운 헌법에 의하여 등장한 대통령이라고 하는 사람들, 이승만, 장면, 윤보선, 박정희, 최규하, 전두환, 노태우, 김영삼, 김대중, 노무현, 이명박, 이런 사람들에게 더 이상 신뢰를 던져줄 수 없는 것이다. 정치인이 아닌 사람, 근원적으로 정치를 잘한다고 하는 사람이 아닌 사람에게 권좌를 부여해보고 싶은 근원적으로 새로운 갈망에 사로잡히게 된 것이다. 안철수는 국민에 의하여 추대된 것이다. 안철수의 등장은 개인의 노력에 의한 것이라기 보다는 시운時運과 천기天機가 우리민족에게 선사한 천의天意라고 보아야 한다.

"그러나 그것은 갈망일 뿐이지 구체적인 근거가 없지 않나요?"

— "구체적인 근거"를 운운한다면 박근혜를 위시한 그 어느 누구도 국민에게 공적인 행위의 근거를 제시해온 사람이 없다. 그러나 안철수는 새 시대의 네트워크 속에서 컴퓨터 백신이라는 뚜렷한 공익사업을 창출했다. 그는 하루아침에 부상한 인물이 아니다. 국민의 신뢰감 속에는 매우 구체적인 근거가 있다.

"그러나 안철수는 너무 젊지 않습니까?"

— 내가 하바드대학을 다닐 때 총장이 복Derek Bok, 1930~이라는 사람이었다. 그는 불과 38세에 하바드대학의 상징이라 말할 수 있는

하바드 로스쿨Harvard Law School의 학장을 지냈다. 그리고 41세에 총장으로 발탁되어(1971) 1991년까지 20년 동안 총장직을 수행했는데, 너무도 행정을 잘했다. 키가 크고 미남이며 소탈하고 누구와도 대화에 응하며, 돈을 잘 끌어오는 명수였으며, 교수들과 마찰이 없었으며, 학교를 한 차원 높게 끌어올렸다. 역대 총장 중에서도 최고의 인물로 꼽힌다. 나는 교정에서 그와 이야기를 나눈 적도 있다. 참 활달하고 명랑하며 권위의식이 없는 사람이었다. 모든 사람의 사랑을 받았다. 젊은 지도자를 과감하게 인정하고 그에게 기회를 주는 데 우리 사회는 인색하면 안된다.

대가리가 돌덩어리처럼 굳어버린 노회한 꼴통들보다는 미숙해도 타락하지 않고 모험을 감행하는 청춘이 백번 낫다. 박정희가 우리나라를 쿠데타로 장악한 것이 불과 44살이었고, 김재규의 총알에 자기 심장을 내준 것이 나보다도 어린 62살이었다. 김대중이 대통령후보가 된 것은 46살 때였고, 김종필이 중앙정보부 부장이 되어 전권을 휘두른 것이 35살 때였다.

"그러나 정치적 경험이 너무 없지 않습니까?"

― 이승만도 정치를 해본 아무 경험도 없는데 대통령이 됐다. 이명박 같은 사람도 대통령을 하는데 누군들 못하겠는가? 판단력과 결단력이 있는 투철한 인물들을 얼마나 잘 쓰느냐, 그 용인술에 있을 뿐이지 정치적 경험이나 행정 경험은 논리적 전제가 될 수가 없다. 정치의 핵은 검찰과 언론을 정의롭게 만드는 데 있다.

"안철수가 박근혜에게 포섭당할 수도 있지 않겠습니까?"

— 그것은 구조적으로 불가능하다.

"안철수가 직접 나오지 않고 야당의 단일 후보를 지원하는 것이 더 효율적일 수 있다는 설도 만만치 않습니다만 ……"

— 중요한 것은 누가 더 위대하냐는 것이 아니라 누가 더 확실하게 박근혜를 저지시키느냐 하는 문제에 달려 있을 뿐이다. 박근혜는 대통령이 되어야만 한다는 집념을 버리지 못한다. 그 전제 하나로만 일생을 살아왔다. 그러나 안철수든 야당후보든 그러한 집념에 구애되면 대사를 그르친다. 올해만은 야당정치인들이 완벽하게 "무아無我"를 실천해야 한다. 아집을 버리고 대의를 위하여 뭉쳐야 한다. 우리 민족사의 새로운 패러다임을 창출할 수 있는 획기적 전기를 마련해야 만 한다. 안철수로 합치는 것이 승리에 유리하면 안철수로 합쳐야 하고, 야당단일후보로 합치는 것이 승리에 유리하면 당으로 합쳐야 한다. 이 문제는 끝까지 무아의 인내심을 가지고 섬세하게 접근해야 한다. 개인의 욕망을 조금이라도 개입시키면 순간에 폭락한다. 그것은 개인의 폭락이 아니라 민족의 폭락이다.

"역사는 정의로운 자의 소망대로만 진행되지는 않습니다. 선생님의 예언에도 불구하고 박근혜 후보가 당선된다면 그에게 무엇을 주문하시겠습니까?"

— 첫째, 정치가로서의 자신의 아이덴티티를 박정희와 철저히 분리시

커야 한다. 박정희 동상이나 세우는 짓을 하면 안된다. 둘째, 주변에 꼬여들게 되어있는 환관들은 다 내쳐야 한다. 환관이란 불알이 없고 정자생산이 안되는 놈들이니 생각의 씨앗이 없는 놈들이다. 박근혜 정치에 대한 가장 큰 우려는 환관정치가 될 공산이 크다는 것이다. 박근혜의 기침소리에 그냥 "알아 새기"는 또라이들이 너무도 많을 것이다. 그런 자들을 싹 쓸어버려야 한다. 셋째, 박근혜는 북한과의 화해를 진전시킬 수 있는 능력이 있다고 생각한다. 과감하게 북방정책을 펴라. 넷째, 중국과의 관계를 근원적으로 개선해야 한다. 중국에게 충분한 경의를 표하고 그들의 긴밀한 협조를 얻어야 한다. 그것이 남북문제를 풀어가는 정도이다. 중국이 남북을 화해시키는 것이 자국에 도움을 준다는 느낌을 가지지 않으면 남북문제는 근원적으로 진전되지 않는다. 다섯째, 이명박정권의 비리를 낱낱이 공개하고 다시는 그런 불운이 이 땅에 도래하지 않는 구조적인 개혁을 이룩해야 한다. 여섯째, 전국의 국립대학을 하나의 시스템으로 통합하여 다 서울대학으로 만들고, 민족대계를 이끌 수 있는 참신한 교육개혁정책을 실현해야 한다. 아무리 보수정권이라도 이 정도는 실현할 수 있을 것이다. 마지막으로 한국의 "국학"발전을 위한 고전교육과 번역사업에 힘써달라는 것이다. 더 이상 할 말은 없다.

"마지막으로 한 말씀만 해주시죠."

— 인생은 청춘의 꿈으로 시작하여 비극의 해탈로 끝난다. 꿈과 해탈을 연결하는 외나무다리는 모험이다. 인생은 오직 모험이 있을 뿐이다. 끊임없는 도전이 없이 젊음은 유지되지 않는다. 나는 젊다!

"선생님! 이제 애초에 여쭙고자 했던 본원적인 문제에 도전해 보고 싶습니다. 선생님! 우주란 무엇입니까?"

— 나는 우주를 잘 알지 못한다.

"아니! 선생님! 그게 뭔 말씀입니까? 선생님께서는 우주의 모든 원리를 알아야만 비로소 나의 몸을 깨달을 수 있다고 말씀하시지 않으셨습니까? 그런 말씀을 화두로 던지신 선생님께서 잘 모르신다니 뭔 망언이시오니까?"

— 그대의 질문은 정직하다. 그러나 깨달음이란 꼭 무엇을 아는 것에서만 주어지는 것이 아니다. 꼭 몰라야 할 것을 정확하게 모르는 것, 다시 말해서 모르는 것을 정확하게 아는 것이 진정한 깨달음의 출발일 수도 있다. 내가 우주를 잘 알지 못한다고 말하는 것은, 나의 앎이 대부분 직접적 감관의 작용에 의존하고 있는 데 반하여 우주에 대한 것은 내가 직접 감관을 통하여 보거나 듣거나 하지 못한 것이 대부분이라는 것이다. 나는 우주 끝까지 가본 적이 없다. 더구나 우주 밖에서 우주를 쳐다본 적이 없다. 그래서 우주의 생김새를 안다고 말할 길이 없다.

"우주를 어떻게 압니까?"

― 우주에 대한 지식은 대부분 우리의 추론에 의한 것이다. 추론이란 우리가 경험적으로 확인할 수 있는 사실들을 자료로 하여 논리적으로 엮어내는 것이다. 이러한 논리적 엮음을 물리학에서는 "가설"이라고 부른다. 물리학이 말하는 우주는 대부분이 가설의 체계이다. 그 가설의 체계가 그 가설의 체계 아래서 설정된 실험의 경험적 결과와 정합적 관계를 형성할 때, 우리는 그 가설의 체계가 대강 실상의 모습과 상응한다고 받아들이는 것이다. 그러나 그 "받아들임"은 절대적인 것은 아니다. 항상 그 정합성에 균열이 가서 가설이 변할 수도 있는 것이다. 그런데 물리학자들과는 달리, 우주에 대한 추론을 철학자들은 "관觀"이라고 부른다. 이 "관"이라는 것은 수식이나 실험이나 관찰에 의한 것이 아니라 대부분 "통찰"이나 "영감"에 의존한다.

이러한 우주관宇宙觀은 우리가 보통 형이상학形而上學이라고 말하는 영역에 속하는데, 이 형이상학적 우주관의 특징은 오류의 가능성을 배제한다는 것이다. 오류의 가능성을 배제하는 것을 우리는 "독단"이라고 부른다. 그러니까 과학적 우주론의 특징은 오류가능성을 시인하기 때문에 가변적일 수 있는데 반해, 철학적·종교적 형이상학의 우주관은 오류가능성을 부인하기 때문에 영원불변하다고 주장한다. 일례를 들면, 묵시론적 우주관은 문학적 상상력의 환상에 불과한 것인데 그것이 절대적인 사실인 것처럼 사람에게 믿음을 강요한다. 그것은 우주에 대한 앎일 수 없으며 독선·독단·독주에 불과한 것이다.

"오류가능성을 시인하는 과학적 우주론은 오히려 진리에 가깝고, 오류가능성을 시인하지 않는 모든 여타의 우주론은 진리로서 받아들여서는 아니 된다, 그 말씀이시죠? 잘 알겠습니다. 그러나 철학자의 통찰도 과학자에게 영감을 줄 수는 있지 않겠습니까?"

— 그러나 그런 말을 함부로 해서는 아니 된다는 것이다. 과학은 정확한 수리에 의한 추론형식을 따라가는 것이다. 거시적 통찰의 전환이라든가, 가설의 변동의 순간에 예술가의 영감과도 같은 어떤 기발한 착상이 있을 수도 있지만, 그렇다고 해서 그것이 꼭 철학자의 영감에서 유래되었다고 말하는 것은 어불성설이다.

예를 들면, "색즉시공, 공즉시색" 때문에 양자역학이 생겨났다고 말하는 것은 개구라에 불과하다. 양자역학은 이전의 역학적 가설로서 도저히 설명할 수 없는 비정상성이나 변칙적 사실을 설명하기 위하여 패러다임의 전환이 요구되었기 때문에 생겨난 것이다. 그 내재적 치열한 흐름을 파악하지 아니 하고, 환상적 사유와의 유사성에 의거하여 우주론의 공통성을 논할 수는 없다는 것이다. 내가 말하고자 하는 것은 그대가 진정으로 우주를 알고 싶다면 나 같은 철학자에게 묻지를 말고 물리학을 공부하는 것이 첩경이라는 것이다. 그러나 물리학이 말하는 대부분의 진리조차도 어디까지나 추론일 뿐이며, 그 추론의 영역에는 인간의 가치나 시대정신이나 문명의 색깔이 전적으로 배제되지는 않는다는 것을 깨달아야 한다는 것이다. 나는 물리학이 우주에 대한 정합적 사고에 있어서는 철학보다 훨씬 더 면밀하고 포괄적이라고 생각한다.

"그렇다고 철학자가 물리학자가 말하는 우주 외로 아무 것도 말할 수 없다는 것은 아니지 않습니까?"

— 우주론은 철학자의 신념을 정당화하기 위한 가설의 체계로서 논리적으로 건축할 수 있는 가장 거대한 건축물이라고 말할 수 있다. 그러나 그것은 자신의 사유의 체계를 보여주기 위한 담론일 뿐이며, 우주 그 자체의 모습이라고 독단적으로 주장할 수는 없는 것이다. 자기의 논리적 연극을 연출하기 위한 무대 같은 것이다. 그것은 부숴버리면 그뿐인 설치예술일 뿐이다.

　"선생님의 우주를 말씀해주십시오."

— 맹자孟子와 같은 시대를 살았던 BC 4세기의 철학자 혜시惠施라는 사람은 이런 유명한 말을 했다: "지대무외至大無外, 지소무내至小無內." 지극히 큰 것은 밖이 있을 수 없고, 지극히 작은 것은 안이 있을 수 없다는 뜻이다. 밖이 있을 수 없다는 이 하나의 논리를 가지고 말을 해도, 우주 그 자체를 지대至大로 본다면, 우주의 모습은 한정적으로 말할 수 없는 것이다. 그러나 현대의 물리학자들은 우주의 전체모습, 그 한정성을 어떠한 방식으로든지 말하고 싶어하는 것 같다. 그러나 그것은 우주 안에서 관찰되는 사례들을 통합하기 위하여 이론적으로 전제되는 모습들이다. 그러니까 그것은 논리적으로 유용한 가설적 모형일 뿐 절대적 사실의 체계는 아닐 것이다. 혜시는 지대무외를 "대일大一"이라 말했고, 지소무내를 "소일小一"이라 말했는데, 혜시가 의도하는 바는 결국 대일의 세계나 소일의 세계는 원리적으로 하나로 통하는 세계

라는 것을 말하고자 했던 것이다. 이러한 관점에 의하여 그는 "범애만물氾愛萬物, 천지일체天地一體"라는 매우 심오한 결론을 도출해냈다. 현대물리학이 도전을 받게 된 것도, 인간의 인식세계가 여러 가지 계측방편의 발전에 의하여 극대적 세계로 확대되고, 또 극소적 세계로 미시화됨에 따라, 우리의 상식적 인식계의 논리가 그러한 극대·극소의 세계에 잘 적용되지 않는다는 사실로부터 시작된 것이다. 그리고 놀라웁게도 매크로 코스모스의 법칙과 마이크로 코스모스의 법칙은 뭔가 상통하는 비상식성이 있다는 사실을 발견하게 된 것이다. 과학에서 말하는 비상식성이란 상식을 거부하는 것이 아니라 상식을 확대하는 것이다.

동방인들은 "우주宇宙"에 관하여 매우 소박한 생각을 가진 사람들이었다. "사방상하왈우四方上下日宇, 왕고금래왈주往古今來曰宙"라는 말이 있듯이, "우宇"는 요즈음 말로 하면 공간Space을 가리키는 것이고, "주宙"는 시간Time을 가리키는 것이다. 우주라는 것은 결국 시공복합체를 가리키는 것이다. 아주 소박한 형태의 논의이겠지만, 예로부터 동방인들은 시간과 공간을 따로따로 분리시켜서 절대시간과 절대공간을 상정한 것 같지는 않다. 혜시만 해도, "오늘 월나라로 출발했는데 어제 그곳에 당도하였다.今日適越, 而昔來。"라는 말을 했다. 이것은 황당한 궤변 같지만 시간과 공간의 절대적 기준이 있을 수 없다는 사유를 바탕으로 한 것이다. 오늘날의 상대성이론의 체계 속에서는 우리가 빛보다 빠른 시간여행을 할 수만 있다면 원인이 결과보다 앞선다는 인과율이 성립하지 않을 수도 있다. 그렇다고 BC 4세기의 혜시가 이런 상대론적 사유를 과학적으로 정밀하게 한 것은 아닐 것이다. 그러나 시간은 객관적으로 흐르는 절대시간이 아니라 삶의 시간이었고, 공간도 생명의 느낌과 관련된 삶의 공간이었다. 공간과 시간이 모두 삶 속에서 통합되었다고 말할 수 있다.

"동방인의 우주관념에서 우는 공간이고 주는 시간인데, 공간과 시간은 서로 얽혀있다, 그런데 그것은 인간의 삶 속에서 얽혀있다, 그 말씀이시죠?"

— 옳지! 넌 참 이해력이 좋구나! 그러니까 나는 "우주宇宙"라는 동방인의 관념으로부터는 시간과 공간에 대한 이해방식 그 이상의 것을 도출하기가 어렵다는 것을 말해주려는 것이다. 공간과 시간이 인간의 삶 속에서 서로 얽혀있다는 것을 근대의 대철학자 주희朱熹, 1130~1200와 같은 시대를 살면서 그와 교류한 육구연陸九淵, 1139~1193은 이와 같이 표현했다: "시공간은 곧 나의 마음이요, 나의 마음이 곧 시공간이다.宇宙便是吾心, 吾心便是宇宙。"

이것은 결국 시공간이 나의 인식과 무관하게 절대적으로 존재하는 것이 아니라는 뜻이다. 시간과 공간은 모두 인간이 물질의 연장이나 변화나 운동을 감지하는 인식의 틀과 관련이 있다. 현대물리학에서는 시간과 공간과 물질이 제각기 따로따로 독자적으로 존재하는 것이 아니라 서로 영향을 주고받는다고 생각하게 됨으로써 매우 복잡한 이론들을 개발하게 되었다. 그런데 나는 지금 이런 문제들을 논구할 만큼 한가하지 않다.

내가 얘기하고자 하는 것은 우주에 관한 담론으로부터 반드시 도출되어야 하는 모든 논의나 사색의 대전제에 관한 것이다. 그것은 매우 단순한 사실이다. 우주는 우주 안에 있다는 사실이다. 다시 말해서 우주의 모든 사상事象, 사건, 사태, 혹은 현상은 모두 시공 안의 사건일 뿐이라는 사실이다. 서양사람들은 아직까지도 이렇게 단순한 사실을 시인하려 하지 않는다. 현상現象phenomenon이라는 것은 드러난現 모습象appearance이라는 뜻인데, 이 드러난 모습은 모두 시공의 인과성의 지배 속에 있다는 것을 시인하면서도, 그 배후에 반드시 그 현상을 지배하는 본체noumenon가 따로 있다고 생각하는 것이다. 그리고 그 본체는 시공의 인과성을 벗어나 있다는 것을 주장한다. 근세 계몽주의의 완성이라고 부르는 칸트의 철학조차 이와 같이 현상과 본체를 이원화시키는 논리구조를 가지고 있다. 그런데 이것은 칸트철학에만 국한되는 것이 아니라 플라톤 이래의 모든 철학에 공통된 전제라 말할 수 있다. 이 오류를 광정하지 않는 한 우리는 동방인의 우주에 한 발자국도 들어올 수가 없다.

"선생님의 말씀이 좀 이해하기 어렵습니다만, 하나님God을 예를 들어 설명해주실 수 있겠습니까?"

— 좋은 생각이다! 서양사람들은 물론 하나님을 현상에 속한 것으로 보지 않는다. 하나님이 현상에 속하는 것이라면 하나님은 시공의 인과적 자연법칙의 지배를 받아야 하기 때문이다. 그렇다면 하나님은 하나님다워지지 않는다. 하나님이 하나님다운 것은 이 세계를 창조하였다는 사실로부터 확보된다고 서양사람들은 생각한다. 이 세계의 창조주는 이 세계의 법칙 그 자체의 창조자이며, 시간과 공간 그 자체를 만든

존재라고 전제해야만 한다. 그래서 우주 밖에 우주의 지배를 받지 않는 실체로서 존재해야 한다. 그러나 이것은 매우 치졸한 인류 고래의 신화를 계승한 발상일 뿐이다. 내가 말하려는 것은 우리가 존재한다고 생각할 수 있는 모든 사태가 시공 속의 사건일 뿐이라는 것이다. 하나님도 시공 속의 사건이며, 천당도 존재한다면 그것은 시공 속의 사건이며, 플라톤이 말하는 이데아나 우리의 모든 관념도 시공 속의 사건일 뿐이다. 시공 속에서는 변화하지 않는 것은 아무 것도 없으며 운동하지 않는 것은 아무 것도 없다. 불변은 픽션일 뿐이며 정지는 운동의 특수한 형태일 뿐이다.

"보편자와 개별자에 관하여 말씀해주실 수 있겠습니까?"

— 때마침 좋은 질문을 해주었다. 우선 나는 사물을 바라볼 때 꼭 우리가 보편자와 개별자라는 이원론적 카테고리를 사용하여 바라봐야 할 하등의 이유가 없다고 생각한다. 그런데 이 보편자와 개별자라는 개념은 희랍철학의 주요 테마였다. 개별자particular란 우리가 감관을 통하여 시공 속에서 그 존재를 확인할 수 있는 유니크한 물체를 말한다. 더 이상의 하급의 분류개념을 갖지 않는 단일한 존재이다. 일례를 들면 복동이네 고양이와 복순이네 고양이는 현실적으로 존재하는, 시공 속에서 생멸하는 개별적인 고양이들individual cats이다. 이 고양이들은 생김새나 습관이나 털색깔이나 인지능력이나 모든 것이 다르며, 그래서 더 이상 분해될 수 없는 단일한 개별자이다. 이 개별자는 시공에 속하며, 생멸生滅하며, 끊임없이 변화생성Becoming하는 존재이다.

그런데 눈을 감고 머릿속에서 "고양이"를 생각해보라! 어떤 고양이의 상이 떠오를 것이다. 그런데 그 머릿속의 고양이는 복동이네, 복순이네 고양이와는 다른, 어떤 모든 고양이의 공통된 속성을 구현하는 보편고양이universal cattyness의 관념이다. 이 보편고양이를 "보편자"라고 부르는 것이다. 이 보편고양이는 개별고양이가 태어날 때 같이 태어나는 것도 아니며, 개별고양이가 죽을 때 같이 죽지도 않는다. 이 보편고양이가 생멸하지 않는 이유는 시공을 차지하지 않기 때문이라고 희랍인들은 생각했다. 다시 말해서 보편고양이는 시공의 변화생성과 무관한 무시공의 영원불멸의 존재이다. 그런데 우리말에서 "존재"라는 말은 매우 혼돈스럽게 쓰이고 있지만 서양철학에서 "존재Being, to on" 라는 것은 바로 이렇게 영원불변하는 보편자에 국한하여 쓰는 말이며 따라서 시간과 변화를 거부하는 개념이다. 그것은 "생성Becoming, genesis"과 대비되는 것이다.

그러니까 재미있는 것은 진짜로 있는 것은 복동이네, 복순이네 고양이가 아니라 머릿속의 고양이, 그 이상적 보편고양이인 것이다. 이 보편고양이를 플라톤은 형상eidos이라고 불렀고 이데아idea라고 불렀다. 그러니까 고양이의 이데아만 존재하는 것이고, 이 고양이의 이데아를 분유한 복동이네, 복순이네 고양이들은 존재하는 것이 아니다. 진짜로 있는 것이 아니다. 정확한 비유가 성립하지는 않지만 복사기를 예로 들어 생각해본다면, 복사기 위에 올려놓는 것은 고양이의 이데아이고, 고양이의 보편자이며, 아래 구멍에서 쏟아져 나오는 복사물들은 복동이네, 복순이네 고양이들이며, 개별자들이며, 고양이라는 이데아의 불완전한 분유물들, 즉 그림자에 불과한 것이다. 보편자만이 참된 앎, 즉 진지眞知epistēmē의 대상이며, 개별자는 거짓된 앎, 즉 억견臆見doxa의 대상이다. 다시 말해서 진지眞知의 대상은 예지계kosmos noetos에 속하며 억견臆見의 대상은 감성계kosmos horatos에 속한다. 보편자를 인식하는 것이 우리의 지성이며 이성이다.

개별자를 인식하는 것은 우리의 감각작용이다. 다시 말해서 서양철학에서는 예지계를 본체라 부르고 감성계를 현상이라고 불렀는데, 이로써 본체와 현상을 나누는 플라톤적 이원론Platonic Dualism의 사유가 서양철학 2천여 년의 흐름 속에 장착되게 된 것이다.

"아무리 생각해도 머릿속의 고양이가 진짜 존재하는 것이고, 갑돌이네, 갑순이네 고양이는 존재하지 않는 것이라는 주장은 잘 이해가 가지 않는군요. 갑돌이네, 갑순이네 고양이는 살아 움직이는 생명체로서 리얼한 것이고, 머릿속의 고양이는 그런 고양이들에 대한 우리의 관념이 아닐까요? 어떻게 관념만 실재하는 것이고 살아 숨쉬는 생명체가 픽션이라는 것입니까? 그렇다면 그런 말을 하는 인간 플라톤은 픽션일 뿐이고, 플라톤의 관념만이 실재한다는 것인데, 그 플라톤의 관념은 누가 담지하는 것입니까? 모든 개별적 인간은 픽션이고, 오직 하나의 보편인간, 즉 하나의 인간 이데아만 실재한다는 것입니까? 우리는 모두 그 인간 이데아의 복제품인 허상이라는 말입니까?"

— 너는 참으로 머리가 영민하구나! 자신의 상식적 판단을 존중할 줄 알고, 하나를 들어 열을 회의할 줄 아는구나! 우리의 주제는 어디까지나 우주이기 때문에 플라톤의 이데아론에 대하여 구구한 논박을 할 가치는 없다. 플라톤의 사유는 우리의 상식에 어긋나는, 한마디로 해

괴한 것이다. 그런데 이토록 비상식적이고 해괴한 플라톤의 사유가 서양역사 2천여 년 동안 확고한 틀로 자리잡게 된 것은 결국 그것이 기독교적 사유와 완고하게 결합하였기 때문이다. 기독교를 만든 사람들은 팔레스타인의 사람들이지만 기독교는 희랍어문명권 속에서 발생하였다. 기독교의 대부분의 초기문헌이 아람어Aramaic나 히브리어가 아닌 헬라어로 쓰여졌다. 다시 말해서 기독교는 헬라문명권의 산물이다. 혹자는 이런 말을 한다: 소크라테스와 플라톤은 "예수 그리스도 이전의 기독교인들Christians before Christ"이다. 기독교는 하나님의 말씀(로고스)만이 실재하는 것이고 우리 시공의 세계(코스모스) 속에 사는 인간은 실재하는 것이 아니라고 주장한다. 인간은 허망한 가상적 존재가 되어버리고 만다. 그 말씀을 구현한 예수만이 실재하는 것이다. 그 예수라는 실재에 참여함으로써 우리는 비로소 구원을 얻을 수 있다. 예수는 빛이고 우리가 살고 있는 세계는 어둠이다. 빛이 어둠 속에 들어왔으나 어둠이 빛을 알아보지 못했다. 그래서 예수의 수난Passion의 이야기가 전개되게 되는 것이다. 그러나 그 빛을 영접하는 자들에게는 하나님의 자녀가 되는 권세를 부여받는다. 이것이 요한이 그의 복음서에서 한 말이다. 그런데 재미있는 것은 이와 똑같은 이야기가 플라톤의 이상국가론인 『폴리테이아』에도 "동굴의 비유"로서 실려있다는 것이다. 사실 예수의 생애 이야기는 "동굴의 비유"라는 신화적 골격에 살을 붙여 구성하면 곧 만들어질 수 있는 이야기이다.

혹자는 예수의 생애가 리얼한 역사적 사실의 르뽀가 아니라 희랍-이집트-중동문명권에 만연되어 있는 수난-부활신화의 팔레스타인적 버전에 불과한, 문학적 상상력의 소산이라고 주장하기도 한다.

그러한 문학적 상상력의 소유자가 곧 예수의 전기라 말할 수 있는 복음서(유앙겔리온)의 저자들이다. 그 유앙겔리온의 최초 원형을 제시한 천재가 "마가"라는 문학가였다. 그러나 유앙겔리온이라는 문학장르가 만들어지기 이전에 이미 바울이라는 역사적 인물이 예수신화의 프로토타입을 창안하였다는 역사적 사실을 부인하기가 어렵다. 바울의 활동연대가 마가의 활동연대보다 약 20년 정도 빠르기 때문이다.

바울은 그 신화운동을 이미 복음서 기자들의 집필에 앞서 이미 역사 속에 이념적 사실로서 정착시키는 데 성공하였다는 교회사적 사실을 우리는 직면케 되는 것이다. 그러니까 바울은 최소한 예수신화를 단순한 신화로서 허구적으로 구성했다기보다는 어떠한 역사적 사실에 근거하여 구성하였다고 보는 것이 더 기독교운동의 발생을 기술하는 데 신빙성이 높은 이해방식이 된다. 신화적 픽션의 가설에서 출발하였지만, 그 가설의 합리적 해석을 시도하다 보면 오히려 역사적 근거에 도달할 수도 있다. 그러나 그 역사적 근거라는 것은 우리가 지금 생각하는 신화화된 예수상과는 전혀 다른 사태일 수 있다. 그 역사적 사태를 우리가 "예수운동Jesus Movement"이라는 개념으로서 규정할 때, 예수운동이라는 "사건"은 이미 바울의 의식세계 속에서 신화적 구조 속으로 전향을 일으켰다고 말할 수 있다. 바울은 예수라는 역사적 사건을 오관의 직접경험이 아닌 간접적 사태로서만 접했으며, 그 접한 인지의 과정이 자신의 실존적 체험과 깊게 연루되어 있었다.

그 인지는 종교적으로 보면 하나의 기적적 체험의 "역전Conversion"이지만 철학적으로 보면 심오한 헬라적 사유의 실존적 윤리화과정이었다. 바울은 플라톤적 사유에 철저하게 익숙해있는 인간이었다. 갑돌이, 갑순이네 고양이가 허상이고 그림자이며, 머릿속의 보편고양이라는 관념만이 실재하는 것이라는 플라톤적 사유가 사도 바울에게 있어서는 육욕의 인간과 영의 인간의 분열로 나타났다. 육욕을 쫓는 인간은 죽음에 이르고, 영靈을 쫓는 인간은 영생에 이른다. 몸의 죄를 십자가에 못박고 영의 인간으로서 다시 태어나는 것이야말로 예수의 부활사건의 궁극적 의미라고 생각한 것이다. 그러나 이것은 매우 역사적 예수의 실상과는 동떨어진 심오한 윤리적 해석이다. 이러한 윤리적 해석을 다시 화려하게 신화적 이야기로 뻥튀겨 낸 것이 복음서 기자들이었다. 그 "이야기"를 "케리그마"라고 부른다. 그리고 이 복음서 기자들의 신화구조를 신화적 담론으로 심화시키는 데 다시 헬라스적 로고스론을 사용하여 그 완정한 형태의 예수신화를 만든 사람이 요한이었다. 요한복음은 예수신화의 정점이라 말할 수 있는 것이다.

사실 로고스를 우주적 질서로서 말한 최초의 사상가가 헤라클레이토스인데, 재미있는 사실은 헤라클레이토스는 아나톨리아의 에베소의 사람이었다. 그런데 요한복음의 저자 또한 에베소의 사람이다. 헤라클레이토스는, 본래 플라톤과는 달리, 로고스를 끊임없이 변화하는 생성 속에 정위定位하였다. 끊임없는 생성변화 속의 어떤 질서, 노자가 말하는 "도道"와도 같은, 변화 속의 "길"이라고 생각한 것이다. 그런데 이 로고스가 플라톤의 소크라테스 대화Socratic dialogues 속에서는 오직 진지眞知epistēmē와 관련된 것이다. 억견의 대상으로부터 이탈된다. 즉 본체ousia적인 것으로서 현상적인 것으로부터 분리되는 것이다. 플라톤은 철저하게 파르메니데스의 존재론을 계승한 사람이기 때문에 헤라클레이토스적인 로고스를 시인할 수가 없었다. 요한복음의 저자는 대체적인 틀에 있어서는 플라톤적 이원론의 분열을 수용하여, 하나님과 예수만이 빛(포스)이고, 이 세상은 어둠(스코티아)이라고 상정하였던 것이다. 그러나 요한의 "말씀이 육신이 되어 우리 가운데 거한다"라는 성육신사상은 로고스의 헤라클레이토스적 전통의 의미체계를 보지한 것이다. 그래서 신학적 해석의 여러 갈래, 그 여지를 남겨놓은 것이다.

"선생님, 이야기가 너무 역사적 사실에 관한 추론과 결부되니까 우주의 궁극적 의미를 논하는 우리의 주제로부터 멀어져가는 느낌이 있습니다."

— 그래! 다시 한 번 우주에 관해 이야기해보자! 나의 주장은 매우 간결하다. 우주는 시공연속체이며 모든 존재는 이 시공연속체 속의 사태일 수밖에 없다는 것이다. 플라톤이 이데아가 현상 밖에 실재한다고 말한 것이나, 요한이 로고스가 코스모스 밖에 실재한다고 말한 것이, 단순하게 저 천당이 우주 밖에 실재한다는 초월주의transcendentalism만을 의미하지는 않는다. 이러한 유치한 초월주의는 아무리 정교한 언어를 동원한다 해도 저급한 기독교 신앙을 가진 자들이 이 세상은 허망한 것이며, 죽은 후에 천당 가기 위해서 산다고 하는 생각과 하등의 차이가 있을 수 없다. 이 땅에 태어나서 이 땅에서 숨쉬고 살면서, 사는 것이 리얼한 것이 아니며 리얼한 것은 오직 천당에 가는 것뿐이라고 믿는다는 것은 참으로 한심한 것이다. 사는 것의 목적, 그 존재이유가 천당에 가기 위한 것이라는 발상은 일시적인 푸념이나 환상이나, 삶의 고뇌에 대한 방편적인 위로consolation가 될 수는 있을지 모르겠다. 그러

나 전 생애의 목적이 오로지 천당 가기 위한 것이라는 신념은 "살아있는" 인간의 신념이 될 자격이 없는 것이다.

우선 천당은 그 실존성이나 실재성이나 구체성이 확보될 길이 없는 것이다. 그런데 이러한 황당한 신념을 유지하는 이유는 역설적으로 천당이 인간의 구체적 감각의 대상이 될 수 없기 때문에 그 천당에 온갖 의미를 부여해놓고 신앙의 대상으로 숭화崇化하기 때문이다. 천당은 영원한 곳이며, 모든 인간의 고苦로부터 해방된 곳이며, 하느님과 천사가 사는 곳이며, 마냥 행복하기만 한 곳이다. 다시 말해서 시간과 공간의 모든 끈적끈적하고 질척질척한 사태가 추상화되어버린 매우 드라이한 관념의 사상事象이 되어버린 것이다. 다시 말해서 시간과 공간의 지배가 미칠 수 없는 영역으로 우주宇宙에서 외화外化된 것이다.

"선생님! 요즈음처럼 과학적 사유의 훈도를 받은 교양인이라면 그런 천당을 믿는 사람들은 실제로 희소합니다. 자신의 실존적 문제로 인하여 특수한 픽션에 빠져 사는 정신병자, 또는 천당을 실제로 믿지 않으면서 천당이라는 레토릭을 빌려 자신의 현실적 모순을 해결하기 위한 방편으로 사용하는 특수한 부류의 인간들이 공연히 떠벌리는 이야기일 뿐이겠지요. 천당을 열심히 외쳐대는 목사 치고 천당을 진짜로 믿는 사람은 한 사람도 없다는 것은 삼척동자라도 다 아는 얘기입니다. 단지 천당을 외쳐대면 돈이 벌리고 교회가 부흥되기 때문이지요. 그러나 요즈음은 그러한 방식으로 무지막지하게 천당을 팔아먹는 설교자는 장사를 잘 못 해먹는다고 합니다."

— 너는 참으로 상식적인 사람이구나! 그런데 문제는 그러한 상식적인

판단의 피상적 건전성에 안주하면서, 그러한 판단의 본질을 이해하지 못하고 그 사유를 확대하지 못하면 또다시 더 큰 오류에 빠질 수도 있다는 데 있다. 천당의 문제는 단지 종교적 픽션이나 환상에 그치는 문제가 아니다. 근대학문의 모든 사유와 인식의 문제에 이 천당이 숨어 있다는 것이다. 희랍인들은 기하학에 미친 사람들이다. 기하학이란 순수한 사유의 구성능력에 의하여 도형을 산출해내는 것이다. 몇 개의 명백한 공리, 가설, 정의로부터 다양한 도형에 관한 논리적 결론인 테오렘들을 연역해내는 것이다.

희랍인들은 이 기하학이라는 것이야말로 영원불변한 것이며 따라서 그것은 시공의 변화를 초월한 것이라고 믿었다. 그리고 이 기하학을 할 수 있는 인간의 보편적 능력을 이성이라고 믿었다. 그리고 암암리 이 이성이야말로 인간이 살아가는 이유이며, 진리의 원천이며, 우리 삶의 지고선至高善이라고 믿었다. 그러니까 이 기하학적 이성이야말로 우리가 생각할 수 있는 모든 완전성의 원형으로서 숭고한 위치를 차지하게 된 것이다. 희랍인이 고안한 기하학적 이성의 완벽성과 히브리인들이 고안한 인격적 신의 초월성이 견고하게 결합하여 서구라파 지성사의 2천 년의 본류를 형성하였고, 이러한 흐름 속에서 연역적 사유를 근본으로 삼는 모든 과학적 탐색과 창발이 이루어졌다.

이성은 우리 사유의 형식이나 개념과 쉽게 결합한다. 그러나 우리의 개념적 활동이 시공을 초월한다는 것은 넌센스다. 플라톤의 이데아적 사유는 서구라파 근대 지성사의 인식론에 있어서 모든 선험주의의 원형이 되었다. 칸트만 해도 라이프니츠의 제자인 크리스챤 볼프Christian

Wolff, 1679~1754로부터 선험성, 즉 아 프리오리*a priori*에 대한 열정을 물려 받았다. 그 열정은 일단 흄David Hume, 1711~76에 의하여 저지되었다. 칸트는 흄 때문에 "독단의 잠dogmatic slumbers"으로부터 깨어날 수 있었다고 말했는데, 이때 독단이란 이 세계에 일어나는 사상들간에 필연적 인과고리가 있다고 믿는 신념이다. 필연적 관계가 물자체 속에서 확보되며 그것이 있는 그러한 대로 우리의 마음에 파악된다는 것이다. 흄은 이러한 인과적 필연성에 도전하여 그것은 단지 오래 반복된 연상에 의한 습관적 전제일 뿐이며 모든 필연성은 주관적 습벽에 지나지 않는다고 보았다. "아니 땐 굴뚝에 연기 나랴?"라는 우리 속담을 예로 든다면, 아궁이에 불을 때는 사건과 굴뚝에 연기 나는 사건은 필연적 인과관계를 그 자체로서 확보하지는 않는다는 것이다. 우리의 앎을 구성하는 경험세계에서는 오직 아궁이에 불을 때는 것을 지각하는 인상impression과 굴뚝에 연기 나는 것을 지각하는 인상impression만이 있었을 뿐, 그 양자를 연결하는 필연성 그 자체에 대한 지각은 없었다는 것이다. 이 두 인상이 연쇄적으로 일어나는 사태가 반복되어 양자에 필연적인 관계가 있는 것과도 같은 관념이 형성되었을 뿐이다. 그러나 이러한 주관적 필연성은 습관일 뿐이다.

흄은 경험의 최소단위로서의 인상을 너무 아토미스틱하게 생각했다. 인상이 그 자체로서 독립된 한 단절의 유니트라는 생각은 실상 매우 유치한 것이다. 모든 인상은 매우 세부적으로 검토해 들어가 보면 그것은 단절될 수 없는 교섭의 관계에 있다. 따라서 모든 인상은 연속적으로 파지되어야 한다. 연기론적 총체성을 실상 그 자체에서 확보하지 못할 경우 흄이 제시하는 세계는 모든 사건이 필연적 고리가 없이 흩어져버리고 만다. 찰진 밥처럼 덩이진 것이 아니라 바람에 훅 흩날리는 분가루처럼 임의적인 것이 되고 만다. 필연성은 사라지고 개연성만 남는다면 뉴톤 물리학은 성립할 수가 없게 된다.

이러한 흄의 도전에 위기감을 감지한 칸트는 뉴톤 물리학적 필연의 세계, 자연의 세계를 재확립하기 위해서 비판철학을 수립하게 된 것이다. 그런데 이러한 흄의 반성으로 인하여 더 반사적으로 오성의 형식적 순수성, 다시 말해서 오성의 순수개념의 초월성에 집착하게 된다. 감성은 경험의 내용을 제공하고 오성은 경험의 형식을 제공하는데, 그 형식은 경험에서 주어지지 않는 경험 이전의 것이다.

나는 지금 칸트철학의 초입부분의 일단을 얘기하고 있다. 그런데 우리가 여기서 더 깊게 그의 복잡한 언어사용방식의 미궁으로 들어갈 필요는 없을 것 같다. 칸트는 비판철학을 통하여 코페르니쿠스적 혁명을 일으켰다고 할 정도로 인간의 주관적 구성능력을 세계의 한복판에 놓았다. 과거의 어떠한 신학적 발상과도 비교될 수 없을 만큼, 하느님이라고 하는 형이상학적 존재론의 상궤를 일탈하였으며, 모든 종교적 독단의 횡포를 이성의 범위 내에서 제약시켰다. 칸트처럼 인간 이성의 위대성과 존엄성을 확보한 사람도 없다. 그러나 칸트가 말한 인식론의 핵심인 감성의 내용과 오성의 형식이 결합하여 구성한 세계는 어디까지나 현상일 뿐이며, 물자체가 아니다. 자기가 구성해놓은 현상세계를 뛰어넘은 초월적 자아를 항상 현상적 자아에 대하여 대자적으로 설정해놓고 있는 것이다. 인간은 현상세계 속에 갇힌 존재가 아니라 그것을 초월한 존재라는 것이다. 칸트는 초월적 주체를 인간 그 자체에 고유한 것으로 설정한다는 측면에서는 플라톤의 이데아나 기독교의 천당과는 다른 고차원의 인간학적 윤리의 탐색을 전제로 한 것이다. 그에게 있어서 초월은 "자유"와 관련된 것이다. "자유"는 "필연"과 대비되는 개념이다. 그러나 나는 앞서 흄의 "인상"을 원자론적으로 분절할 필요가 없다고 말했듯이, "자유"와 "필연"도 결코 칸트가 말하는 것처럼 대적적으로 설정될 필요가 없는 것이다. 자유는 필연 속에 내재하며, 자유 속에 필연이 내재한다. 칸트의 초월철학 내에서 이러한 역설이 가능할 수 없는 것은 필연을 시공의 인과관계의 필연으로 보고, 자유는 그러한 물리적 자연의 인과를 초월하는 시공의 제약이 닿지 않는 곳에서만 확보된다고 보기 때문이다. 시공의 제약이 닿지 않는 곳에서만 진정한 도덕적 존재의 가능성이 있다고 보는 것이다. 그러나 『중용』의 "성誠"의 철학이 말하는 도덕은 철저히 자연과의 연속성 속에서만 확보되는 것이다. 자연 그 자체가 물리적 영역과 함께 도덕적 영역을 확보하는 것이다.

"무언가 알쏭달쏭 잡히는 것 같기도 하고 아직 뭔 말인지 명확히 파악이 되질 않습니다. 이 기회에 인간이란 도대체 무엇인지 좀 말씀해주시겠습니까?"

— 너의 갑작스러운 질문에 내가 대답할 수 있는 것은 다음과 같은 명제일 뿐이다: 인간이란 몸Mom이다. 몸을 빼놓고 인간은 존재하지 않는다. "몸"이야말로 인간이라는 존재의 전부이다. 플라톤에서 바울·요한을 거쳐 칸트의 인간학에 이르기까지 인간의 이해가 몸을 중심으로 이루어지지 않았다. 몸 즉 소마sōma는, 항상 영 즉 푸쉬케psychē와 대비적으로 사용되었으며, 영에 비하여 항상 저열한 것으로 비하되었다.

소마는 공간을 점유하는 물리적인 것이며 자연의 지배를 받으며 덧없는 생멸의 대상으로만 규정되었으며, 종교적으로는 육욕과 죄악과 혼란과 사망의 주체로 인지되었다. 소크라테스만 해도 타인의 말을 인용하여 소마를 영혼의 세마*sēma*라고 얘기한 적이 있는데, 그것은 영혼의 무덤이라는 뜻이다. 그리고 소마가 소제타이*sōzetai*라는 동사에서 유래되었다고 말했는데, "소제타이"는 담보한다, 보류한다는 뜻이 있다.

영혼이 그 죗값이 다 치러질 때까지 몸속에 담보된다, 보류된다는 뜻이다. 소크라테스의 삶의 자세를 보면 그는 엄청난 극기의 인간이었는데 그것은 몸을 학대하는 것이었다. 『향연*Symposium*』에 알키비아데스*Alcibiades*가 소크라테스가 펠로폰네소스 전쟁*Peloponnesian War*에 참전한 군복무생활을 현실적으로 묘사하는 르뽀에 가까운 기술이 실려있다. 며칠을 굶주리고도 끄덕 없이 전투에 임한다든가, 극악한 추위에서도 얼어붙은 대지 위를 빈곤한 거적을 걸친 채 맨발로 계속 행군해도 주변 동료들보다 더 잘 걷기 때문에 경외심을 불러일으킨다든가 하는 등등의 이야기가 실려있는 것이다. 소크라테스는 술을 먹지 않았으나 한번 먹었다 하면 주변의 모든 사람보다 많이 마셨는데도 아무도 그가 취한 것을 본 적이 없었다. 뿐만 아니라 같이 마시다 취한 친구들의 뒤치닥거리를 자상하게 해주곤 하는 모습이 여러군데 기록되어있다. 여색에 의해서도 동요된 적이 없다. 이것은 몸의 모든 욕정에 대한 철저한 제어능력을 과시하는 것이다. 몸에 대한 영의 완벽한 지배 the complete mastery of the soul over the body를 의미하며, 그것은 물론 하늘적인 영혼과 땅적인 육체의 이원성을 전제로 하는 것이다. 그가 그에게 부과된 재판의 결과가 부당한 것임을 알고도, 또 탈옥의 가능성이 얼마든지 있었음에도 불구하고, 태연하게 독배를 마시는 자세에는 몸에 대한 영의 완벽한 지배를 마지막으로 과시하는 미신적 쇼일 수도 있다. 그는 사후의 세계가 삶의 거짓보다 훨씬 더 진실한 그 무엇이라고 굳게 믿었다. 현실적 불의에 항거하는 것보다 사후의 영원한 세계로 미련 없이 떠나버리는 유혹이 훨씬 더 강한 사람이었다. 소크라테스의 생애와 플라톤의 동굴의 비유와 예수의 생애는 정확히 오버랩된다.

이 오버랩핑이 가능케 되는 그 희랍문명의 본바탕에는 두 개의 저류가 있다. 그 하나는 올페우스종교Orphism라는 희랍 고유의 전승이다. 사실 소크라테스는 근세적 의미에서 맥락 지워지는 이성주의자와는 거리가 멀다. 그는 올페우스 성자a perfect Orphic saint였다. 올페우스종교는 사후의 세계를 설정하며 메템사이코시스metempsychosis(하늘적 영혼이 땅적 육체로부터 죽음과 더불어 분리되어 다른 개체로 환생한다)를 인정한다. 물론 사후의 세계로 가는 주체는 인간의 영혼이다. 그러니까 죽으면 영혼은 육체로부터 분리되는 것이다. 이 올페우스종교는 "정화의 제식ceremonies of purification"을 행한다. 살아있는 동안에도 끊임없이 육체의 오염으로부터 영혼을 정화시켜야만 하는 것이다. 영혼을 순수하게 만들어 해방시키는 것이다. 이러한 정화의 제식은 아마도 희랍 고유의 바카스 신앙과 관련이 있을 것이다. 바카스 신앙 속에는 매우 정교한 부활의 사상이 들어있다. 이것은 이집트의 종교와 공통되는 것이며, 이 부활의 사상은 기독교의 아키타입이 되었다. 정화를 통하여 바카스와 한몸이 된다는 것은 인도의 아트만과 브라만이 일여—如의 한몸이 된다는 것과 대차가 없는 사상이다.

또 하나의 흐름은 피타고라스에 의한 윤회의 사상the transmigration of souls이다. 윤회의 주체는 몸이 아니다. 어디까지나 프쉬케*psyché*일 수밖에 없다. 프쉬케가 소마로부터 분리되어 다른 소마로 들어가 다른 개체로 태어난다는 윤회의 사상은 분명 비희랍적 사유에 속한다. 이것은 피타고라스가 이란－인도계열의 동방문명의 영향을 흡수한 것이다. 피타고라스가 이러한 윤회의 사상을 기하학·수학과 연결시켰다는 것 자체가 희랍사상의 모든 아키타입을 완성한 것이며, 서구 2천여 년의 사상사로 끊임없이 주입되는 원천의 샘물을 마련한 것이다.

이렇게 되면 인간 존재the human personality는 항상 영과 동일시 identification되며, 하느님 또한 영과 동일시된다. 그리고 우주도 결국 영으로 동일시되며, 그 우주적 영은 로고스*logos*로 인식된다. 퇴계와 고봉의 논쟁에 "기가 발하면 리가 올라탄다"고 했는데, 기를 날뛰는 말에 비유한다면 리는 그 말을 제어하는 마부에 해당된다는 뜻이다. 그런데 이런 식의 비유는 플라톤의 저작물에서도 쉽게 찾아지는 것이다. 하여튼 고대세계에 있어서 모든 플라톤주의자들Platonists은 영혼은 인간 존재에 있어서 매우 특수한 실체entity이며 육체로부터 분리될 수 있으며 그것은 불멸immortal한 것이라고 믿었다. 여기 "불멸"이라는 말은 시공을 초월한다는 의미이다. 『티마에우스』에 보면 인간의 영혼은 우주영혼을 만들고 남은 찌꺼기로 만들어진 것이라고 한다. 그래서 항상 우주영혼World Soul과 재결합되어야만 하는 운명과 갈망을 갖는다는 것이다. 이것이 바로 바울 시대로부터 극성한 후기 영지주의Gnosticism 운동의 프로토타입적 사유라고 말할 수 있다. 요한복음의 빛과 어둠의 사상은 바로 이 영지(=빛)의 사상이 발전한 것이다.

"칸트의 인간이해 속에도 이러한 이원적 분열이 있다는 말씀인가요?"

— 그렇다! 지금 인간에 관해서 말한다고 하다가 또 샛길로 빠져버렸구나!

"인간은 몸Mom이다"라는 이 한 명제를 우리는 충실히 이해해야 한다는 것이다. 몸은 인간의 전부다. 노자는 인간의 전부가 몸이라고 했다. 몸이 없으면 인간존재가 없다. 몸이 없으면 인생의 대환大患도 있을 수 없다. 불교가 말하는 일체개고一切皆苦도 실상 저기 서있는 나무가 고통을 받고 있는 것은 아니다. 모든 고苦는 나의 몸吾身으로부터 연유되는 것이다. 내 몸이 없는데 무슨 고통이 있단 말인가! 及吾無身, 吾有何患!

나의 몸은 시공연속체 속의 시공연속체이다. 인간의 모든 것, 인간이 생각할 수 있는 모든 것은 오직 몸이 있기 때문에만 가능한 것이다. 이성이나 영혼이 몸으로 분리될 수 있는 특수한 실체the separable entity라는 생각은 근원적인 오류에 속하는 것이다. 뒤에서 다시 언급하겠지만 나의 몸은 생멸의 한 단락에 불과한 것이지만 전 우주의 과정을 집약해놓은 진화의 산물이며, 그것은 우주의 공간이며 우주의 시간인 것이다. 희랍인들이 기하학에 미친 나머지 기하학을 할 수 있는 인간의 이성을 신격화하고 초월화하고 실체화하고 영원불멸의 그 무엇으로 지선화至善化한 것 자체가 과학을 미신으로 만드는 정신적 토대가 된 것이다. 수학은 개념적 약속에 대한 언어적 장난에 불과한 것이다. 그것은 토톨로지의 세계이며, 그것은 어디까지나 인간의 추리능력 내에서의 약속된 게임이다. 따라서 그것은 불교용어로 말하자면 우파야*upāya* 즉 방편에 불과한 것이다. 수학을 하는 인간의 이성이 인간의 몸으로부터 고립되었다든가, 그것이 특수하다든가 하는 생각은 모두 종교적인 편견의 소산이다.

이성도 당연히 몸에서 공현共顯되는 것이다. "공현共顯"이라는 것은 몸의 요소들이 기나긴 진화의 과정을 통하여 서로 교섭하면서 보다 복잡한 형태를 발현시킨다는 뜻이다. 이성도 몸의 느낌Feeling of Mom의 범주에 속하는 것이다. 수학이나 기하학이 무슨 천상의 천사들이나 가지고 노는 특별한 존재들의 조작인 것처럼 생각하는 것은 웃기는 이야기다! 수학이나 기하학이 형식적인 것이기 때문에 그것이 보편성을 확보하기 쉽고 지속성이 있는 것처럼 보이지만, 그것이 결코 절대적이거나 영원한 것은 아니다. 유클리드의 『기하원본*Elements*』(BC 4세기 저작)의 절대적인 듯이 보이는 권위 때문에 그러한 존재론적 착각들이 발생한 것이지만, 시간과 공간을 어떻게 바라보느냐, 그 방편의 변화에 따라 유클리드기하학의 공리들은 바뀔 수가 있다. 가우스C. F. Gauss, 1777~1855는 유클리드의 평행선공리에 제일 먼저 도전장을 내었으나 그는 그의 생각을 발표하지 않았다. 그러나 1820년대 후반에 이르러, 볼리아이J. Bolyai와 로바체프스키N. Lobachevsky가 각각 독자적으로 비유클리드 기하학non-Euclidian geometry을 수립하게 된다. 그리고 19세기 중반에는 리만G. F. B. Riemann, 1826~1866이 리만기하학이라고 불리는 새로운 타원적 기하학을 만들어 일반상대성이론에로의 길을 열었다.

로바체스프키의 공간개념에서는 주어진 직선 밖의 한 점을 지나서 이 직선에 평행한 직선은 딱 하나밖에 없다는 유클리드의 제5공리가 들어맞지 않는다. 말안장처럼 안으로 휜 공간에서는 그러한 평행선은 무수히 많이 만들어질 수가 있다. 반대로 리만의 볼록한 공간에서는 평행선은 하나도 존재하지 않는다. 로바체프스키의 기하학에서는 삼각형 내각의 합이 180°가 되지 않고, 리만의 기하학에서는 180°를 초과한다. 칸트의 철학체계에서는 유클리드의 기하학은 완벽하고 절대적인 체계라고 신봉되었으므로, 그것은 선험적 종합판단적 구성의 지고한 모범이었다. 그리고 그 모범은 우리 인간의 마음이 공간을 생각하는 방식을 대변한다고 믿었다. 우리의 마음 자체가 선험적으로 그렇게 구조지워져 있다고 굳게 믿었던 것이다. 그러나 수학이나 기하학을 놓고 그것이 선험이냐 후험이냐를 논하는 것 자체가 어리석은 것이다. 인간의 선천적 능력을 우리가 거부할 수는 없는 문제이지만, 선천과 후천의 명료한 경계를 만들어놓고 우리의 인식의 조건들을 그 틀에 따라 분류한다는 것은 주관적 이론상의 가설일 뿐이지, 명료한 사실적 근거를 가질 수는 없는 것이다. 칸트가 오성의 선험적 형식으로 제시하는 12카테고리도 유치한 말장난으로밖에는 들리지 않는다. 동방인의 사유에 즉해서 말한다면 모든 분별의 형식인 "음·양"이라는 하나의 카테고리로 칸트의 12카테고리를 대치할 수도 있는 것이다. 그런데 인간에게 선험적으로 음·양이라는 카테고리가 오성에 장착되어 있는지 어떤지 그런 인식론적 말의 장난에 동방인은 매달리지 않는다.

수학도 수에 관한 이론에 따라, 그리고 수리가 대상으로 하는 영역의 개발에 따라, 무수한 체계가 가능한 것이며 인간 역사를 통하여 끊임없이 발전하여 온 것이다. 수학이 인간이 바라보는 현상세계와 관계가 있느냐 없느냐에 관한 인식론적 문제도 다양한 견해가 있다. 나는 수학이 수학일 수 있는 것은 어디까지나 우리가 자연현상을 이해하는 데 도움을 주기 때문이라고 생각한다. 수학이나 기하학이 "순수한" 것이기는 하지만 그 순수성은 현상과의 정합성을 전제로 한 것이다.

또다시 이야기가 좀 옆길로 샌 느낌이 드는데, "인간은 몸이다"라는 이 명제로 다시 돌아와야 할 것 같다. 서구인들이 기하학적 이성을 선험성의 지고한 권좌로 생각하고, 몸Mom을 탈출하는 천상에로의 유일한 통로인 것처럼 생각한 것은 그것이 지선至善의 표본이며, 보편적 진리의 기준이 되기 때문에, 현실적 인간을 윤리적으로 설득하기 위한 어떤 강제성을 확보하는 데 도움이 된다고 생각했기 때문이었다. 칸트는 순수이성의 안티노미를 실천이성의 영역에서 해결한다. 그런 의미에서 실천이성은 순수이성에 대해 우위를 지닌다. 결국 실천이성이 지향하는 것은 인간이 본래적으로 구유하고 있는 선의지의 발현이며, 그것은 특수한 개별적 인간들을 하나의 평등한 인간으로 결속시키는 보편의지이다. 선의지는 결국 『순수이성비판』에서 논의된 바, 개별적이고 경험적인 자아의 현상적 차이성을 넘어서는 보편의식으로서의 초월적 자아의 자유를 의미한다. 인간은 시공간적으로 제약된 현상적 자아라는 측면에서 보면 인과필연성의 지배를 받으며 자기이익과 행복을 추구하는 이기적 존재이지만, 그런 인과필연성의 현상을 넘어서는 자유의 초월적 자아라는 측면에서 보면 보편적인 초월적 시점에서 사유하고 판단하는 도덕주체가 될 수 있다.

이 도덕주체의 선의지는 반드시 그 자체로 선한 것이어야 하며 무조건적이어야 한다. 일체의 공리적인 목적을 가지면 안된다. 그런데 인간의 의지를 내용적으로 규정하면 보편성을 확보할 수가 없다. 보편타당한 도덕법칙은 오직 형식적으로만 규정가능한 것이다. 그래서 얻은 것이 그의 정언명령인데, 이러한 정언명령에 입각해서만 어떤 규칙이 도덕법칙인지의 여부를 판가름할 수 있게 된다. 칸트는 준칙의 법칙수립적인 순수형식만을 법칙으로 삼을 수 있는 의지를 자유의지라고 부른다. 이것은 인간의 의지가 대상에 의한 규정성으로부터 자유롭다는 것을 의미한다. 이것이 곧 인간의지의 자율성이다. 순수형식만을 법칙으로 삼을 수 있는 의지는 사적인 경험적 내용에 의해 전적으로 규정되지 않은 채 의지로서 작용하므로, 보편의지이며 동시에 자유의지이다. 도덕법칙이 가능한 근거는 바로 인간본성의 자유 또는 의지의 자유인 것이다. 이처럼 『실천이성비판』이 도덕법칙의 가능근거로서 밝힌 인간 의지의 자유는 곧 『순수이성비판』이 현상계의 자연필연성과 대비적으로 언급했던 자아의 초월적 자유이다. 『실천이성비판』은 그 초월적 자유를 다시 도덕의 차원에서 도덕법칙의 가능근거로서 증명한 셈이다(이상은 한자경, 『칸트철학에의 초대』 127을 참고. 한자경은 칸트철학을 매우 소화된 자기 언어로 평이하게 서술하고 있다).

내가 말하려고 하는 것은 칸트는 인간의 윤리영역에 있어서까지도 수학적 엄밀성과 보편적 공리公理를 확보함으로써 세부적인 정리定理들을 연역해내고 있다는 것이다. 그의 모든 철학체계가 매우 형식적이고 드라이하다. 이것은 그가 너무 지나치게 완벽한 보편성을 추구하기 때문이다. 그러한 보편성을 확보해야만 인간보편에 대한 하자 없는 윤리적 격려가 가능하다고 믿었기 때문이다. 계몽주의정신의 극단적 발로일 것이다. 그러나 인간은 정언명령적 보편법칙이 수긍되었다고 해서 정언명령에 합치되는 내용의 행동을 감행하지는 않는다. 인간의 선한 행동의 실천은 보편법칙으로부터 연역되는 것이 아니라, 나의 몸을 그러한 선의지와 합치되는 방향으로 매사에 즉각적으로 단련함으로써만 가능해지는 것이다. 따라서 윤리학의 최대의 과제는 정언명령의 도출이 아니라 "수신修身"의 현장적 감성의 축적이다. 이것을 맹자가 이른바 "집의소생集義所生"이라 한 것이다(2a-2). 물론 이러한 수신의 테제는 칸트의 문제의식과는 근원적으로 성격을 달리하는 또 하나의 테마이기 때문에 동차원에서 비교할 수는 없다. 단지 현상적 자아와 초월적 자아의 분열이 철저하게 현상적인 "몸" 속에서 이해가 된다고 한다면 칸트철학과 동방인의 사유의 거리는 좁혀질 것이지만 신칸트학파의 모든 다양한 해석이 그러한 몸철학적 철저성에 미치지 않는다.

칸트에게 있어서의 초월은 역시 "몸"을 탈출하는 것이다. 탈출된 자아가 자기의 몸을 관조하는 것이다. 칸트는 논리적 결구의 전체구성에 있어서는 오히려 불교에 더 잘 비교될 수 있을지언정 유교와 비교되기에는, 근원적인 도덕형이상학의 공통적 지향에도 불구하고, 거리감이 있다. 그의 통각의 초월적 통일성transcendental unity of apperception의 문제에 있어서도, 그것은 항상 의식의 통일성의 초월적 근거를 제공하며 "나"의 선험적 동일성a priori identity of the self을 보장한다. 통각이야말로 모든 표상의 필연적 종합의 근거이며 최고의 통일성이다. 그것은 모든 개념의 초월적 근거로서, 대상의 모든 인지의 형식과 모든 현상의 모든 법칙성을 근거 지운다. 이 통각의 초월적 통일성의 종합이 제공하는 질서가 없이는 대상도 경험도 자연세계도 있을 수가 없게 된다. 지각의 모든 다양성이 꿈의 자격조차도 지니지 못할 것이다. 하여튼 칸트는 데카르트적인 코기탄스의 전통을 충실히 계승하고 있다. 칸트에게 있어서의 "주체Subject"는 선험적이고 순수하며 불변의 그 무엇으로 전제되는 것이다. 그러나 "천명지위성天命之謂性"의 주체는 끊임없이 천天 즉 자연自然과의 명命 즉 교섭을 통해 형성되어가는 것이다. 몸 속에서 선험적인 주체로서 전제되는 자아는 있을 수 없다. 모든 자아는 생성체이며 발현체이며 공현체이다. 맹자에게 있어서도 이목지관耳目之官과 심지관心之官은 대적적인 실체로서 분열되지 않는다. 심지관은 통각적 측면을 보지만 이목지관과 연속적 일체를 이루는 것이다.

"선생님, 몸과 기氣의 관계에 관하여 말씀해주실 수 있겠습니까?"

— 몸은 기의 사회이다. Mom is the Society of *Qi*. 맹자도 "기氣, 체지충야體之充也"라고 말했는데 몸이란 기의 덩어리라는 뜻이다. 기라는 것은 우리가 흔히 물질matter이다 정신mind이다, 물질은 연장extension이 있으며, 정신은 연장이 없고 사유만 있다는 식의 이원론적 사유에 의해서 포착되어서는 아니 되는 하나의 사건event이다. 기에서는 물질도 정신도 다 현현emergence될 수 있기 때문에 그러한 데카르트적인 이원적 실체개념으로 접근되어서는 아니 된다. 그러나 기는 반드시 시공간 내의 사건이라는 것을 잊어서는 아니 된다. 기에서 현현되는 모든 사건이 다 시공간 내의 사건이다. 관념 하나로 시공간을 탈출할 수 있다는 생각은 플라톤의 이데아로부터 칸트의 선험적·초월적 자아에 이르기까지 끊임없이 지속된 서구인들의 무반성적 오류였다. 이것을 우리의 논의를 간편하게 하기 위하여 일단 "시공간초월의 오류The Fallacy of Transcending Time and Space"라고 명명해두자! 어떻게 해서 우리의 사

고의 장난인 개념적 픽션의 특수한 성격으로 인하여 그것이 시공간을 초월하는 것이라고 생각할 수 있는가? 현대물리학의 논의를 따라 생각해보자! 우주현상의 관측의 결과에서 얻어지는 추론에 의거하여 우주는 불어나고 있다고 생각되고 있다. 따라서 이 불어남의 시간을 되짚어 거슬러 올라가다 보면 언젠가 우주가 한 점에서 시작했다고 가설을 세울 수 있다. 그 시작은 우주의 시작이다. 그것을 빅뱅Big Bang, 혹은 대폭발이라고 부른다. 이 대폭발의 최초의 3분간에 진행된 사건들에 관하여 스티븐 와인버그 교수가 하바드대학 사이언스센터에서 신나게 강연하는 것을 나는 들은 적이 있다. 이 빅뱅은 지금부터 137억 년 전의 사건이다. 그러니까 우주의 나이가 137억 살인 셈이다. 그런데 우리는 이런 질문을 할 수가 있다. 그렇다면 137억 년을 넘는 "시간"이란 존재하지 않는가? 물론이다! 시간이라는 것 자체가 137억 년을 넘는 시간은 있을 수 없다. 우주의 시작이란, 시간과 공간 그 자체의 창조이기 때문이다. 이런 식으로 얘기하다 보면 유한이니 무한이니 하는 따위의 심각한 철학적 선험변증론Transcendental Dialectic도 우스꽝스러운 이야기가 되어버리고 만다.

137억 년 이전의 시간은 무엇인가? 그것은 시간이라는 개념으로 파악할 수 없는 그 무엇이다. 우주가 팽창한다는 이야기도 마찬가지다. 팽창하는 우주 밖에 빈 공간이 있는가? 그래서 풍선이 부풀리듯이 팽창하는 경계를 우리가 볼 수 있다는 말인가? 그것은 공간 속의 공간이 팽창하는 것일 수 없다. 우주가 팽창한다고 한다면 그것은 공간 자체가 팽창하는 것이며 공간 그 자체가 새롭게 생겨난다는 의미일 것이다. 하나님께서 이 세계를 창조하셨다는 사건은 기존의 시간·공간 속에서 우리가 보는 세계를 창조했다는 것일까? 빅뱅 이후의 매우 사소한 국부적 한 사건에 불과한 것일까? 분명히 그러하다! 최근까지만 해도 서구의 신학자들은 여호와 하나님의 천지창조를 BC 4004년의 사건으로 확신했고, 그것이 그해 봄에 일어났느냐, 가을에 일어났느냐를 놓고 열띤 논쟁을 벌이고 있었다(이런 이야기가 참인지 아닌지 궁금하면 허버트 죠지 웰즈H. G. Wells, 1866~1946의 『세계문명소사*A Short History of the World*』, 1922 첫머리를 한번 펴보라).

내가 말하려고 하는 것은, 억지로 시간과 공간을 넘어서는 생각을 우리의 개념구성능력이나 정당한 논리운영방식에 의해 할 수 있다 할지라도, 그것은 어디까지나 시공간 내의 사건이며 우리 몸의 사건이지, 시공간을 초월하는 것은 아니라는 것이다. 시공간을 초월하는 것을 설정할 수 있는 것은 우리의 사유이지만, 우리의 사유는 시공간 내의 사건이며, 나의 몸의 사건이다. 우리의 사유는 어떠한 경우에도 시공간을 초월할 수 없다. 시공간을 초월하는 것처럼 생각되는 모든 것은 언어의 장난일 뿐이다. 희랍인들이 이성이 시공간을 초월한다고 믿은 것은 이성이 작동시키고 있는 기하학이나 수학적 계산이나 논리의 법칙이 시간이나 공간의 조건에 무관하게 불변하며 따라서 절대적이라고 믿었기 때문이다. 그러나 그것은 단순한 "믿음"이다. 수학이나 기하학도 불변과 변화, 절대와 상대, 이 따위 언어개념의 대상으로서 존재론적으로 규정될 수 있는 것이 아니다. 그것은 사유의 장난이요, 전승된 게임일 뿐이요, 엮음과 풀음의 놀이일 뿐이다. 거기에 하등의 거창한 존재론적·인식론적 의미를 부여할 필요가 없다.

최근에 비트겐슈타인이 명언을 했다. 언어는 **사용**일 뿐이라고. 그것은 모든 문장의 의미가 사용에서 결정되는 것이지 그 자체로서 존재론적 함의나 증명이나 사실과의 대응을 논구할 필요가 없다는 것이다. 내가 철수에게 "빨간 사과 다섯 개 가지고 와라"고 말했는데 철수가 실제로 빨간 사과를 다섯 개 가지고 왔다면 그것으로, 즉 그 사용으로 그 의미는 결정된 것이다. 빨강이라는 게 뭐냐? 사과가 뭐냐? 다섯 개라는 수의 개념이 뭐냐? 오다라는 행위가 무엇이냐? 이 따위 질문을 던질 필요가 없다는 것이다. 언어가 존재의 문제를 해결해줄 수 있다고 하는 일체의 과도한 기대나 신앙을 버리자는 것이다. 철학은 이론이 아니라 치료일 뿐이다. 수학도 뭐 대단한 것이 아니다. 그것이 우리의 사고법칙의 청사진을 다 말해주는 것도 아니고, 그것이 존재의 구조를 말해주는 것도 아니며, 우주의 비밀을 다 풀어주는 것도 아니다. 그것은 논리적 법칙으로 그 원리가 다 환원될 수 있는 것도 아니며, 언어적 게임의 다양한 측면으로 구성되어 있다. 그러한 다양한 게임들의 의미는 그 수학공식이 작동되는 사용에 의존할 뿐이다.

몸은 시공간 내의 사건일 뿐이며 우리의 몸에서 작동되는 모든 의식의 사태가 시공간을 초월하는 것은 아무 것도 없다. 그것은 초월적 형이상학의 판타지에 불과한 것이다. 우리가 이성의 힘에 의하여 신 즉 하나님을 생각할 수 있다고 해서, 하나님이 시공간을 초월하는 존재이며 우주의 창조주라고 주장하는 것은 종교적 언어의 게임은 될 수 있을지언정 존재론적 사태에 관한 정보를 제공하는 것은 아니다. 명말청초의 유로遺老인 왕 후우즈王夫之, 1619~92는 형이상학形而上學과 형이하학形而下學이 모두 형形에서 통섭된다고 말했다. 다시 말해서 "형이상자形而上者"는 문자 그대로 형形이 있고나서而 그 위上의 뜻이며, "형이하자形而下者" 또한 문자 그대로 형形이 있고나서而 그 아래下의 뜻이다. 모든 형이상자와 형이하자는 형에서 통섭된다. 즉 우리가 생각하는 모든 형이하학적인 "것"과 형이상학적인 "것"이 모두 시공간 속에서 통섭되는 것이다. 신이 "시공을 초월하는 절대자"라는 의미는 시공속에 있는 우리의 이성이 구성해내는 언어적 주장일 뿐이다. 하나님은 문화에 따라 역사에 따라 가변적인 관념일 뿐이다. 지금 대기권 밖에 온갖 인공위성이 떠있듯이, 인간이 허공에 띄워놓은 하나님도 여러 종류가 있다. 그것도 역사와 지역에 따라 다 다른 하나님들이다. 참으로 가소로운 짓거리들이다. 하나님이 존재한다면 그것은 반드시 시공간의 현실로서 존재해야 한다. 그러한 현실적 존재의 족보나 오리진(소종래所從來)도 시공간을 탈출할 수 없다.

칸트는 분명 휴매니스트이며 계몽주의자이다. 그러나 그는 경건주의자Pietismus 부모의 깊은 영향을 받았다. 칸트라는 계몽주의자는 인간을 신의 자리에 놓고 싶어했다. 그럴려면 신이 세상을 창조했듯이 인간이 세상을 창조해야 한다. 칸트는 인간이라는 존재의 주체를 이성으로 보았다. 따라서 인간이 세상을 창조한다면 그것은 곧 인간의 이성이 세상을 창조한다는 의미가 될 것이다. 세상이 먼저 있고 그것이 있는 그대로 나의 감각기관에 각인되는 것이 아니라, 나의 오성의 선험적 형식이 주어지는 감각자료들을 인식가능한 형태로 구성해낸다고 봄으로써 이 세계는 결국 나의 선험적 형식이 구성한 것이 되는 것이다. 표상(주관)과 대상(객관)의 일치관계를 진리라고 말한다면 그는 그 일치의 기준을 객관대상에서 찾지 않고 인식주관에서 찾기 때문에 인식론에 있어서 코페르니쿠스적 혁명을 이룩했다고 평가하는 것이다. 그러나 이렇게 인식주관이 구성한 세계, 즉 인간이 창조한 세계는 명백한 한계가 있다. 그것은 오성의 12범주의 범위 내에서만 합리적으로 작동하는 필연의 세계이다. 그것은 결국 뉴톤물리학이 다루는 역학적 세계관의 자연일 뿐이다. 그러한 합리적 인과의 지배를 벗어나는 세계에 관해서는 불가지론적 입장을 취할 수밖에 없다. 칸트는 우리가 인식할 수 있는 것은 현상이지 물자체가 아니다라고 말한다.

여기서 또다시 현상과 물자체, 현상과 본체, 시공과 초시공의 분열이 생겨난다. 결국 칸트는 인간을 오만하게 만들고 싶지 않았다. 그는 구성론적 인식론을 통하여 인간이 세계의 중심이 되는 계몽주의를 완성했지만, 동시에 계몽주의의 한계를 명백히 하고자 했다. 인간에게 그의 우주를 창조할 수 있는 주체적 권한을 부여했지만 그 권한의 모든 이율배반을 지적함으로써 그를 겸손하게 만들려고 했다. 겸손이 곧 그가 말하려는 도덕이요 윤리이다. 그 겸손은 신, 자유, 영혼불멸 등의 요청에 의하여 또다시 선험적 근거를 마련하면서 심화된다. 인간은 자유롭지 않은 한 참다운 도덕적 선택을 할 수 없다. 그리고 영혼의 불멸과 신의 존재가 확보됨으로써만, 복과 덕이 일치되는 최고선을 지향하는 나의 도덕성의 완성을 위하여 흔들림 없이 매진할 수 있다고 본다.

칸트의 언어는 그 나름대로 매우 설득력이 있어 보인다. 그의 전 철학체계의 궁극적 비중은 실제적으로 실천이성에 있다고도 말할 수 있다. 그러나 그는 도덕의 문제를 형이상학적 근거 위에서 해결하려고 했다. 다시 말해서 그의 형이상학은 몸을 초월해 있는 것이다. 우리의 도덕적 행동은 결국 몸의 행동이다. 그러나 행동의 도덕적 근거는 모두 선험적 원리에 의하여 도출되고 본체적 세계에 섭렵되는 것은 모두 "요청"으로서 해결한다. 동방인이 말하는 도덕은 결코 초월이 아니다. 물과 물자체가 이원화될 수 없는 것이다. 물과 물자체는, 형이하학과 형이상학이 형에 의하여 통섭되듯이, 시공간 내에서 연속적으로 통합되어야 한다. 몸 밖에 몸을 초월하는 신, 영혼, 자유와 같은 형이상학적 실체, 실천이성의 이상을 설정함으로써 몸을 규정하고자 하는 시도는 결국 세계(코스모스) 밖에 천당을 설정하는 "시공간초월의 오류"와 구조적으로 대차가 없다. 칸트는 결국 인간과 신의 대결구도, 그리고 인간의 자유 안에 인간의 근본적 한계인 원죄를 공존시킴으로써 인간을 비열하게 바라보고 있는 것이다.

인간이 살아있을 동안에 공자가 말하는 "종심소욕불유구從心所欲不踰矩"의 복덕일치가 이루어질 수 없다고 보는 것 자체가 인간의 이해가 너무 지나치게 선험화되어 있고 수학화되어 있고 형식화되어 있다는 것을 의미한다. 그는 현실적 인간의 삶에 보편, 절대, 완전과 같은 수학적 개념을 요구하고 있는 것이다. 인간의 삶에는 보편, 절대, 완전과 같은 것은 존재하지 않는다. 그런 것이 존재한다고 믿는 순간, 인간은 종교적 광기에 사로잡히거나, 그 광기를 제어하기 위한 겸손의 수단으로 또다시 초월적 실체들을 요청하게 된다. 칸트의 제1비판, 제2비판, 제3비판을 모두 "몸" 속에 귀속시킨다면 나의 생각과 비슷하게 오겠지만 그런 시도는 여태까지 이루어진 적이 없다. 칸트가 초월철학을 말했기 때문에 서양의 문명사는 대종합을 성취했지만, 기존의 문명의 편견들에서 결국 한 발자국도 본질적인 도약을 이룩하지 못했다. 궁극에 이르러 또다시 신과 영혼과 자유를 말하고 있다는 것 자체가 서구문명의 극도의 정신적 빈곤을 입증하는 것이다. 모든 초월은 내재적 초월일 수밖에 없으며, 그것은 몸이 몸을 초월하는 것이다. 몸이 몸을 초월하는 것은 몸에서 끊임없이 발현되는 천명의 주체의 자각일 뿐이다.

"선생님! 너무 지나치게 서양철학 얘기만 하시니깐 그 레토릭이 선명치 않고 아리송한 단계에서만 맴돌고 있는 느낌입니다. 몸과 기의 관계에 대하여 보다 선명한 말씀을 듣고 싶습니다."

— 미안하다! 너무 거창한 주제를 단숨에 이야기하려니까 자꾸만 복합적 생각의 실마리들이 엉크러져서 쏟아져나오는 당혹감을 나 자신도 느끼고 있다. 여태까지 이야기한 몇 개의 테제들을 다시 한 번 나열해보자!

우주는 시공간이다. 시공간을 벗어나는 우주는 없다. 따라서 우주 내의 모든 사태는 시공간 내의 사태일 뿐이다. 인간의 관념이나 이성이 시공간을 탈출하는 것은 아니다. 그것은 인간의 언어능력이 만들어낸 장난, 게임, 컨벤션convention일 뿐이다. 우주 내에 불변이나 절대나 완벽한 보편은 존재하지 않는다. 그것은 단지 언어적 구성일 뿐이다. "빛의 속도가 불변이다"라는 말은 철학적인 불변을 말하는 것이 아니다. 그것은 빛의 속도를 재는 관찰자의 입장과 무관하게 항상 빠르기가 같다는 가설일 뿐이다. 이 가설은 현재 사실로서 입증되어 있지만 언젠가 바뀔 수도 있다. 철학적으로 "불변"이라는 말은 변화가 없다는 말이다. 그러니까 빛의 빠르기가 불변이다라는 것은 빛의 빠르기의 상수를 의미하는 것일 뿐이며 영원불변의 천당이 있다고 하는 얘기와는 전혀 다른 차원의 담론이다. 빛은 운동이며 변화의 근원이다. 변화의 상수와 불변은 전혀 다른 개념이다.

서구라파 지성사의 최대의 오류는 불변에 대한 동경이라고 말할 수 있다. 절대, 보편, 순수, 선험, 초월 등등, 이 따위 말들이 모두 불변에 대한 동경을 전제로 하고 있다. 그러나 동방인의 체계 속에서는 이러한 동경은 존재하지 않는다. 동방인은 철저히 변화를 동경한다. 종교의 지고의 경지도 변화이지 불변이 아니다. 최고선이나 지고선도 변화이지 불변이 아니다. 절대도 변화 속의 절대밖에 없으며, 보편도 변화 속의 보편밖에 없으며, 순수도 변화 속의 순수밖에 없으며, 선험도 변화 속의 선험밖에 없으며, 초월도 변화 속의 초월밖에 없다. 불변과 절대는 오직 인간의 언어개념상의 방편일 뿐, 그것을 사실로서 강요하면 종교적 독단이 된다. 수학도 이성도 하나님도 불변이 아니며 절대가 아니다. 그래서 동방인들은 우주를 역易이라 말한 것이다. "역易"은 변화를 의미한다. 변화만이 창조를 영속화시킨다. 모든 영속은 지속이다. 태양의 영속도 지속이다. 언젠가 그것은 사라진다. 영원은 없다. 영원은 변화의 지속일 뿐이다. 인간은 이 따위 언어의 방편들에게 끊임없이 기만당하고 있는 것이다.

이러한 기만을 당하지 않기 위하여 니체Friedlich Wilhelm Nietzsche, 1844~1900는 신을 살해했지만, 신을 살해하고 난 이후의 세계의 무의미성을 감당할 수가 없었다. 신의 독단과 절대성이 지배하는 세계는 인간에게 노예도덕을 강요하는 목적론적 세계였기에 그것이 사라진 이후에 남는 것은 동일한 사건만이 동일한 계열에 따라 반복해서 일어나는 영원회귀Eternal Recurrence or Eternal Return의 세계였다. 직선적 시간관의 거부, 시작과 종말이 없는 순환의 세계의 긍정이라는 측면에서는 니체의 삶에 대한 사랑의 한 표현으로도 볼 수 있지만, 회귀의 세계를 그렇게 무의미하게 감내해야만 할 것으로 생각한 그의 사유의 빈곤성은 참으로 가련하게 느껴지는 것이다. 어찌하여 회귀의 세계가 동일한 사건의 반복이란 말인가? "반자도지동反者道之動"의 회귀야말로 "생생지위역生生之謂易"의 풍요로운 창조의 근원이라는 것을 깨달을 수 없었단 말인가? 니체의 비탄과 반항과 부정과 비애 속에서 우리는 서구문명의 빈곤을 재확인할 뿐이다. 칸트조차 니체에게는 일말의 위안도 되지 못했다.

기氣라는 것은 우주 생성의 가장 원초적 최소한의 단위라는 것을 잊지 말자! 그리고 그 단위는 물질이나 정신과 같은 실체의 개념으로 접근될 수 없는 사건event이라는 것도 같이 기억하자! 여기서 사건이라 함은 폐쇄된 시스템이 아니라 개방적인 시스템이라는 뜻이며, 개방적 시스템이기 때문에 생멸이 있다는 것이다. 기는 생멸하지만 사라지지 않는다. 기의 생멸은 반드시 그 일부를 타자에게로 감입感入시킨다. 그리고 감입되지 않은 부분도 사라지는 것이 아니라 언젠가는 새로운 생성의 근거가 된다. 따라서 "천지유량天地有量"이라는 말이 있듯이 기의 우주는 거시적으로 일정한 양을 가지고 있다. 그러나 그 속의 생멸의 조합방식은 무궁하다. 동방인의 우주는 애초에 무한을 전제로 하지 않았다. 무한은 반드시 유한 속에서만 존재한다. 유한의 조합방식, 그 생성이 무한한 것이다. 따라서 『역易』은 불과 64괘의 제약된 상징체로 이루어져 있다. 그러나 그 64괘 내의 괘상卦象과 효변爻變의 상호관련성은 무궁한 것이다. 다산도 추이推移·물상物象·호체互體·효변爻變의 방법론에 의하여 상수의 영역을 무궁하게 넓히려 했다.

지금 또 이야기가 전문화되면 이해하기가 곤란해진다. 그러므로 다시 간단한 기초적 사실만 언급해둔다. 기氣는 감感이라는 것이다. 기氣는 감感, 즉 느낌Feeling의 덩어리이다. 기는 자체로서 느낌의 활동을 본유本有하고 있다. 느낌이란 타의 기를 분수分受하는 것이다. 분수는 일종의 향유享有Enjoyment이므로 배타를 동반한다. 배타는 나의 기의 구체성의 형식이다. 구체성이란 몸이 형성되어 가는 한정성이다. 이러한 구체성의 형식을 리理라고 하는 것이다. 『주역』「계사」에서는 "감이수통感而遂通"이라는 말을 썼다. 기는 감발感發하면서 타의 기를 통섭해 가면서 하나의 리理의 체계로써 소통하게 만든다는 것이다. 그러나 이때 리理는 기 밖에 있는 어떤 이데아적인 실체가 아니다. 리理는 오로지 기가 발현하는데 따라서, 그 감感에 즉하여 스스로 그러하게 자형自形하는 것이다. 그러니까 리理가 스스로 자발自發할 수는 없는 것이다. 퇴계가 기발氣發·리발理發을 동시에 인정하여 호발성을 주장한 것은 명백한 오류이다. "기발이리승지氣發而理乘之"까지는 가하나, "리발이기수지理發而氣隨之"는 불가하다. 기고봉은 "리발理發"의 불가함을 매우 명료히 지적하였으나 자기의 논리를 끝까지 관철하여 일가一家를 이루지 못한 것은 매우 유감스러운 일이다.

퇴계가 『주자어류朱子語類』 중에 "사단은 리의 발이고, 칠정은 기의 발이다四端, 理之發; 七情, 氣之發"이라는 문구가 있다는 문헌적 사실을 확인하고, 주희의 권위를 빌어 고봉이 주장하는 바, 사단과 칠정이 하나의 정情일 뿐이며, 리·기로 이원화하여 분속시킬 수 있는 것이 아니라는 입장을 제압하려 하였다. 리理는 본시 무위無爲에 속하는 것이며 그 자체로서 작위성을 갖지 않는 것이다. 기고봉은 리·기 이원적인 호발설에 끝내 회의감을 지니면서도 퇴계의 입장을 존중하려는 인간적인 자세를 지녔고, 퇴계의 제자로서 자임하였다. 이러한 고봉의 자세는 인간적 겸손이라는 측면에서는 평가해줄 수도 있는 것이나, 조선유학의 적통을 호발성에 양보함으로써 사상의 흐름을 불필요하게 주리적인 경향으로 편향케 만들었다.

그러나 그 이후의 사상적 흐름은 율곡이 단호하게 "리발理發"을 거부하고 오직 "기발"만을 고집하여 기론氣論적 순결성을 견지하였다. 천지에 기화氣化는 있으나 리화理化는 없다는 것이다. 대우주인 천지에 리화·기화의 구별이 없는데 어찌하여 소우주인 오심吾心에 리발·기발의 차이가 있으랴! 만약 주자가 진실로 리기호발을 주장하여 리와 기가 서로 대對하여 각출各出한다고 말했다고 한다면 주자 또한 오류에 함몰된 것일 뿐이라고 율곡은 일갈한다.

나는 주희가 퇴계가 인용하는 맥락에서 리기호발을 말했다고 생각하지는 않는다. 그러나 하여튼 퇴계가 이토록 무리하게 리발을 고집하는 데는 그 나름대로 중요한 이유가 있다. 퇴계는 정情에 사단과 칠정의 구분이 있는 것은 성性에 본연本然과 기품氣稟의 차이가 있는 것과 같다고 말한다. 다시 말해서 성性에 있어서 리·기의 구분이 가능하다면 정情에 있어서도 그러한 구분이 가능하다는 것이다. 사단과 칠정이 모두 정情에 속하는 것은 틀림이 없지만 그 소종래所從來로 말미암아 각각 소주所主와 소중所重을 가리켜 말한다면 사단이 리理요, 칠정이 기氣라 함도 불가하지는 않다는 것이다. 퇴계의 레토릭을 살펴보면 사단과 칠정을 각각 "리발이기수지理發而氣隨之" "기발이리승지氣發而理乘之"로 나누어 말하고 있다. "기는 따르고 리는 올라탄다"라는 표현만 보아도 기를 제압하는 리의 능동성과 기에 좌우되지 않는 리 자체의 자발성을 명확히 강조하고 있다.

퇴계는 "기발이리수지氣發而理隨之"는 상상할 수도 없었다. 그렇게 되면 인간의 도덕성이 희노애락과 같은 칠정에 예속되기 때문이다. 다시 말해서 퇴계는 인간의 감정, 기의 세계, 그러니까 현상에 예속되는 자아의 개념으로써는 순수한 도덕적 핵심을 확보할 수 없다는 강박관념이 있다. 그것이 바로 인심人心과 도심道心의 분열이다. 인심과 도심을 이원적으로 분열시켜야만 순결한 도덕성이 확보된다고 보는 것이다. 그는 칠정을 인심에 예속시키고 사단은 도심의 차원으로 격상시켜야 한다고 보는 것이다. 오직 분열된 도심의 차원에서 순수한 비공리적인 인·의·예·지의 도덕이 가능해질 수 있다고 보는 것이다. 이것이 그가 말하는 "소종래所從來"의 의미이다. 같은 감정이라 할지라도 그 감정이 발출된 근원을 소급해 올라가 보면 전혀 다른 샘물에 도달한다고 보는 것이다. 그러니까 퇴계李滉, 1501~1570는 칸트Immanuel Kant, 1724~1804 보다 두 세기를 앞선 사람이지만, 그가 지향한 이념적 성향은 매우 칸트적이라고 말할 수 있다. 그러니까 불교를 통하여 유입된 인도유러피안적 사유의 2원론이 유교적 세계관의 옷을 입고 인간본성의 문제에 천착하는 새로운 논의로 발전한 퇴계의 언어는 이미 칸트보다도 2세기를 앞서 그 소이연의 정곡을 찌르고 있었다고 말할 수 있다. 세계정신의 거대한 소통의 흐름에서 본다면 칸트도 "퇴계학파의 한 사람"이라고 말할 수 있을 것이다. 퇴계의 집요한 노력은 칸트가 선의지의 순수한 보편성을 확보하는 것과도 같이, 인간의 본성 내에 성선의 순수한 자발적 핵심을 확보하려는 것이다.

그러나 율곡은 인심과 도심을 모두 "한 마음一心"으로 파악하며 양자의 분열을 허용하지 않는다. 칸트처럼 도덕을 물자체의 세계로 이월시키지 않고, 현실세계 속의 "수신修身"으로 해결하려는 것이다. "리발理發"이라는 것은 오히려 순수한 것이 아니라 매우 독단의 가능성이 강한 위험한 것이며 인간을 허황되게 만들 수 있다. 후대의 다산이 같은 남인으로서 퇴계를 존숭하면서도 리·기의 심성론에 관해서는 젊은 날 정조와 『중용』을 강론하는 자리에서 율곡의 입장을 지지했던 것은, 율곡이나 다산이나 현실적 인간에 대한 애착이 강하고 실사구시의 사회의식이 강렬하기 때문이다.

"리발理發"의 과격한 의미는 인간 내부에 매우 이질적인 독자적 실체를 인정하는 것이다. 리理의 도덕성이 나의 몸의 기氣를 명령하는 것이다. 그것은 칸트처럼 초월적 자아를 전제하는 것이다. 그것은 윤리적 맥락에서 전제되는 하나님이다. 그러니까 조선 말기에 남인들이 기독교를 수용하게 되는 것도, 퇴계의 학풍과 무관하지 않다. "리발理發"의 궁극적 의미를 깊게 이해했다고 한다면 발의 주체를 인의예지와 같은 추상적인 도덕원리로서 규정하는 것보다는, 내가 만날 수 있고 대화할 수 있는 절대보편의 사랑의 인격체로서 구상화하는 것이 훨씬 더 리얼했을 것이다. 이벽李檗이나 권철신權哲身, 정약종丁若鍾과 같은 인물들은 모두 유학에 깊은 식견을 가지고 이발·기발의 문제를 토론한 사람들이었음에도 불구하고 전적으로 천주天主를 신앙할 수 있었던 것은 바로 칸트적 경건주의의 논리와 인간평등사상, 그리고 기독교와 결부된 선진과학문명의 유입, 그리고 조선유학의 공허함과 정치의 부패로 인한 절망감이 일시에 그들의 신앙 속으로 쏟아져 들어왔기 때문이었다. 칸트는 이들과 같은 혁명의 시기에 계몽주의적 이성으로 기독교를 비인격적으로 해석하여 징계를 당했고, 조선의 천주학쟁이들은 유교적 이성으로 기독교에 인격신앙적 생명을 불어넣으려다가 참수를 당했다.

그러나 다산은 자기 친족 주변의 사람들의 귀의에 대하여 깊은 이해를 가지고 있었지만 자기 자신의 실존 신앙으로서 초월적 인격신을 수용할 수 있는 정신적 여백을 지니기에는 그의 유학관이 너무 확고했다.

"선생님 말씀을 듣고 있으면 전 우주가 하나로 통하는 것 같아 웅장한 심포니를 듣고 있는 듯이 기분이 좋습니다만 여전히 아리송합니다. 그리고 또 샛길로 빠진 느낌입니다. 몸과 기에 관한 이야기를 간결하게 마무리져 주시죠. 그리고 도무지 사단·칠정 이야기만 나오면 뭐가 뭔지 잘 모르겠습니다. 사칠논변의 발단에 관해 한마디만 해주시죠."

— 내가 말을 하면서도 내 말을 듣는 너에게 미안한 느낌이 든다. 너무 많은 주제의 가닥들이 그 기초개념에 대한 해설이 없이 얘기되고 있기 때문이다. 내 말을 이해할 수 있는 좋은 사전이 있다면 그것을 찾아보

면서 이해하면 될 텐데, 불행하게도 우리나라에는 순수 우리말로 된 좋은 사전들이 턱없이 부족하다.

사단四端은 보통 인의예지의 도덕적 원천으로서 『맹자』라는 서물에 언급된 것이고 칠정은 인간의 감정을 총칭하는 말로서 『중용』1장에는 "희노애락喜·怒·哀·樂"이라고 표현되어 있고, 『예기』「예운禮運」편에는 "희노애구애오욕喜·怒·哀·懼·愛·惡·欲"이라는 말로 표현되어 있다. 칠정七情이 인간의 감정을 의미한다는 측면에서는 별 이의異意가 없다. 그리고 그것은 아무래도 칸트식으로 말한다면 현상적 욕망의 세계, 즉 형이하학의 세계에 속하는 것으로 본다. 칸트에게 있어서도 인간의 의지는 사적 욕망의 세계와 그 자체로서 선한 선의지가 발로되는 자유의지의 도덕적 주체의 세계가 이원적으로 공존한다. 이것은 주희에 있어서의 인심人心과 도심道心의 분열과 같은 것이다.

그런데 문제는 "사단四端"이라는 말에 있다. 맹자는 인간의 선의지를 "인간이기 때문에 인간에게 차마 어쩌지 못하는 마음不忍人之心"이라고 표현했는데, 그 "불인인지심"의 사례로서 네 가지 마음을 들었다: 측은지심惻隱之心, 수오지심羞惡之心, 사양지심辭讓之心, 시비지심是非之心. 그리고 이것을 각기 인仁·의義·예禮·지智에 배속시켰다. 그런데 여기 맹자의 레토릭을 정확히 이해하는 것이 중요하다. 인仁의 경우 하나만 예로 들어보겠다: "측은지심惻隱之心, 인지단야仁之端也." 문자 그대로 측은의 마음은 인의 단서라는 뜻이다. 단서라는 것은 빙하로 치면 수면 위로 올라와있는 끝부분 같은 것이요, 실타래로 치면 그 본체로 갈 수 있게 만드는 실타래의 끝선 같은 것이다. 보통 실마리라고 말하는 것이다. 여기 맹자의 문장에서 주어는 측은지심惻隱之心이다. 다시 말해서 측은한 마음이다. 주어가 "마음心"이다. 마음이란 송대 성리학자들에게는 "성性"과 구분되는 것으로 포괄적인 정감의 세계를 포섭하는 것이다. 그리고 술부에서 마음과 등가가 성립하는 단어는 인仁 그 자체가 아니라, "인지단仁之端"이다. 즉 인으로 들어갈 수 있게 만드는 실마리이다.

주어S.	주격보어S.C.
심心	단端
측은惻隱의	인仁의

따라서 사단四端은 인·의·예·지 그 자체 즉 사덕四德이 아니라, 사덕으로 가게 만드는 4개의 단서이며, 그 단서는 어디까지나 측은한 마음 즉 측은한 감정의 발로이다. 따라서 사단과 칠정이라는 논의 자체의 설정이 잘못된 것이다. 사단은 인·의·예·지를 말한 것이 아니라, 측은·수오·사양·시비의 마음 즉 감정을 말한 것이다. 그렇다면, 최소한 『맹자』의 원문에 즉해서 말한다면 사단은 어디까지나 심적 현상 즉 정情의 세계이므로 칠정七情과 이원적으로 구분되어야 할 하등의 이유가 없다. 그래서 기고봉이나 율곡은 사단이 칠정으로 환원되어 일원적으로 이해되어야 하므로, 사단과 칠정을 나누어 리와 기로 배속하는 것은 오류라고 보는 것이다. 이러한 주장의 배후에는 성性과 심心을 이원적으로 대립시킬 수 없다는 매우 근원적인 생각이 깔려있다.

그러나 퇴계는 사단을 칠정 속에 포섭되는 것으로 보는 것은 부당하다고 보는 것이다. 사단이 아무리 칠정과 같은 성격의 감정이라 할지라도 그것은 순선純善한 것이므로 칠정과는 차원을 달리하는 순수한 것이라고 본다. 그 소종래를 거슬러 올라가면 칠정과는 다른 물자체 즉 본체계에 도달하게 된다는 것이다. 퇴계는 칸트처럼 칠정을 페노메나phenomena에 귀속시키고 사단을 누메나noumena에 귀속시키는 것이다. 이것은 명백히 『맹자』를 오독한 것이다. 퇴계는 유학의 이단異端이라고 말할 수 있는데, 그 이단성 때문에 오히려 그 독창성을 존중받았다. 그리고 조선인들의 이념지향적 어떤 민족기질과도 관련이 있는 듯하다. 조선인들은 예나 지금이나 원리를 좋아한다. 누메나로부터 페노메나를 연역할지언정, 페노메나로부터 누메나를 쌓아올릴 생각을 잘 하지 않는다. 그래서 새남터나 절두산에서 목이 잘려도 기꺼이 이념이나 원리에 헌신한다.

"선생님 말씀, 너무도 잘 알아들었습니다. 이제야 좀 안개가 걷히는 듯 싶습니다."

— 지금 사칠四七 얘기가 튀어나오게 된 것은 바로 기의 생성에 관한 이야기를 하다가 기발만이 가능하고 리발은 가당치 않다고 말한 데서 발단된 것이다. 우리가 바라보는 대상세계는 엄청난 기의 사회들이다. 우리가 인지하는 것들은 모두 기가 취聚하여 거대한 사회를 이룬 것이다. 사회는 반드시 조직을 갖는다. 그 조직의 구체성·한정성이 바로 리理라는 것이다. 리에 의하여 그 조직은 구체화되는 것이다. 그러나 리는 기와 더불어 발현되는 것이지, 기의 취를 결정하는 청사진을 미리 리理

가 가지고 있는 것은 아니다. 그래서 리발은 불가하다고 말한 것이다. 『중용』에서 "도道는 자도야自道也"라고 말한 것도 기의 발현과 더불어 스스로 길 지워져 가는 것이 도道라는 뜻이다. 도道는 리理와 동의어로 생각해도 좋다. 그러나 그 도道는 고정된 것이 아니고 끊임없이 생성되는 것이다. 그 도의 바탕을 이루는 천지자연의 세계의 핵심적 도덕성이 성誠인데 그 성도 자성自成이라고 말했다. 스스로 이루어가는 것이다. 이것은 물자체나 에이도스나 하나님이나 로고스가 없는 우주관의 특징이다. 여기서는 칸트가 말하는 "요청postulation"이 있을 수 없다.

이러한 생성 속에서의 주체는 선험적으로 전제되는 해결사와 같은 초월적 주체일 수가 없으며 끊임없이 발현되는 주체일 수밖에 없다. 흄은 자아를 지각의 덩어리a heap of perceptions라고 했고, 불교에서는 색色·수受·상想·행行·식識이라는 오온五蘊pañca-skandha의 가합假合이라고 했다. 불교에서는 오온을 다섯 개의 구성요소로 보는 경향이 강하지만, 나는 이것을 한 번 기의 생성에 적용시켜 다른 해석을 내려보고자 한다. 산스크리트 원문의 의미와 꼭 상합되지 않을 수도 있다. 나는 색色을 기로 보고, 수·상·행·식을 기가 생성되어가는 과정Process으로서 해석할 수도 있다고 생각한다. "수受vedanā"라는 것은 타의 기의 요소를 분수하는 감수과정을 의미한다. 그리고 이 감수된 것을 자체 내에서 종합하여 표상하는 과정이 "상想saṃjñā"이다. 이 단계를 지나 기의 사회가 고도화되면 의지가 발현되고 그것은 행동으로도 표출된다. 이 과정이 "행行saṃskāra"이다. 이 행이 바탕이 되어 최종적으로 출현하는 것이 "식識vijñāna"이다. 우리가 말하는 "의식"이라는 것이다. 이 의식에서 인간을 가장 위대하고도 가장 위험하고도 가장 고통스럽게 만든 분별의식의 최종산물이 "언어"라는 것이다. 말로 인하여 인간의 모든 관념적 독단이 생겨난 것이다. 인간은 언어의 집 속에서 살지 않을 수가 없다. 불립문자니 언어도단이니 하는 말들이 모두 허깨비 같은 이야기들이다. 하여튼 이러한 문제는 너무도 거창한 주제이기 때문에 세부적인 언급은 피하기로 한다.

저기 있는 저 바위라는 기의 사회도 몸Mom이고 나 도올이라는 기의 사회도 몸Mom이다. 그런데 저 바위의 조직체계는 나의 몸에 비하면 매우 단순하고 안정적이다. 바위의 조직체계에 비하면 나의 몸은 고도의 조직성과 중층성, 가변성과 다양성을 갖는다. 복합의 단계가 확실히 높은 것이다. 바위의 몸은 10억 년의 수명을 누릴 수 있다고 한다면 나의 몸은 기껏해야 100년의 수명도 누리기 어렵다. 그 이유는 간단히 설명할 수 있다. 기계도 복잡한 기계일수록 고장이 잘 나고 수명이 짧다. 자동차도 아주 단순한 군용지프가 오래간다. 그런데 이런 질문을 한번 해보자! 바위에게 의식이 있을까 없을까?

그런데 이런 질문을 하기 전에 나의 의과대학시절에 내가 느꼈던 하나의 단상을 소개하고자 한다. 손등을 다쳤다. 피가 난다. 피에는 혈소판platelet이라는 것이 있어서 혈관이 터지게 되면 혈관벽에 달라붙어 피를 응고시켜 피의 유출을 막아준다. 그래서 시간이 지나면 피딱지가 생긴다. 그런데 피딱지의 색깔이 대체적으로 밖에 나뒹구는 산화철, 즉 녹슨 쇳덩어리 표면과 매우 비슷하게 보인다. 옛날에는 이런 모습을 그냥 지나쳤다. 그런데 의과대학에서 기초과목인 해부학, 생리학, 병리학, 생화학 등을 배우다 보면 우주에 관한 놀라운 통찰력이 생겨난다.

　우리의 피가 뻘건 이유는 피 속에 있는 적혈구의 빨간 색깔 때문이다. 그런데 적혈구 속에 들어있는 것이 바로 헤모글로빈hemoglobin이라는 특별한 구조물이다. 이 헤모글로빈은 척추동물의 피에 있어서 가장 주요한 산소운반자이다. 헤모글로빈은 글로빈 프로테인과 헴의 결합체인데, 헴은 가수價數가 2가인 철 원자를 중앙에 배위한 폴리피린유도체이다. 이 헴의 철 원자에 산소가 결합하여 혈액을 통하여 각 조직에 운반되는 것이다. 그러니까 나의 손등에 만들어진 피딱지는 저기 밖에 나뒹구는 쇳덩어리와 다른 것이 아니라 진짜 동일한 쇳덩어리라는 생각이 생리학을 공부하고 난 어느날 문득 내 머리를 스쳐 지나갔다. 그러니까 내 생명은 저 밖의 쇳덩어리가 없이는 산소를 운반할 길이 없는 것이다. 같은 쇠인데 그것이 내 피 속에 있을 때는 생명체이고, 저 밖에 있을 때는 무생명체인가? 밖에 있는 쇠나 내 몸속의 쇠라는 기는 동일한 기이다. 그러나 그 기가 조합되는 방식이 다를 뿐이다. 즉 리가 다를 뿐이다. 그러나 저 밖의 쇠도 생명의 일부로서 간주되어야 마땅하다. 피딱지는 좀 있으면 내 몸에서 떨어져나간다. 그러나 그것은 분명 나의 생명의 일부다. 밖에 있는 쇠도 나의 생명의 일부로서 간주되어야 마땅하다. 그렇게 본다면 이 우주 전체가 하나의 온생명이라는 생각을 하지 않으면 아니 되는 것이다.

　바위라는 몸은 의식이 있는가 없는가? 물론 있다! 바위는 아주 단순한 것 같지만 그것을 우리가 인공적으로 만들려고 한다면 불가능에 가깝다. 그것은 생각보다 엄청 복잡한 조직체이며 그 원자의 각 요소들은 엄청난 텐션을 유지하면서 격렬하게 활동하고 있다. 바위는 결코 정적이기만 한 조직체는 아니다. 그러나 그 바위의 의식은 너무도 저급하고 영활치 못하여 우리가 일상적으로 말하는 의식작용의 개념에는 올 수 없는 것이다. 바위에서 신경조직의 시냅스가 태어나기까지는 거의 지구의 역사와 동일한 시간의 진화과정을 거쳐야 한다고 생각해야한다. 그러나 그것은 분명 연속적이다. 이렇게 생각한다면, 이런 식으로 세계를 바라본다면, 건축가들이 그토록 무지막지하게 그 고귀한 조선 산하의 쑥돌을 하찮은 건조물을 위하여 낭비하고 파괴하는 횡포를 저지르지는 아니 할 것이다. 바위 덩어리에조차 "불인지심不忍之心" (차마 어쩌지 못하는 마음)을 갖는 느낌으로부터 우리는 우리의 도덕을 새롭게 정초하지 않으면 안된다. 칸트의 인간중심주의는 계몽주의의 횡포일 수도 있다. 그리고 이런 식으로 우주의 온생명됨을 이해한다면 대한민국 정부가 나서서 국립공원에 케이블카를 설치하는 행위를 획책하지는 아니 할 것이다(나는 2012년 6월 8일, 케이블카 설치반대를 위하여 환경운동가들과 함께 설악산 대청봉에 올라가 백두대간에 제향하고 제문을 낭독하였다. 그 뒤 6월 26일 환경부는 국립공원 전체에 케이블카를 설치하는 것은 근본적으로 온당치 못하다는 결론에 이르고 계획을 전면 취소하였다. 이명박정권하에서 이루어진 최초의 의로운 양보라고 해야 할 것이다. 환경부 공무원들이 본시 "자연"에 대한 감각이 있는 사람들이기 때문에 나의 읍소泣訴의 진실성에 마음을 열었으리라고 믿는다. 이 자리를 빌어 그런 용단에 도달한 환경부 공무원들에게 감사의 념을 표한다. 그리고 그동안 전국의 환경지킴이들, 생태지평과 녹색연합의 노고에도 감사를 드린다. 나의 대청봉 제문 낭독은 유튜브에 그 영상이 올라가 있다).

"선생님! 이야기가 좀 재미있어지는 것 같습니다. 그런데 선생님말씀은 역시 좀 어렵습니다."

— 후즈닷컴_{HOOZ.COM}이라는 인터넷 도올서원에서 내가 자세히 해설한 강의들이 있으니까 그것을 듣는 것도 나의 이야기를 이해하는데 많은 도움을 줄 것이다. 연중 무휴로 하시_{何時}고 수강할 수 있다.

"그런데 선생님께서 말씀하시는 중에 우주라는 말과 함께 천지_{天地}라는 말을 쓰시곤 했는데, 그 양자의 차이에 관하여 알고 싶습니다."

— 아! 정말 좋은 질문이다. 너는 사소한 것도 놓치지 않는 명석한 두뇌를 가지고 있구나! 우주를 온생명으로 파악할 때 동방인들은 그러한 생명모델을 "천지_{天地}"라고 부른 것이다. 그러니까 우주를 하나의 생명모델로서 압축시키면 천지_{天地}가 된다. 그 시좌_{視座point of view}는 생명이고 그 중에서도 인간의 삶_{Human Life}이다. 생명이란 모든 유기체의 속성을 추상화하여 총칭한 개념이다. 그런데 유기체란 살아있는 모든 것들이다. "살아있다"함은 무엇을 뜻하는가? 그것은 반드시 "죽는다"는 것을 의미한다. 죽는다는 것은 무엇을 의미하는가? 반드시

태어남이 있다는 것이다. 다시 말해서 태어남으로부터 죽음까지의 과정Process을 우리가 "삶Life"이라고 부르는 것이다. 바위는 태어남과 죽음이 명확하지 않다. 태어남과 죽음이 없는 것은 아니지만 그것이 너무도 긴 프로세스를 거치기 때문에 명확하지 않다는 것이다.

우리가 여태까지 토의해온 불변에 대한 서방인들의 허구적 동경은 바로 "죽음"에 대한 혐오나 공포로부터 비롯된 것이다. 죽음 때문에, 삶을 덧없다transient고 생각했고, 삶과 죽음이라는 간단間斷 때문에 변화를 혐오했다. 그리고 영원이니, 불변이니, 절대니 하는 것을 관념 즉 이데아 속에 확보하려고 노력했고, 그것이 기독교인들의 관념 속에서는 천당이 되어버린 것이다. 그리고 고상한 칸트의 언어 속에서는 모든 "선험성" "순수성" "초월성"과 관련된 것이고, 언어철학자나 수학자들의 관념 속에서는 보편자가 된 것이다. 그런데 동방인들, 특히 선진시대의 중원의 사람들은 이미 이런 허구적 불안으로부터 완벽하게 해탈했다. 한번 네가 스스로 자문해보라! 바위의 수명이 보통 8억 년이라고 한다. 너는 과연 지금으로부터 8억 년을 살고 싶은가?

"지금 저에게 주어진 보통의 수명으로도 충분합니다. 사는 것이 좋기도 하지만 괴롭기도 한 것입니다. 쾌락과 고통의 문제를 떠나 유기체의 종료가 있다는 텐션이 사라지게 되면 삶 그 자체가 무의미해질 것 같습니다. 저는 그런 방식으로 오래 사는 것을 원치 않습니다."

— 맹자가 비판한 동시대의 사상가로서 양주楊朱라는 현학顯學의 대세를 이룬 인물이 있다. 그는 정강이의 털 하나를 뽑아 이 세상을 이롭

게 할 수 있는 위대한 기회가 있다 할지라도 그런 짓은 결코 하지 않겠다는 말로 유명해졌다. 그래서 맹자는 그를 반사회적인, 사회의식을 철저히 결여한 무군無君의 위아爲我주의자라고 비판한다. 그러나 이것은 왜곡된 비판이다. 그의 사상은 위아爲我가 아니라 귀생貴生이다. 생명을 귀하게 여겨야 한다는 것이다. 얄팍한 사회의식적 이념에 휘둘리어 자기 생명, 즉 몸Mom을 해치는 짓을 해서는 아니 된다는 것이다. 의리義理를 운운하다가 망생亡生하면 아니 된다는 것이다. 그런데 진정으로 생명을 예찬하는 자는 진정으로 죽음을 사랑하지 않을 수 없다고 양주는 말한다. 죽음이야말로 인간의 평등의 원천이며 삶에 대한 최대의 축복이라고 예찬한다. 고대광실의 왕후장상이든 궁벽황야의 거렁뱅이든, 죽으면 똑같이 부골腐骨, 썩은 뼈다귀가 되어버리고 만다는 측면에서는 인간평등의 최대의 담보물이라고 말한다. 삶에 대한 위로가 아닐 수 없다. 삶에는 현우귀천賢愚貴賤의 차이가 있지만, 죽음에는 오직 취부소멸臭腐消滅의 동일한 결과가 있을 뿐이다. 화려한 왕릉 속에서 금으로 장식한 미목의 관곽으로 들어가든, 동네 실개천 도랑에 나뒹굴든 그것이 똑같이 썩은 뼈다귀일 뿐이다. 요순의 썩은 뼈다귀이든, 걸주의 썩은 뼈다귀이든 그 가치의 우열을 가릴 바가 없다. 인간에게 부골 이상의 축복이 어디 있겠는가?

그러므로 살아있는 순간 그 자체를 고귀하게 여겨야 한다는 것이다. 성인이란 어떠한 상황에서도 그 삶을 온전하게 만드는 자이다. 이야기가 또 좀 빗나갔는데, 우리의 주제는 유기체의 특성에 관한 것이다. 유기체의 최대의 특성은 태어남과 죽음이 있다는 것이다. 그것은 유기체가 일정한 막membrane 속에 갇혀있는 고도의 복잡계라는 사실과 관련있다. 즉 그 복잡계는 반드시 제약된 생명의 필드를 갖는다는 것이다. 그 계의 제약성 그 자체가 이미 죽음을 예고하는 것이다. 우리가 말하는 생명이라는 것은 분명 지구라는 무기물에서 우연적으로 진화된 것이다. 그 진화의 핵심은 그 막 속에 자기를 복제할 수 있는 핵산nucleic acids의 구조가 생겨났다는 사실에 있다. 다시 말해서 무기물과 유기체를 구분하는 가장 중요한 근거는 생식reproduction의 유무이다. 생식을 통하여 개체 및 종을 보존한다는 것이다. 생명의 탄생 그 자체가 이미 플라톤의 이천 년 각주라고 말하는 서양철학의 모든 문제를 해결하고 있다. 불변 자체가 변화 속에서 해결되는 것이다. 불변은 변화의 지속이며, 지속은 생식으로 달성된다. 개체의 단절이 개체의 시공단위로서 끝나는 것이 아니라 시공간 속에서 무한하게 연속되는 것이다. 물론 이 무한은 관념적·보편적 무한이 아니라 현상적 지속이다. 이 지속과정에서 개체와 종의 보존, 그리고 진화가 일어난다. 보통, 생식은 포자생식이나 어지자지hermaphrodites(=자웅동체)와 같은 무성생식asexual reproduction도 있지만, 대부분 감수분열meiosis을 하는 양성의 생식세포gametes의 접합으로 이루어진다. 이 유성생식sexual reproduction의 기전은 종 내의 다양성을 확보함으로써 지속의 가능성을 극대화 시킨다. 남·녀 배우자의 설정은 생명세계의 최대의 축복이라 아니 할 수 없다. 그 배우자의 정당한 접합을 위한 온갖 생물계의 문화가 발전하게 되었고, 또 그것이 인간세의 희노애락의 가장 본질적인 원천이 된 것이다. 그것이 축복일까 저주일까, 그것은 아무도 모른다.

하여튼 생명의 특질로서 우리가 들 수 있는 것은 생멸과 생식, 그리고 진화 등등의 사실인데, 생식기전의 가장 대표적이고 보편적인 기전으로서 남녀배우자의 접합생식을 들 수 있다는 사실에까지 우리는 도달하였다. 우주를 온생명으로 생각할 때, 그 우주는 반드시 양성섹스를 해야한다. 그래야 만물의 끊임없는 번식과 다양한 종의 번영이 이루어진다. 이 풍요로운 창조의 지속을 『주역』에서는 "생생지위역生生之謂易"이라고 표현했고 이 생생지生生之의 양성적 주체를 천지天地, 즉 하늘(=남성적 상징)과 땅(=여성적 상징)이라고 규정한 것이다.

우리가 보통 "천지天地"라고 하면 아주 흔해빠진, 어느 문명에서나 만날 수 있는 원시적이고도 평범한 세계관의 일종으로 생각하기 쉬운데, "천지"는 천과 지의 단순한 합성어가 아니라, 그 자체로서 단일한 우주론cosmology을 구성하는 고유명사이다. 어느 문명이든 우리가 사는 환경 세계를 "천지"라고 표현한 유례를 그 문명의 언어에서 찾기가 힘들다. 영어를 한 예로 들어보아도, "유니버스Universe," "월드World," "코스모스Cosmos" 등등의 표현은 있어도 "해븐 앤 어쓰Heaven and Earth," 혹은 그 내용을 함축하는 하나의 개념으로서의 단어는 찾아볼 수가 없다. "천지"는 한자문명권에 유니크한 말로서 우리의 일상언어 속에 깊게 침투되어 있다. 그런데 이 천지라는 말이 중국의 선진 고문명으로부터 본래적으로 있었던 말인 것처럼 생각하는 것은 오류에 속하는 것이다. "천天"과 "지地"는 의미소가 일음절인 중국어의 특성상 각기 그 나름대로 의미있게 쓰여지기는 했어도, "천지天地"가 하나의 유기적 개념으로 등장하는 사례는 어느 일정시기에 집중적으로 나타난다. 일례를 들면, 공자의 일상언어 속에는 "천天"이라는 말은 있어도 "천지天地"라는 말은 없다. 『논어』에 "천지"라는 말이 없는 것이다. 공자에게 있어서 "천天"은 초월적 인격성의 느낌이 강하다. 인간으로서 어찌 해볼 수 없는, 인간을 초월하고 있는 자연의 힘, 인간세에서의 자신의 무기력감을 감지할 때 기댈 수밖에 없는 따스한 품, 혹은 사문斯文이나 진리의 담지자로서의 우주도덕의 주체, 인간의 역사를 통관하는 천명, 그런 의미맥락들이 명료한 인격적 존재자의 상이 없이 공자의 의식에 투영되고 있다. 그러나 "천지"라는 말이 생겨나면 그러한 "천天," 한 단어의 초월적 느낌은 일시에 사라지고 천의 인격성은 자연화되고 내재화된다.

"천지天地는 일반명사가 아니고 고유명사이며, 그것은 동방인 특별한 우주관을 나타내는 특수개념이다, 이런 말씀이시죠."

— 그렇다. 비록 추론을 근거 지우는 방식은 다르다 해도 상대성이론이나 양자역학에 비견할 수 있는, 그 나름대로의 정합성을 가지는 우주론이라고 말할 수 있다. 그래서 나는 그것을 천지코스몰로지Tian-Di Cosmology라고 부른다.

"천지코스몰로지가 공자시대에만 해도 정착되어 있지 않았다는 말씀이시죠."

— 그렇다.

"그렇다면 그것은 언제 어떻게 생겨난 것일까요?"

— 그게 참 대답하기 어려운 문제다. "천지"라는 말이 매우 조직적으로 등장하는 비교적 초기 문헌으로서 『중용』이라는 것이 있다. 그런데

대부분의 사계의 대가들이『중용』이 자사子思라는 사람의 저작물이라고 인정하고 있다. 그런데 자사는 공자의 손자이다. 공자가 죽었을 때 내가 추정하는 크로놀로지 방식으로는 자사는 14살 정도였다. 그리고 자사는 80여 세까지 오래 살았다. 그러니까 자사가 죽는 시기가 대체로 춘추시대가 끝나고 전국시대가 시작되는 시기라고 보면 된다. 그렇다면 천지코스몰로지의 형성은 공자의 사후로부터 공자의 손자인 자사가 활약하던 기원전 5세기 후반경으로 잡아야 할 것이다. "천지"라는 단어가 자주 쓰인다고 해서 반드시 천지코스몰로지가 정착되었다는 것을 입증하지는 않는다. 천지코스몰로지라는 것은 매우 정합적이고 유기적인 인식체계a coherent & organic epistemological framework이다. 그러므로 그러한 인식론과 거기서 발생하는 가치체계가 문헌의 모든 언어를 지배하고 있어야만 한다. 그 인식체계의 핵심은 양성적 배우자 생식이며 그 생식으로 야기되는 끊임없는 생성과 진화이다.『중용』의 제1장에는 이미 그 총결 부분에 자사가 말하는 핵심적 가치인 "중中 Dynamic Equilibrium"과 "화和Cosmic Harmony"를 달성하게 되면, "천지위언天地位焉하고 만물육언萬物育焉하게 된다"는 메시지가 실려있다. 이것은 명백하게 천天과 지地가 각기 유니크한 자리位를 갖고 있으며, 그 자리에서 제 공능을 다하면, 즉 천과 지가 남성과 여성으로 교합하게 되면 그 사이에서 만물이 배태되고 자라난다는 의미를 내포하는 코스몰로지를 표방하고 있는 것이다. 이러한 코스몰로지의 예찬은『중용』제26장에 찬연하게 시적으로 기술되어 있다. 천天은 만물을 덮는 상징이며(만물부언萬物覆焉), 지地는 만물을 싣는 상징이다(만물재언萬物載焉). 만물을 덮는 천天과 만물을 싣는 지地가 교감하는 과정에서 만물의 생성이 이루어진다는 것이다. 그 만물 중에 가장 존귀尊貴하고 가장 신령神

靈한 존재가 인간인 것이다. 이로써 천天·지地·인人 삼재三才의 사상이 『중용』의 인식의 틀을 형성하고 있다는 것을 알 수가 있다.

"이렇게 되면 서구적 인간관과는 전혀 다른 인간관이 성립하겠군요. 인간이 우주 밖의 어떤 존재에 의하여 만들어지는 피조물이 아니라, 천과 지와 더불어 같은 능동적 자격을 지니고 창조에 참여하는 공동의 창조주Co-creator가 되겠네요."

──『중용』22장에는, 인간은 천지의 화육化育에 같이 참여해야만 하며, 그만큼 천지의 화육을 도울 수 있는 책임있는 존재의 도덕성을 발현해야 한다고 강조한다. 그것을 인간이 인간된 성性을 다 발현한다는 뜻으로 "진기성盡其性"이라고 표현한다. 인간이 자신의 우주적 본성을 다 발현할 수 있을 때 인간은 "지성至誠"의 존재가 된다. "지성"이란 칸트가 말하는 최고선의 경지에 비유될 수 있다. 그러나 그것은 관념적인 경지가 아닌 천지자연의 도덕성이다. 인간을 넘어서 있는 물자체의 도덕성이면서도 인간의 몸Mom 자내에서 달성될 수 있는 도덕성이다. 이러한 도덕성을 발휘할 때 인간은 하늘과 땅과 더불어 삼위일체가 된다고 말한다(가이여천지삼의可以與天地參矣). 서양의 삼위일체Trinity와는 달리 우리 동방의 삼위일체는 신적인 하늘과 신적인 땅과 신적인 인간, 즉 삼재三才가 하나가 되는 우주융합Cosmic Unity의 사상이다. 니체처럼 살해해야 할 만큼 근본적으로 신이 인간에게서 대상화될 수 없다. 권총으로 쏘려고 하면 쏠 수 있는 표적이 내 밖에 엄존해야 한다. 천·지·인 삼재三才사상에서는 그러한 대상화가 일어날 수가 없다. 천지는 존재가 아니다. 모든 존재의 근거로서 존재 그 자체를 초월하는 자기초월적 생성이다.

"이러한 우주론적 사유에 어떤 통일성을 제공하는 세계관의 핵심이 무엇일까요? 어떤 공식화된 심볼리즘이 없으면 편린적 아날로지로서의 산문적·문학적 기술은 지속적인 힘을 발휘하기 힘들 것 같습니다만 ……"

— 그래 네 말이 맞다. 『중용』26장의 예찬은 기본적으로 감성적인 문학이다. 그러나 그러한 문학이 나오기까지는 매우 치열한 수학적 질서 감mathematical ordering이 선행하고 있었다고 나는 보는 것이다. 동물(포유류 등)에 있어서 양성적 접합coitus, copulation이라는 것이 다음과 같은 프로세스를 거친다는 것은 우리의 경험상 쉽게 알 수 있다. 남성의 자지penis가 발기erection하면 피가 몰려서 팽창하여 딱딱해지는데, 그것을 여성의 질에 삽입하여 자극적 운동을 계속하면 사정ejaculation이라는 분출사건이 이루어지고, 그 분출된 정액 속에 정자spermatozoa가 자궁을 거쳐 나팔관에까지 올라가 난자와 랑데부에 성공한 후 자궁에 안착하여 태반을 형성하고 태아로의 발생과정을 거친다. 이러한 개체발생의 과정을 문학적 상상력을 동원하여 천지로 확대한다면, 하늘에서 쏟아지는 비를 하늘의 사정에 비유했을 수도 있고, 대지의 푸근한 실음載을 자궁의 배태작용에 비유했을 수도 있다. 그러나 이러한 특수한 사유로서는 우주론의 일반성과 추상성, 그리고 보편성에 도달하기 어렵다. 우주론이란 우리의 사유가 도달할 수 있는 가장 포괄적인 논리체계이어야 하기 때문이다. 그것은 특수한 사태일 수가 없다. 이러한 문제를 해결하는 가장 위대한 중국문명의 창안이 바로 『역易』이라는 것이다. 다시 말해서 천지코스몰로지의 등장은 『역』이라는 문헌의 성립과 궤를 같이 하는 것이다.

"공자시대에『역』이 있었습니까?"

— 공자시대에『역』이 있었는가? 공자는 과연『역』을 읽고 탐구한 사람이었는가? 공자가『역』을 언급한 로기온자료가 단 한 줄『논어』(7-16)에 나오지만, 그것이 과연『역』인지 아닌지도 명확하지 않을뿐더러,『역』이었다 할지라도 그것이 과연 오늘 우리가 볼 수 있는『역』이라는 텍스트와 같은 것인지 아닌지 확언할 수 없다. 상식적으로 생각해도 그것은 도저히 같은 문헌일 수가 없겠지만, 그렇다면 어느 단계의 문헌의 형태를 갖춘 것인지를 추론키 어렵다.

"한국사람들은 괜히『주역』하며는 호기심이 발동합니다. 흥미진진해지는 것 같은데 좀 더 구체적으로 말씀해주시죠."

— 공자나 맹자가 전혀『역』을 언급하지 않았다 할지라도 공자시대에『역』이 존재하지 않았다고 말할 수는 없다.『역』이란 본시 "점占 prognostication"이다. 점이란 미래를 알고 싶어하는 인간의 욕망에서 유래되는 것이다. 우리가 말하는 "과학science"이라는 것도 앎, 지식을 의미하는 "스키엔티아scientia"라는 라틴어에서 유래된 말인데, 아마도 미래를 예측하기 위한 수단으로서의 원리적 지식을 의미했을 것이다. 점이라 하는 인간의 행위에는 대체로 우주의 법칙이나 역정歷程이 인간의 법칙이나 역정과 상응한다는 인식론적 전제가 깔려있다. 점쟁이는 우주의 역정을 규탐하여 그것을 인생의 역정에 적용한다고 하는 가설적 사유를 한다. 그런데 점에는 전통적으로 복卜과 서筮라는 두 가지 방식이 있었다. 그런데 복이 서보다는 훨씬 더 오래된 것이다. 그러니까

복에서 서로 발전해나간 것이다. "괘卦"라는 글자에도 오른편에 "복卜"이라는 글자가 들어있다. 그러니까 괘도 그 뿌리에 있어서는 복과 관련이 있었을 것이다.

복卜이라는 것은, 거북이의 등딱지背甲도 쓰기는 하지만 등딱지는 비늘무늬가 울퉁불퉁하여 표면이 고르지 않아 점복에 적당치 않다. 그래서 대체로 배딱지를 쓰는데, 배딱지를 잘 가공하여 아름답게 다듬은 복갑판에 문자 그대로 복자卜字 모양의 홈을 파서 점을 치는 것이다. 복갑腹甲의 내장을 향한 안쪽 면을 반면反面이라 하고 그 바깥 면을 정면正面이라고 하는데 홈을 파는 것은 반면에 파는 것이다. 세로선은 대추씨 모양으로 파는데 그것을 착鑿이라 하고 가로선은 원형으로 파는데 그것을 찬鑽이라고 한다. 착을 먼저 파고 그 다음에 찬을 판다.

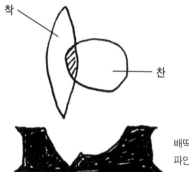

배딱지 안쪽에
파인 홈의 형태

이 홈에 어떠한 방식으로 불을 지폈는지에 관해서는 여러 설이 있으나 요즈음 뜸을 뜨듯이 마른 쑥을 태웠으리라고 나는 생각한다. 그렇게 되면 그 바깥쪽, 그러니까 정면正面에 복자卜字 모양의 선이 갈라져 조상兆象을 형성하게 된다. 문헌상의 기록에 의하면 그 살피는 방식이 매우 복잡한데 전체 조상兆象을 24가지로 대별하고, 또 한 가지마다 5종의 분류가 있어 전부 120체體의 구별이 생긴다. 또 120체에 또다시 색택色澤의 구별이 있고, 또 갈라지는 선의 대소명암大小明暗의 구별이 있어 매우 오묘한 분류방식에 의하여 길흉의 판단을 내린다. 그러나 실제로 점을 친 갑골의 실물을 분석하여 보면, 복자卜字의 세로선(착 부위)은 대체로 균일하게 나타나고 가로선(찬 부위)이 불규칙하게 나타나는데 이 정면에 나타나는 찬 부위의 가로선을 조기兆枝라 하는데, 이 조기의 형태를 보고 길흉을 판단했으리라고 생각된다. 그러나 이런 것은 결국 정인貞人(점을 치는 사람을 일컫는 말이다. 『역』의 원元·형亨·리利·정貞의 "정"도 이와 관련있을 것이다. 점인占人, 복인卜人, 복사卜師, 사史라고도 불린다)의 주관적인 판단에 의거하는 것이며 실제로 그것이 어떻게 행하여졌는지는 알 수가 없다. 정인은 불로 지지는 과정에서 점치는 사항을 기원하는 제식을 행하면서 그 바램을 조兆(갈라지는 금)에 싣는다. 그리고 재미있는 사실은 정면에 나타난 조문兆紋 주위에 그 조문과 중첩되지 않도록 복사卜辭를 새겨넣는다는 것이다. 이 복사가 바로 그 유명한 갑골문甲骨文이라는 것이다. 갑골甲骨이라는 뜻은 거북이 배딱지 외로도 소 어깨뼈牛肩胛骨 등이 쓰였기 때문이다. 이 복사는 4가지 부분으로 이루어져 있다. 간지로 나타낸 점을 친 날짜와, 점을 물은 사람과 점을 친 정인貞人의 이름을 나타낸 서사敍辭(또는 전사前辭라고 한다), 그리고 점을 물은 내용을 나타낸 명사命辭(또는 정사貞辭라고 한다), 그리고 조상兆象을 보고 길흉의 판단을 내린 내용에 해당되는 점사占辭, 그리고 해당사항이 점사대로 실현되었는지를 입증하는 역사적 사실의 기록인 험사驗辭가 있다.

갑골문은 청나라 광서 25년(1899), 뻬이징에서 벼슬하던 금석학자 왕 이롱王懿榮에 의하여 처음 발견되었고 그의 친구인 리우 어劉鶚(劉鐵雲)에 의하여 보존되어 최초의 갑골문수집록인『철운장귀鐵雲藏龜』(1903)가 출판됨으로써 세상에 널리 알려지게 되었다. 이 갑골문은 상나라 후기에 반경盤庚이 도읍을 은殷(바로 갑골문이 발견된 은허殷墟 지역. 하남성河南省 안양시安陽市 소둔촌小屯村 일대)으로 옮긴 이래 상왕조의 마지막 왕인 주왕紂王까지 12왕 273년간 상나라 왕실에서 행하여진 점복기록이다. 놀라운 사실은 이 갑골문의 해독내용과『사기』등 기존의 사료들의 내용이 일치한다는 것이다. 뿐만 아니라 상나라의 문화 전반, 정치·종교·사회 각 방면의 리얼한 원시자료를 포괄하며 특히 중국언어의 형성과정, 그 문법·발음·문자 등에 관하여 무진장의 보고를 제공하기 때문에 중국고대사연구에 획기적 지평을 열었다. 20세기 인류사 연구의 도약의 계기를 마련한 3대 고고학적 발견을 꼽으라면 첫째로는 갑골문의 발견, 둘째로는 사해문서와 나그 함마디 라이브러리의 발견, 셋째로는 마왕퇴 백서와 곽점 죽간으로 대표되는 간백簡帛자료의 출토일 것이다. 그러나 이러한 주제는 또 다른 방대한 주제이므로 더 이상 이야기하면 안될 것 같다.

"어느 분야에 접선이 되든지 선생님께서는 방대한 정보를 쉽게 집약적으로 요약해주시기 때문에 좀더 듣고 싶습니다만 참 안타깝군요. 이제 서筮에 관해서 말씀해주시죠."

── 지금 우리는『역』에 관한 이야기를 하다가 점占의 이야기를 아니 할 수 없었고, 점에는 복卜과 서筮의 두 종류가 있다는 것을 말하다가 복卜

에 관한 이야기가 길어진 것이다. 점占이 복卜에서 유래된 것이라는 사실은 "점占"이라는 글자를 보아도 알 수 있다. 복卜 밑에 입구口가 있는 회의자會意字인데 이것은 명백하게 복의 조상兆象을 보고 길흉을 판단한다는 뜻이다. 그런데 이 복卜의 방식은 준비과정과 판단과정이 너무 복잡하다. 우선 소뼈다귀는 중원에서도 쉽게 구할 수 있지만 거대한 거북이 배딱지는 북방에서는 구하기가 어려운 것이다. 그래서 남방에서 비싸게 구입해왔다. 구입한 내력에 관한 기록도 남아있는데 한 번에 수백 장, 혹은 천 장을 구매하곤 했다. 하여튼 이런 번거로움 때문에 "산가지筮竹"를 쓰는 "서筮"라는 새로운 점법이 발전하였고, 이것이 복법을 주로 하였던 상商나라를 뒤엎고 새로 개창된 주周나라의 점법이 되었기 때문에 우리가 보통 "주역周易"이라는 말을 쓰는 것이다.

이 산가지를 쓰는 방법은 제한된 수의 산가지를 수리적으로 조작하여 괘상卦象과 효사爻辭를 얻는 것이기 때문에 매우 간단하다. 사실이 "역易"이라는 의미에는 "변화Change"라는 뜻만 아니라 "간이簡易 Simple and Easy"라는 뜻이 있다.『주역』에서 이 "간이"라는 개념은 매우 중요하며 우주론적인 의미를 지닌다. 근세 물리학도 법칙의 세계를 추구해왔다. 현대물리학은 그것이 지향하는 법칙이 될 수 있는 대로 번거로운 제 법칙들을 통합하여 간결한 모습을 갖출 때 아름답다고 말한다.『주역』의 "간이"도 이런 물리학의 원천적 경지에 비유될 수 있을 것이다. "주역"의 "역"은 일차적으로 점법이 간단해지고 쉬워진 데서 생겨난 말일 것이다.

"산가지는 어떻게 조작되나요?"

— "서筮"라는 글자를 보면 대나무竹 밑에 무당巫이 있다. 점자가 대나무 가지를 앞에 놓고 점을 치는 것을 형용한 회의자이다. 점치는 방법은 아주 단순하게 말하자면, 우선 얇은 대나무 젓가락 같은 것 50개만 있으면 된다. 이 50개는 "대연의 수大衍之數"를 상징한다. 이 중에서 하나를 제껴놓고 그것은 시종 사용하지 아니 한다. 그 하나는 태극太極을 상징하는 것으로서 구체적 형태를 초월하는 것이다. 그래서 49개만 가지고 조작한다. 다음에 49개 뭉치를 무념무상으로 좌우 양손으로 나눈다. 좌수에 든 것은 하늘天을 상징하고 우수에 든 것은 땅地을 상징한다. 다음에 우수에 든 것 중에서 하나를 뽑아 좌수의 새끼손가락과 약지藥指 사이에 끼워둔다. 이것은 인人을 상징한다.

하여튼 이런 방식으로 조작해나가는데 이것을 다 설명하려면 엄청 많은 시간이 걸린다. 그리고 실제로 나 같은 사람의 지도를 받으면서 따라해보지 않으면 배우기 어렵다. 그런데 나는 이런 점법을 가르치고 싶지를 않다. 조선의 젊은이들이 나를 따라 점을 치는 것을 원치 않기 때문이다. 나는 젊은 시절에, 그것도 미국문화의 센터인 캠브릿지에서, 3년 동안 하루도 거르지 않고 이 산가지 점을 쳤다. 재미도 있었지만 『주역』이라는 문헌을 몸으로 실천적으로 이해해보기 위한 방편으로 해본 것이다. 그러나 내가 그 3년 동안의 생활에서 얻은 특별한 영감이라고는 아무 것도 없다. 고대인들의 삶을 이해하고 『주역』이라는 텍스트의 이해를 증진시켰을 뿐이다. 나의 박사학위논문이 주역에 관한 것이다.

"선생님! 너무도 억울합니다. 선생님만 점을 치시고, 우리는 왜 점을 안 가르쳐주시나요? 하시던 이야기를 끊지 말고 계속 해주시면 좋을 텐데 ……"

— 요즈음 젊은이들이 길거리 지나가다 무슨 포장을 쳐놓고 앉아있는 사람들 앞에서 점을 치곤 하는 광경을 흔히 볼 수 있는데 나는 그런 곳에서 자기 운명을 묻곤 하는 젊은이들에게 그런 짓을 삼가라고 말해주고 싶다. 공자도 사람된 자가 항상된 마음이 없으면 무당을 해서도 아니 되고, 의사가 되어서도 아니 된다고 말한 적이 있다(『논어』13-22). 덕이 항상스럽지 못한 사람들은 점을 칠 수가 없다는 것이다. 인간의 운명을 묻는다는 것, 즉 신의 의지를 규탐한다는 것은 그것을 묻는 자의 인격이 탁월한 덕성을 갖추고 있지 않으면 아니 된다. 그것은 돈 몇 푼 바라고 포장마차 속에 앉아있는 사람의 소관사항일 수가 없다. 왜 이 개명한 시대를 사는 젊은이들이 그런 우중충한 곳에 쭈그리고 앉아 스트레스 받는 소리를 듣기를 자처하는지 알 수가 없다.

내가 의원을 개원하고 있을 때였다. 아주 얌전한 부인이 나에게 계속 골치가 아프고 가슴이 두근두근 뛴다고 침을 맞으러 왔다. 아무리 치료해도 별 효험이 없었다. 그래서 내가 그 부인과 계속 상담을 해본 결과 놀라운 사실을 알게 되었다. 친구에 이끌리어 아주 용하다는 점쟁이에게 우연찮게 점을 보러갔던 것이다. 그런데 거기서 그만 끔찍한 소리를 듣고 말았다. 2년 후 몇 월 몇 일에 그녀는 반드시 죽을 운명이라는 것이다. 그 말을 들은 후로, 아무리 그 말을 무시하려 해도 무시할 수가 없었다. 그래서 그녀는 몰래 자기 삶을 정리하는 작업을 시작했다는 것이다. 은행장부부터 ……

하도 기가 차서, 내가 그녀의 사주에서 용신을 새롭게 뽑아내어 그해에 그녀의 운수가 대통한다는 운수를 풀어주었다. 그녀는 가슴에 뻘건 글씨로 쓴 부적을 지니고 있었다. 그 점쟁이가 이 부인에게 지속적으로 와서 부적을 받아가지 않으면 안된다고 으름장을 놓았던 것이다. 내가 즉석에서 그녀의 가슴에 있던 부적을 태워버리고 마침 가지고 있던 주사朱砂로 "지성무식至誠無息 만사형통萬事亨通"이라는 금문金文체 글씨를 예쁘게 써서 그녀에게 주고 그런 일은 전혀 없을 테니 안심하라고 일러주었다. 그 뒤로 그녀는 명랑해졌고 씻은 듯이 온갖 병이 다 사라졌다.

점을 치는 사람들은 이렇게 사람에게 해악을 끼치는 예언도 서슴치 않는다. 왜냐하면 그것은 어디까지나 예언일 뿐이고, 그 예언이 일어나지 않았을 때 당사자는 다행이라고 여기고 그 점쟁이를 고소하거나 원망하지는 않기 때문이다. 그래서 점쟁이는 자기의 말이 그럴듯하게 보이기 위해서는 좋은 말 나쁜 말을 잘 비빔밥을 만들어서 상대방에게 덮어씌우게 마련이다. 그러면 반드시 스트레스를 받는다. 갑골문에 나타나는 점의 내용을 보면, 제사나 전쟁이나 자연재해나 희생이나 여행, 수렵 등 국가대사에 관한 공적인 사태를 묻는 것이지 개인의 운수에 관한 것은 별로 없다. 그리고 그 점을 친 날짜와 내용과 관련된 사람의 이름을 기록하였기 때문에 그것이 위대한 역사기록의 가치를 지니게 된 것이다.

올해가 대선의 해이다. 그런데 모든 사람이 누가 대통령이 될 것이냐를 점만 치고 앉아있다. P가 될 것 같지만 될 리가 없다든가, A가 될 수도 B가 될 수도 C가 될 수도 있다는 식으로 막연하게 점만 치고 앉아있는 것이다. 이런 점은 백번 쳐봐야 당當과 락落이라는 두 가지 사태밖에는 없다. 문제는 A가 대통령이 되어야만 한다고 믿는다면, 그 신념의 정당성에 대한 치밀한 이론이 있어야 하고 그 믿음을 현실화시키는 구체적 실천에 헌신하는 치열한 삶이 있어야 한다는 것이다. 막상 치밀한 이론과 치열한 실천이 없으면서 방관자로서 점만 치고 앉아있는 사람들이 대부분인 현실 속에서는 검토되지 않는 대세에 떠밀려 또다시 역사를 유실케 되는 결과를 낳을 뿐이다. 미래의 운수를 믿지 말고 내가 지금 여기서 무엇을 해야만 할 것을 치열하게 고민하고 실천해야 하는 것이 청춘의 특권이다. 왜 시시껍쩍하게 점을 치려 하는가? 선거공학적 계산에 의한 점만 치고 앉아있으면서 바로 오늘 이 시점의 역사의 개혁과 진실과 감동을 외면하는 자는 결코 이 땅의 대통령이 될 수가 없을 것이다.

"선생님께서 점 얘기를 꺼내셨기 때문에 그냥 재미삼아 얘기해본 것뿐인데 ……"

— 나는 지금 점을 주제로 하여 이야기하고 있는 것이 아니다. 점이라는 인간의 행위로 말미암아 『역』이라는 특별한 세계관이 등장케 되었고, 그 『역』의 해석이 천지코스몰로지의 중핵을 형성하게 되었다는 것을 말하려 한 것이다. 우선 우리는 『역』이라는 문헌의 성격을 이해해야 한다. 고경이 항상 그러하듯이, 그 오리지날한 핵심부분을 "경經"이라 하고, 그 "경經"을 후대에 알기 쉽게 풀이하여 해석을 가한 것을 "전傳"이라 한다. 『주역』의 경우 "전傳"을 "익翼"이라고 표현하기도 한다. 경의 몸체를 펼쳐낸 날개라는 뜻이다. 우선 경은 다음의 4가지로 구성되어 있다. 처음에 괘상卦象이 있다. 그리고 이 괘상을 이름지우는 괘명

卦名이 있다. 그리고 이 괘의 전체적 성격을 설명한 괘사卦辭가 있다. 그리고 괘를 구성하는 효爻, 하나 하나를 설명하는 효사爻辭가 있다. 이 괘상·괘명·괘사·효사를 일컬어 진정한 의미에서 "역경易經"이라고 말할 수 있다.

이 4가지를 제외한 부분은 "역전易傳"이다. 역전을 보통 십익十翼이라 말하는데, 역사적으로 이 십익을 세는 방법은 여러 가지가 있었다. 그러나 지금은 대체로 1)단전상彖傳上 2)단전하彖傳下 3)상전상象傳上 4)상전하象傳下 5)계사전상繫辭傳上 6)계사전하繫辭傳下 7)문언전文言傳 8)설괘전說卦傳 9)서괘전序卦傳 10)잡괘전雜卦傳, 이 열 개의 전을 일컫는다. 그러니까 열 개가 정확하게 안되니까 단전·상전·계사전을 상하로 나눈 것이다. 그런데 상전에도 대상전大象傳과 소상전小象傳이 있는데 이것은 성격상 전혀 하나의 상전象傳 개념으로 묶이기에는 매우 이질적인 것이다. 재미있는 것은 마왕퇴 백서에서 새로운 전傳들이 발견되었다는 사실이다. 하여튼 전통적인 학설에 의하면 이 10전(=10익)을 모두 공자의 작으로 간주하였는데, 이 전은 확언컨대 공자의 시대에 성립한 문헌일 수가 없다. 그러나 십익이 공자의 작이라는 주장은 공자 이후에 『역』에 관하여 해설한 문헌을 공자와 연결시키려는 노력이 유교집단 내에서 지속적으로 있어왔다는 것을 방증하는 사례라고 볼 수 있다.

"그러니까 우리가 해야 할 일은 전傳에 앞서서 경經 그 자체를 명료히 이해하는 것이겠군요."

— 그렇다! 경 중에서도 제일 먼저 정확히 알아야 하는 것은 괘상卦象

그 자체이다. 괘명卦名은 역사적으로 변천을 겪었다는 것이 간백자료의 출토로서 명료하게 되었고, 괘卦의 나열 순서도 다양한 여러 방식이 있었다는 것이 입증되었다.

"괘상卦象이라는 게 무엇입니까?"

— 괘卦라는 것은 음--과 양—을 상징하는 두 개의 심볼로서 6자리를 쌓아올려 만든 도형이다. 이 도형은 한 자리에 음과 양이라는 두 개의 가능성밖에 없으므로 결국 2의 6승(2×2×2×2×2×2) 64개의 도상이 성립하게 된다. 서양의 유명한 철학자이자 수학자인 라이프니츠가 불란서 제수이트 신부의 소개로 『주역』의 시스템을 소개 받아 자신이 구상했던 이진법의 사례를 『주역』에서 발견하였던 것이다. 그것이 1701년 11월 4일의 사건이었다. 음효--를 0으로, 양효—를 1로 놓으면 0과 1, 이 두 개의 부호로써 모든 숫자를 표현할 수 있겠다고 라이프니츠는 쓰고 있다. 64괘는 우주전체를 가리키므로 이진법체계에 의하여 삼라만상을 다 담고 있는 오늘날의 컴퓨터시스템의 아키타입이 바로 『역』이라고 말할 수 있다. 내가 앞서 칸트의 12카테고리를 음·양이라는 하나의 카테고리로 환원시킬 수 있다고 말한 것도 이와 같은 원리에 기초한 것이다.

"왜 꼭 6자리이어야만 하나요? 64괘는 어떻게 만들어진 것입니까?"

— 물론 7자리도 가능하고, 8자리도 9자리도 가능할 것이다. 7자리면 괘상이 128개가 될 것이고 8자리면 256개가 될 것이고 9자리면 512

개가 될 것이다. 그러나 많아봤자 결국 뻔한 유한한 숫자일 뿐이다. 그리고 꼭 『역』이 6자리만 있는 것이 아니라 4자리 역도 있다. 전한 말기로부터 왕망王莽의 신왕조新王朝에 걸쳐 활약한 양웅揚雄, BC 53~AD 18이라는 사상가는 2진법 대신 천— 지-- 인---이라는 3진법의 역을 만들었다. 그러면 3진의 4자리가 되면 84(3⁴)개가 된다. 그는 괘 대신 수首라는 표현을 쓴다. 그리고 각 수에 6효 대신 9찬贊을 만들었다. 그의 역은 81수 729찬이 된다. 상당히 복잡하고 정교한 새로운 시스템이 만들어지는데 그는 이 시스템으로써 당시에 새롭게 개발된 태초력太初曆이라는 역법에 대응시키려고 하였던 것이다.

앞서 말했지만 동방인들은 천지를 무한하다고 생각하지 않았다. 모든 것은 순환구조를 지니는 유한한 기氣의 시스템이다. 순환이란 유한을 전제로 해서만 가능한 것이다. 무한은 순환하지 않는다. 이 유한한 시스템 내에서의 생성이 무한한 것이다. 주역은 바로 이러한 유한 내의 무한구조를 말하려고 한 것이므로, 도상을 과도하게 많이 만들거나 복잡하게 만들 필요가 없었다. 그리고 음·양이라는 기초개념이 확립하게 되면 그 기초개념에서 우선적으로 도달하는 개념이 8괘八卦라는 것이다. 「계사」상전에 보면 이와 같은 말이 있다: "역유태극易有太極, 시생양의是生兩儀, 양의생사상兩儀生四象, 사상생팔괘四象生八卦, 팔괘정길흉八卦定吉凶, 길흉생대업吉凶生大業。"

역은 우주의 변화이다. 그 변화에는 태극이라는 거대한 순환체계가 내포되어 있다. 태극은 유有의 세계에 내재하면서도 유의 세계를 벗어나는 것이다. 그래서 한강백韓康伯은 태극을 "무칭지칭無稱之稱"이라고 했다. 즉 인간의 언어개념으로 포착될 수 없는 무분별의 전체상이라는 뜻이다. 이 무분별의 전체가 분별된 기의 사회로서 우리 인식에 드러나는 가장 원초적 계기가 바로 양의兩儀 즉 음·양이라는 것이다. 이 양의兩儀는 모든 분별의 단초에 내재하는 것이다. 실상, 플라톤의 『국가론』이나 요한복음에서 말하는 빛과 어둠은 초월적 의미를 제거하면 음·양의 다른 표현일 뿐이다. 그런데 남·녀와 음·양이라는 개념 사이에는 거대한 갭이 있다. 남·녀는 구체적 물상에 대한 일반명사이다. 그러나 음·양은 우주적 원리로서의 추상적 심볼리즘이다. 남·녀에서 음·양으로의 도약은 거대한 사유의 진화가 있지 않으면 아니 된다. 이것이 바로 춘추말에서 전국 중기에까지 걸쳐서 일어난 중국문명의 사상혁명을 전제로 하지 않으면 이해될 수 없는 개념이다. 음– –과 양––이라는 상象은 최초에 남녀의 성기를 상징한 것일 수도 있다. 작대기 같이 생긴 "––"은 수컷의 성기이며, 가운데 구멍이 뚫린 "– –"은 암컷의 성기라는 것은 쉽게 생각할 수 있다. 그러나 성기와 도상은 전혀 차원이 다르다. 도상은 앞서 말했듯이 1, 0과도 같은 수학의 원리로의 도약을 의미한다. 이미 구체적 물상의 본이라는 의미를 초월하는 것이다.

이 음과 양이라는 도상이 두 자리를 차지하면 곧 사상이 만들어진다. 이것이 곧 "양의생사상兩儀生四象"의 뜻이다. 이제마는 자신의 의학원리를 이 사상에 기초하였다. 사상은 ▬ ▬ ▬ ▬의 모양이 되는데, 각기 차례대로 노양老陽(태양太陽)·소음少陰·소양少陽·노음老陰(태음太陰)이 된다. 그 다음 단계가 세 자리의 도형이다. 이것이 "사상생팔괘四象生八卦"의 의미이다. 태양 위에 음효와 양효를 하나씩 더하면, ▬ ▬가

될 것이다. 이렇게 차례대로 더해가면 소음에서는 ☳ ☶, 소양에서는
☴ ☵, 태음에서는 ☷ ☷가 생겨나게 된다.

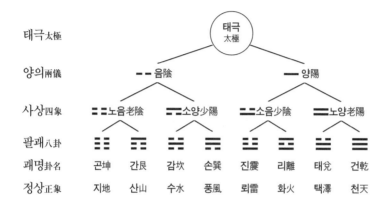

우리가 보통 팔괘八卦라고 하면 이 세 자리 도형을 말하는 것이다.
영어로는 "trigram"이라고 번역되기 때문에 세 자리의 의미가 드러난
다. 64괘의 괘는 여섯 자리의 도형이다. 그래서 "hexagram"이라고 번
역된다. 사실 64괘는 8괘를 아래위로 중첩시킨 것이다(8×8=64). 그러
니까 64괘는 8괘로 요약될 수 있다. 아래 세 자리를 하괘下卦 혹은 내
괘內卦라 하고, 위 세 자리를 상괘上卦 혹은 외괘外卦라 하는데, 상·하
괘가 모두 8괘중의 하나가 들어 앉게 되어있다. 따라서 64괘의 전체
괘상의 설명은 항상 8괘의 심볼리즘에 기초하여 이루어진다. 8괘를
분석하여 보면, 순양인 건괘가 있고, 순음인 곤괘가 있다. 이것은 천과
지를 상징하는 동시에 부모를 상징한다. 장횡거의 「서명西銘」 개두開頭
의 웅혼한 문장은 이런 『역』의 세계관의 구조를 너무도 극명하게 표현

하고 있다: "하늘 건乾을 아버지라 부르고, 따 곤坤을 어머니라 부른다. 나는 그 사이에서 배태되어 태어났고 엄마와 아버지가 혼연일체를 이룬 한 몸속에서 살고 있다. 그러므로 하늘과 땅 사이에 가득찬 것이 나의 몸體이며, 하늘과 땅의 운행의 기를 거느리는 것이 나의 본성이다. 모든 사람은 나와 탯줄을 같이하고, 모든 물체는 나와 더불어 같이한다. 乾稱父, 坤稱母。予玆藐焉, 乃混然中處。故天地之塞, 吾其體; 天地之帥, 吾其性。民, 吾同胞; 物, 吾與也。"

"선생님! 정말 웅장하군요. 기독교가 말하는 사랑의 메시지보다 훨씬 더 구체적이면서 보편적인 일체감의 복음이 들어있군요. 서양사람들이 도저히 상상할 수조차 없는 근원적인 사유가 이 주역적 세계관 속에 들어있군요. 저는 '동포同胞'라는 말이 그냥 한 민족 한 핏줄이라는 뜻으로만 알아왔는데, 선생님의 말씀을 듣고 보니까 하늘과 땅 사이에서 태어난 모든 인人과 물物이 나와 탯줄을 공유하는同胞 한 몸이라는 뜻이군요. 민족주의를 초월할 뿐만 아니라 인간중심주의의 모든 폭력을 초월하는 거대담론이면서도 매우 가슴에 파고드는 구체적인 가치체계가 충만하게 느껴집니다. 참 대단합니다."

— 너의 감수성은 참으로 놀랍다. 그렇게 느낄 줄 아는 인간이 되기를 바란다. 자! 이제 8괘를 분석해보자. 순양, 순음의 건·곤괘를 제외하고 나면 나머지 6괘는 2음1양(☳ ☵ ☶)짜리가 3개, 2양1음(☴ ☲ ☱)짜리가 3개이다. 그런데 3효 중에서 하나만 있는 것이 그 효를 지배하는 중심이 된다. 그러니까 진震☳에 있어서는 제일 아래의 제1효가 중심이 된다. 「설괘전說卦傳」은 이러한 8괘의 심볼리즘을 논구한 중요한 문헌인데 거기에 보면 건괘에서는 딸들이 태어나고 곤괘에서 아들들이 태

어나는 것으로 되어있다. "색索"이라는 말이 자기와 반대되는 성을 추구한다는 의미가 된다. 곤괘에서 1색은 진震☳, 2색은 감坎☵, 3색은 간艮☶이 되는데, 각기 장남長男, 중남中男, 소남少男이 된다. 건괘에서 1색은 손巽☴, 2색은 리離☲, 3색은 태兌☱가 되는데, 각기 장녀長女, 중녀中女, 소녀少女가 된다.

그리고 건乾☰은 하늘을 상징하는 강건한 기상이 있기에 건健이라 했고, 곤坤☷은 땅을 상징하는 부드럽고 포용적 기상이 있기에 순順이라 했다. 진震☳은 일양一陽이 두 음 밑에서 새롭게 태동되고 있기 때문에 동動이라 했고, 제우스의 번개와도 같은 뢰雷의 기상이 있다. 실제로 "제帝는 진震에서부터 나온다帝出乎震"는 표현이 있다. 손巽☴은 강력한 두 양을 치고 솟아오르는 음이 밑에 있다. 이 음은 양을 발산시키는 바람風이다. 감坎☵은 내부의 일양一陽이 밖의 이음二陰에 폭 싸여 있다. 안은 강하고 밖은 부드럽다. 이것이 곧 물水의 상징이다. 물 속에는 반드시 불이 들어있는 것이다. 이것이 비雨의 상징이며 만물을 윤택하게 한다. 리離☲는 양기가 외곽을 싸고 있고 음이 그 속에 자리잡고 있어 내부가 공허하고 촉촉하다. 이것이 곧 불火의 형상이다. 불 속에는 반드시 물이 들어있다. 이것은 만물을 따사롭게 한다. 간艮☶은 음의 진행을 위에서 양이 막고 있다. 이것의 속성은 지止이며, 산山의 상징이다. 태兌☱는 양기가 강성하게 돌진해 올라오는 것을 위에서 음이 부드럽게 유화시키고 있다. 그래서 사물을 기쁘게 만드는 열說의 속성이 있으며 음이 위에 자리잡고 있으니 연못澤의 상징이다.

兌 ☱	艮 ☶	離 ☲	坎 ☵	巽 ☴	震 ☳	坤 ☷	乾 ☰
澤	山	火(日)	水(雨)	風(木)	雷	地	天
少女	少男	中女	中男	長女	長男	母	父
說	止	麗	陷	入	動	順	健
說	止	昍	潤	散	動	藏	君

이러한 설명들이 매우 구차스럽고 임의적으로 들릴 수도 있겠으나 동방인들은 이데아적 기하학의 관념으로 세상을 바라보지 않았다. 그래서 도상의 의미를 현상과 연결시켰다. 이러한 설명은 비록 깔끔하지 않다해도 변화의 현상세계를 설명하는 도식으로서는 매우 근원적이고 포괄적이며 합리적이다. 몇 개의 도상으로써 우주현상의 기본적인 요소들을 설명하고 그것과 관련지어 인생의 가치를 정합적으로 해설하려는 것이다.

"선생님의 말씀대로 괘상 그 자체는 매우 수학적이고 도식적이고 칸트의 말대로 순수한rein 것인데, 그 심볼리즘의 설명방식은 조금 임의적이고 우연적이고 논리적이지만은 않다는 느낌이 듭니다. 좀 찜찜합니다."

— 그대들이 너무도 수학적이고 이성적이고 합리적인 교육을 받아서 "현상론적 사유"를 하지 못한다는 데 문제가 있다. 인간은 수학이 아니다. 인간은 필연이 아니다. 인간은 순수하지 않다. 인간의 삶은 순수한 형식으로만은 설명될 길이 없다. 인간은 혼란스러우며 자유의 혼돈 속에서 방황하며 행위의 미래를 예측할 수 없다. 인간은 결코 프로그램대로 움직이지 않는다. 『주역』의 저자는 이러한 인간의 문제를 종합

적으로 파악하고 있었다. 모기를 한번 보자! 모기의 행동역정을 물리학의 역학법칙처럼 필연으로 설명할 길은 없다. 왱왱거리는 모기 한 마리와 좁은 방구석에서 밤새도록 일대 전투를 벌여도, 고도의 지능과 식견과 체험과 기하학적 이성을 지닌 철학자가 무릎을 꿇고 말 때가 한두 번이 아니다. 어떻게 그다지도 판단력이 발달해있는지, 칸트가 말하는 제3비판의 판단력Urteilskraft의 완성자라는 예찬을 모기에게 헌정치 않을 수 없다.

감성과 오성을 매개하는 판단력이 이 철학자보다 더 빠르고 정확하다. 어떻게 그렇게 교묘하게, 발견할 수 없는 공간을 골라 숨는지, 그리고 나의 허점이 드러나는 오묘한 타이밍을 골라 공격을 개시하는지, 그리곤 또다시 바람같이 사라져버리는 모기의 두뇌에 칸트가 말하는 오성의 12범주가 부재한다고 주장할 자신이 없어진다. 칸트도 다윈도 이러한 질문에 확답을 내릴 수는 없다. 제3종숙주終宿主인 인간의 소장에서 시스트를 깨고 나온 메타세르카리아metacercaria라는 간디스토마Clonorchis sinensis의 유충이 어떻게 그 광막한 인간 몸의 우주에서 어김없이 간장 내의 담관지膽管枝에 안착하는지 그 내비게이션의 비법을 알려주는 과학의 정보는 아직도 부재하다. 천신만고 끝에 인간의 간에 보금자리를 마련한 흡충의 성충은 그곳에서 자그마치 20년 이상을 산다. 자웅동체인 그는 몇 초 간격으로 알을 끊임없이 생산한다.

어릴 적 나의 어머니께서는 정원에 숲과 호수가 어우러지는 매우 아름다운 미니어쳐를 만들어 놓으셨다. 그 그윽한 공간을 가로질러 하룻밤 사이에 영롱한 보석이 아롱지는 그물망을 만들어 놓은 거미의 지혜를 어린 나는 경이롭게 바라보았다. 나는 그 거미의 경탄스러운 행위를 단순히 어떤 본능적 감성의 소위所爲로만 환원시킬 수는 없었다. 거미는 분명 계량·계측의 도사일 거야! 수학시험을 만점 맞겠다. 거미에게도 기하학적 이성의 판단력이 분명 있을 거야! 망의 간선을 연결한 나선상의 규칙성은 자신의 몸의 특성을 활용한다 할지라도 지지대 노릇을 하는 최초의 종사縱絲와 횡사橫絲의 설치기술의 다양한 방식은 도무지 맹목적 감각의 움직임이라고만 진단하기에는 우리가 판단력이 미치지 못하는 우주적 오성이 작동하고 있다고 말해도 그리 잘못된 이야기는 아닐 것 같다.

그러나 우리가 아무리 이 미미한 생물들의 오묘한 느낌의 세계에 이성의 권위를 부여해준다 할지라도 이들의 삶은 인간에 대비하여 말한다면 필연이라고 말할 수밖에 없다. 모기의 평균수명은 수컷은 1주, 암컷은 2주 정도라고 한다. 모기의 머릿속에 든 신경세포의 수는 10만 개 정도에 불과하다. 150억에서 300억 개에 이르는 뉴런의 시냅스들이 네트워크를 이루고 있는 인간의 두뇌에 비하면 역시 단순하다. 겨우 며칠이라는 기간 내에 자신의 생활사를 성공적으로 수행하는 유일한 방법은 태어날 때부터 알을 낳는 마지막 행동을 하기까지 유전자들이 짜놓은 엄격한 행동순서를 신속하고 오류 없이 펼치는 길뿐이다. 모기는 날카로운 침으로 나의 피부를 뚫는 작업을 포기하지 않는다.

이러한 모기에 비한다면 인간은 원수를 사랑할 수도 있고 생식의 기회를 스스로 포기할 수도 있다. 인간은 유전자 결정론으로 설명될 수 없는 혼돈스러운 자유를 구가한다. 언어 이후의 문화적 진화는 대부분 DNA가 미칠 수 없는 자율의 영역에 속한다고 보아야 한다.

『주역』이라는 문헌은 기본적으로 필연과 우연, 질서와 혼돈의 병존이라는 특이한 구조를 지니고 있다. 음--과 양—을 기본단위로 하는 여섯 자리의 헥사그램(괘卦)은 지극히 수학적인 필연의 세계이다. 그것은 매우 단순하며 그것들 사이의 어떠한 관계도 수학적으로 명료하게 계산해낼 수 있다. 한 괘는 여섯 효로 이루어져 있는데『역』에서는 반드시 아래로부터 위로 세어 간다. 제일 아래 있는 효가 제1효가 되고 제일 위에 있는 효가 제6효가 된다. 음효는 6이라는 숫자로 표시하고 양효는 9라는 숫자로 표시한다. 둔屯䷂괘를 예로 들면, 맨 아래 있는 효는 초구初九라고 부르고, 그 다음부터 차례대로 육이六二, 육삼六三, 육사六四, 구오九五,
상육上六이라고 부른다. 그런데 홀수자리, 그러니까 1·3·5의 자리는 양위陽位라 하고, 짝수자리 2·4·6의 자리는 음위陰位라고 한다. 양위에 양효가 오고 음위에 음효가 오면 정正(위가 바르다) 혹은 당當(위가 맞았다)이라 한다. 양위에 음효가 오고, 음위에 양효가 오면 부정不正 혹은 부당不當이라는 표현을 쓴다. 앞서 예로 든 둔屯䷂괘를 가지고 얘기를 하자면, 초구는 당이고, 육이도 당이고, 육삼은 부당, 육사는 당, 구오는 당, 상육도 당이다. 제3효만 부당이고 나머지 효는 모두 당이다. 그런데 이 당·부당을 64괘 384효 전체를 놓고 생각해보면 그 반인 192개 효가 당이고, 부당 또한 그 반인 192개 효가 될 수밖에 없다. 이와 같이 상수의 관계는 매우 수학적이고 필연적이라는 것이다.

그런데 괘상의 수학적 세계와는 달리 괘 전체를 설명하는 괘사卦辭

가 있고, 각 괘의 6효마다 효사爻辭라는 것이 붙어있다. 그러니까 괘사 卦辭는 64개가 있고 효사爻辭는 384개가 있다. 그런데 "사辭"라는 것 은 인간의 언어이다. 언어는 도저히 법칙화될 수 있는 것이 아니다. 언 어의 문법적 형식은 도식화가 가능할지 몰라도 그것이 소기하는 의미 내용은 필연과는 거리가 멀다. 럿셀과 화이트헤드는 수학의 모든 원리 가 인간의 언어의 형식으로 환원될 수 있다는 신념을 가지고 『프린키 피아 마테마티카Principia Mathematica』(1910~13)라는 방대한 저작을 공들 여 썼다. 수학의 모든 공리들이 순수한 형식논리의 공리들로서 대체될 수 있다는 것이다. 그러나 이들의 노력은 실패했다고 볼 수 있다. 지금 어느 수학자도 수학의 원리를 알기 위해 『프린키피아』를 읽지는 않는 다. 그들의 프로그램은 집합을 그 자신의 특별한 공리에 종속되는 독 립적 실체로서 인정해야만 하는 요구를 충족시키지 못했다. 집합의 공 리들은 궁극적으로 인간의 언어의 공리로 환원될 수 있는 성질의 것 이 아니다.

인간의 언어를 근본적으로 수학을 지배하는 원리와 동차원의 것으 로 환원시킬 필요는 없는 것이다. 이들의 수학원리규명은 실패했다 해 도 이 작업의 성과로서 얻는 기호논리학은 20세기 분석철학을 지배했 다. 그러나 나는 감히 말한다. 기호논리학이 풀어낸 인간의 문제는 아 무 것도 없다. 그것은 인도유러피안 언어의 구조 내에서 파생된 문제의 식들의 명료화과정clarification process은 될 수 있을지언정 철학적 문제 를 해결할 수 있는 것은 아니다. 어느 중이 조주趙州 종심從諗, 778~897? 에게 물었다: "달마 조사가 서쪽에서 왔다는 뜻은 무엇이오니이까? 如 何是祖師西來意?" 이에 조주는 대답했다: "뜰 앞의 잣나무! 庭前柏樹子。"

이들의 언어에 대하여 무슨 형식논리학의 계산을 할 것인가? 과연 그러한 논리학이 이들의 문제의식의 오류를 지적할 수 있을 것인가? 20세기 서양철학은 언어가 표방하는 물리적 세계의 저차원에 머물렀다. 그것은 실상 철학의 영역이 아니라 물리학의 영역이다. 물리학이 더 잘 해먹을 수 있는 동네라는 뜻이다.

고양이에게 불성이 있는가 없는가? 스님들 사이에서 열띤 논쟁이 벌어졌다. 남전南泉 스님, 748~834이 들어오시더니 고양이를 단칼에 반토막을 내어버렸다. 남전의 수제자 조주趙州가 그날 저녁에나 돌아왔다. 낮에 고양이 소동이 있었다는 것을 뒤늦게 알았다. 남전은 조주에게 물었다: "너 같으면 어떻게 했겠느냐?" 조주는 아무 말도 하지 않고 짚신을 벗어 머리에 이고 나가버렸다.州便脫草鞋, 於頭上載出。 남전 화상은 뇌까린다: "조주가 그 자리에 있었더라면 고양이의 목숨을 구했으련만······ 子若在, 恰救得猫兒。"

주석가들은 이에 대하여 논리적이고도 합리적인, 그러니까 인과관계가 확실한 언어의 고리에 의하여 설명을 하려 한다. 그러나 그러한 설명은 남전이나 조주가 말하고 또 듣고 싶어하는 내용이 아니다. 침묵하는 것이 좋다.

예를 들어보자! 둔屯☵☳괘의 초구에도 물론 효사가 붙어 있다. 그런데 그 효사의 내용은 이와 같다: "우물쭈물 머뭇거려라. 나대지 말고 편안히 지내는 것이 좋다. 제후를 세우는 것이 좋다.盤桓。利居貞。利建侯。"

그대는 과연 이 언어가 조주가 짚신을 머리에 이고 나가버린 행동과 무엇이 다르다고 생각하는가?

둔屯이라는 괘상의 초구 그 자체의 상징성은 매우 수학적인 결론이다. 그것은 일치의 반칙도 허용하지 않는 필연적 상수의 세계이다. 그런데 그 초구라는 효를 설명하는 언어는 정전백수자庭前柏樹子 이상의 논리적 인과를 제시하지 않는다. 물론 초구의 위상位相에 대한 그 암호와 같은 언어들을 그 위상이 가지고 있는 상수象數적 논리와 결부시켜 치열하게 해석하는 많은 시도가 있다. 그러나 내가 생각하기에는 그러한 시도는 결국 "귀에 걸면 귀걸이 코에 걸면 코걸이" 이상의 아무 것도 아니다(나는 언젠가 이 상수의 원리와 괘사·효사의 언어를 관련지우는 총체적『주역』의 주석을 완성할 것이다).『주역』은 이와 같이 필연의 세계와 우연의 세계가 공존하고 맞물려 있는 세계라 말할 수 있다.

"괘상의 수학적 세계와 그것을 설명하는 괘사·효사의 언어와의 사이에 필연적 관계가 없다는 말씀이군요."

— 그렇다! 그것이 만약 필연적인 논리체계로 관계설정이 명확하게 되어있다면『역』은 생명이 없는 것이다. 무가치한 휴지쪽이 되고 만다. 그리고 우리의 인생도 재미가 없어진다. 요즈음 대선 후보 중의 한 사람이 어렵게 역점을 쳐서 둔괘의 초구를 얻었다고 하면(산대 조작과정에서 최후로 하나의 괘를 얻는데 그것을 본괘本卦라 하고, 그 본괘 중에서 하나의 효가 변효變爻가 된다. 그 변효의 효사가 점치는 사람이 구하는 답이다. 그러나 이 말은 역점을 숙지해야만 이해되는 것이다) 그는 기분이 되게 좋을지도 모르겠다.

"건후建侯"라는 말이 있으니 "대통령에 당선된다"는 암시를 내포한다고 말할 수 있기 때문이다. 둔괘䷂의 하괘만 떼어내면 진震☳괘가 된다. 이것은 번개의 형상이며 양이 음을 치고 솟아오르는 동動의 속성을 지닌다. 동물로서는 용龍의 형상이다. "둔屯"이라는 말 자체가 생성의 곤란, 즉 창조의 고통을 나타내며, "싹틈"이란 의미가 있다. 위의 두 음효를 생계가 찢겨 암울하게 고통받는 민중들을 상징한다고 하면 제일 아래의 양효는 그 민중들 속에서 민중을 떠받치고 있는 동動의 기운이 될 것이다. 게다가 양위에 양효가 왔으니 득위得位의 효이며 당當이다. 그것은 민중에 의하여 지도자로서 추대되는 형상으로 해석할 수도 있다. 그러기에 "제후를 세우는 것이 좋다利建侯"라고 효사가 말한 것이다. 이런 나의 풀이를 대선후보가 들으면 되게 기분좋을 것이다. 그렇다면 과연 그 사람은 이 점괘를 얻어 대통령이 될 것인가? 이에 대한 나의 대답은: "정전백수자庭前柏樹子!"

"우리의 삶은 결국 우연이라는 말씀입니까?"

— 반드시 그런 메시지를 궁극적 답안으로서 제시하기 위하여 내가 이 방대한 논의를 하고 있는 것은 아니다. 근원적으로 우리의 삶 속에서는 우연과 필연의 이분법적 사유가 융해融解되어 버릴 수밖에 없다는 것을 말하려는 것이다. 우리 삶의 필연은 칸트가 말하는 순수한 필연일 수가 없다는 것이다. 우연도 완벽한 자유의지의 시발점이 될 수 있는 우연이 아니다. 협애한 인과론의 형식논리에 의하여 우리 삶을 이해해서는 아니 되며 연기론적 총상 속에서 우연과 필연을 해소시켜야만 하는 것이다.

"말씀이 좀 어렵습니다. 좀 쉽게 말씀해주실 수 있겠습니까?"

— 자아! 요즈음 젊은이들의 생츄어리라 할 수 있는 홍대 앞 번화가 어느 고즈넉한 골목에 문글로우Moon Glow라는 째즈바가 있다. 내 친구이며 우리나라 째즈 아티스트 제1세대 그룹에 속하는 신관웅 선생이 운영하는 바이다. 한국의 브에나 비스타 소시알 클럽Buena Vista Social Club이라고 할 수 있는 곳이다. 그 외에도 우리나라에 째즈클럽들이 사방에 많다. 그리고 매우 우수한 젊은 째즈 뮤지션들이 많다. 요즈음 실용음악이 인기를 끌면서 더욱 많은 째즈 뮤지션들이 생겨나는 것 같다. 내가 아주 친아들처럼 사랑하는 조윤성군은 미국에서 활약하는 인물인데, 째즈 역사의 전설이라고 말할 수 있는 마일즈 데이비스Miles Davis의 퀸텟quintet의 멤버였던 피아니스트 허비 행콕Herbie Hancock의 제자이다. 윤성이의 아버지가 조상국이라는 탁월한 드러머인데 신관웅과 함께 한국 째즈 1세대에 속한다. 윤성이의 피아노 소리를 듣고 있으면 나는 정말 심오한 감성이 펼쳐내는 광막한 황홀경의 자유로운 여행을 떠난다. 째즈는 자유! 그 한마디라고 말할 수 있다. 째즈는 즉흥성improvisation을 생명으로 한다. 악보가 앞에 있지 않다는 의미에서 그 선율은 기본적으로 정해진 이데아를 전제로 하지 않는다. 즉흥연주라는 것은 사전의 숙고premeditation가 없이 손가는 대로, 느낌이 흐르는 대로 연주하는 것이다.

루이 암스토롱Louis Armstrong의 말을 빌리면 "아무 스케일이나 잡으면 그것이 스스로 울부짖게 만든다taking a scale and making it wail"는 것이다. 그러면서도 째즈는 자유 속에서 놀라운 협동collaboration을 달성한다. 째즈는 일견 우연의 자유로운 흐름이라고 말할 수 있다. 따라서 클래식음악에서와도 같은 실수라는 것이 존재할 수 없다. 순간의 실수를 창조로 전환시켜 나가는 예술이라고 말할 수 있다. 째즈에는 정해진 멜로디도 없고 틀에 짜여진 박자도 파괴될 수 있다. 음악의 3요소인 멜로디, 리듬, 화성이 모두 유동적이다. 그럼 혹자는 이렇게 말할지도 모르겠다. 아무렇게나 치면 째즈가 될 거가 아니냐? 그러나 어린애가 기저귀 엉덩이로 건반 위에 앉는다고 째즈가 되지는 않는다.

째즈는 우선 기존의 엄격한 배음관계에 의한 화성의 법칙을 따르지 않는다. 전통적인 협화음consonance과 불협화음dissonance의 개념을 바꾼다. 보통 음정이 단2도, 혹은 장2도가 되는 두 음은 불협으로 간주된다. 그러나 우리는 "불협"의 개념을 바꿀 수도 있다. 그 두 음은 잘 안 어울려서 불협화음을 내는 것이 아니라 너무도 잘 어울리기 때문에 와글거리는 것으로 생각할 수도 있다. 째즈는 불협을 협으로 만드는 많은 기술들을 개발했다. 그것은 전통적 화성학의 한계를 뛰어넘는 것이다. 째즈는 보통 도·미·솔과 같은 5도화음을 쓰지 않고, 도·미·솔·시와 같은 7도화음을 쓴다. 네 개를 동시에 짚어야만 화음의 배리애이션의 폭이 넓어지기 때문이다. 도와 미 사이는 장3도이며 미와 솔 사이는 단3도이며 솔과 시 사이는 장3도이다. 이러한 장3-단3-장3의 화음을 메이저 쎄븐쓰 코드major 7th chord라고 하는데 이 코드를 완전4도씩 진행시키면, C→F→Bb→Eb→Ab→Db→Gb→B→E→A→D→G→C의 12개 메이저 쎄븐쓰 코드의 싸이클이 만들어진다. 이 4도의 싸이클the Cycle of Fourths이야말로 모든 째즈의 루트 무브먼트root movement라고 말할 수 있다(위에서 아래로 내려가는 것으로 계산하면 5도씩 진행한다. 그래서 5도권 싸이클이라고도 한다). 그런데 이 4도권싸이클은 어디서 시작하든지 "Ⅱ-Ⅴ-Ⅰ"이라는 째즈 화음의 기본진행이 된다. C-F-Bb이든 F-Bb-Eb이든 모두 "Ⅱ-Ⅴ-Ⅰ"의 진행이 된다. 이 12개의 메이저 쎄븐쓰 코드의 간격들을 조절하면 도미넌트dominant, 마이너minor, 해프 디미니쉬드half-diminished, 디미니쉬드diminished의 코드가 만들어지는데 이것만으로도 60개(12×5=60)의 코드가 된다. 이 60개의 코드를 자유자재로 활용하는 능력이 째즈 아티스트의 기본이다. 이것을 활용하여 다른 코드진행과 화성의 변양을 만들어내는 방식은 무궁무진하다.

내가 말하려고 하는 것은 째즈 음악의 모든 요소들은 지극히 우연적이고 즉발적이고 예측불허한 것 같이 보이지만 그것을 지배하는 음의 법칙은 매우 제한된 수학적 틀을 가지고 있다는 것이다. 다시 말해서 째즈 속에는 『역』이 들어있다는 것이다.

"프리 째즈의 즉발적 진행에도 『주역』 64괘와도 같은 제한된 코드가 있다, 다시 말해서 모든 우연은 필연을 바탕으로 하고 있다, 그러니까 생명의 세계에는 이런 필연과 우연의 요소가 양립하고 있다, 그런 말씀이신가요?"

─ 그렇다! 그러나 신중히 생각해야 할 것은 "바탕으로 하고 있다"는 말이다. 필연은 통제가능한 제한된 법칙의 세계라는 뜻일 뿐, 그것이 어떤 초월적 의미를 가지는 것은 아니다. 그러나 그러한 제한된 법칙의 요소들의 상호관련에서 발생하는 세계는 무한히 다양하다는 것이다. 니체가 영겁회귀를 단순한 반복으로 본 것은 참으로 애석한 것이다.

THE TWELVE MAJOR 7th CHORDS

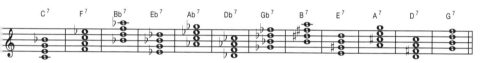

C Ma⁷   F Ma⁷   Bb Ma⁷   Eb Ma⁷   Ab Ma⁷   Db Ma⁷   Gb Ma⁷   B Ma⁷   E Ma⁷   A Ma⁷   D Ma⁷   G Ma⁷

THE TWELVE DOMINANT 7th CHORDS

C⁷   F⁷   Bb⁷   Eb⁷   Ab⁷   Db⁷   Gb⁷   B⁷   E⁷   A⁷   D⁷   G⁷

THE TWELVE MINOR 7th CHORDS

C mi⁷   F mi⁷   Bb mi⁷   Eb mi⁷   Ab mi⁷   Db mi⁷   Gb mi⁷   B mi⁷   E mi⁷   A mi⁷   D mi⁷   G mi⁷

THE TWELVE HALF-DIMINISHED CHORDS

C∅   F∅   Bb∅   D#∅   G#∅   C#∅   F#∅   B∅   E∅   A∅   D∅   G∅

생명의 모든 순환에서 반복이란 있을 수 없다. 째즈코드의 순환 속에도 화성이나 스케일을 진행시키는 방식은 무궁무진하다. 아주 쉽게 말하자면 피아노 건반은 매우 제한된 것이지만 거기서 발생하는 멜로디, 리듬, 화성의 세계는 무한의 변주가 가능하다. 필연과 우연, 필연과 자유는 서로 연결되어 있는 연속적 일체이지, 그것이 2원론적으로 유리되어 있는 것은 아니다.

"생명현상도 그러한 방식으로 설명할 수 있나요?"

— 물론이다. 왓슨과 클릭이 DNA의 더블 헬릭스 분자구조를 밝혀냈다는 것 자체가 무한히 다양한 생명현상의 근본에는 지극히 단순한 핵산의 염기배열이 있다는 것이다. 오래 전부터 유기체의 복제와 유지를 가능케 하는 핵심적인 유전정보가 핵 속의 염색체chromosome에 있다는 것은 알았으나 그 염색체의 구조를 밝혀내진 못했다. 염색체는 핵산과 단백질로 되어 있는데, 이 핵산이 바로 DNA(deoxyribonucleic acid)라는 것이다. 이 DNA는 두 가닥의 뉴클레오티드nucleotides 사슬로 이루어져 있다. 뉴클레오티드라는 것은 질소를 포함한 퓨린purine 혹은 피리미딘pyrimidine 염기가 당과 인산염그룹에 부착되어 있는 유기화합물을 말한다. 당이 리보스ribose가 되면 RNA라 하고, 당이 디옥시리보스deoxyribose가 되면 DNA라 한다. 그런데 DNA의 질소염기 중 퓨린계에는 아데닌adenine(A)과 구아닌guanine(G)의 두 종류가 있고, 피리미딘계에는 시토신cytosine(C)과 티민thymine(T)의 두 종류가 있다.

그런데 재미있는 사실은 왓슨·크릭의 DNA모델이 밝혀지기 전에도 한 생물의 세포핵 속에 들어있는 퓨린과 피리미딘의 양이 항상 동일하다는 것은 알고 있었다. 그러니까 세포핵 속에 들어있는 A의 양은 T의 양과 같고, C의 양은 G의 양과 같은 것이다. 이것은 분자의 지루하도록 반복적인 통일성을 암시하는 것이다. 이것은 A는 T하고만 결합하고 C는 G하고만 결합한다는 것을 의미한다. 그러니까 A와 C, G와 T는 연결되지 못하는 것이다. 이것은 A와 T, C와 G 사이에서만 수소결합을 형성하기 때문이다. 이 염기결합으로 왜 DNA의 A와 T, C와 G의 양이 똑같은지를 알 수 있게 된 것이다. 이로써 DNA복제의 비밀도 저절로 풀리게 된다. 나선형 두 가닥의 수소결합이 풀려 각기 한 가닥이 되어도 그 한 가닥의 정보만 있으면 상대편의 상보적인 배열은 쉽게 알 수가 있다. 분리된 가닥에 있는 염기는 주위에 있는 알맞은 뉴클레오티드를 맞이하게 된다. C는 G를, G는 C를, A는 T를, T는 A를 쌍으로 갖게 될 것이다. DNA폴리머라제polymerase(중합효소)라는 연결효소의 도움으로 새로이 옮겨온 염기를 주형에 상보적으로 연결시키게 되고, 이러한 과정이 끝나면 똑같은 2개의 DNA분자가 형성되는 것이다.

유기체의 생명현상에서 가장 중요한 역할을 하는 것은 단백질 protein이다. 생물체의 화학반응을 가능케 하는 촉매제가 단백질인데 이것을 효소enzyme라고 한다. 단백질은 또 생물체의 운동에 관여한다. 근육은 단백질이 정교하게 배열되어서 이들이 상호작용함으로써 수축하게 된다. 단백질은 순환제를 통하여 많은 물질을 운반하는 데 관여한다. 혈액 내에서 O_2와 CO_2를 운반하는 헤모글로빈이 대표적인 예이다. 혈액응고도 많은 상이한 단백질이 상호작용함으로써 이루어진다. 체내에 침입한 이물질을 탐지하여 불활성화시키는 항체antibodies도 단백질이다. 단백질은 영양저장물질로서도 작용한다. 우유의 주성

분인 카제인casein, 계란 흰자위의 주성분인 난알부민ovalbumin이 그 대표적 예이다. 인슐린도 단백질이며, 세포의 수용체들cell receptors도 바이탈한 단백질들의 그룹으로 구성되어 있다. 셀룰로즈가 식물의 주요한 구조물질인 것처럼, 단백질은 동물의 주요구조물질이다. 콜라겐collagen과 엘라스틴elastin에 의해 피부와 인대ligaments와 같은 결합조직은 강인성과 탄력성을 지니게 된다. 케라틴keratin은 털과 손톱의 주요한 단백질 성분이다. 이렇게 놓고 보면 단백질이 유기체의 생명을 유지시키는 데 얼마나 중요한 유기화합물인지 알 수 있을 것이다. 단백질은 고분자물질이다. 그런데 다행스럽게도 모든 단백질은 하나 또는 그 이상의 선상으로linear 가지가 없이unbranched 뻗어있는 폴리머polymers(중합체)로 구성되어 있다. 이 폴리머를 구성하는 모노머monomers(단량체)를 아미노산amino acids이라고 부르는 것이다. 이 아미노산은 20개의 종류가 있다. 우리가 보통 유전정보라고 하는 것은 바로 이 아미노산을 제작하는 기능을 콘트롤하는 DNA상의 유전암호genetic code를 말하는 것이다. 그것은 곧 아미노산 암호인 것이다. 유전정보의 담지자가 곧 핵산이며, 핵산의 염기배열에 따라 단백질이 합성되는 것이다.

단백질이 합성되는 곳은 핵 속이 아니라, 핵 밖의 세포질cytoplasm 안에 있는 동그란 모양의 리보좀ribosome이라는 소기관organelle이다. 핵 안에 있는 DNA의 정보를 리보좀에까지 가지고 가려면 그 핵의 DNA를 복사transcription해내는 새로운 핵산이 필요한데, 이 핵 안에서 새롭게 합성되는 핵산을 RNA라고 부른다. DNA에는 아데닌, 시토신, 구아닌, 티민의 4가지 염기가 있는데 반하여 RNA에는 아데닌(A), 시토신(C), 구아닌(G), 우라실uracil(U)이라는 4가지 염기가 있다. 그러니까

RNA에서는 티민(T) 대신에 우라실(U)이 아데닌(A)에 대응된다.

이 메신저 RNA(mRNA)의 염기의 한 자리 수로는 아미노산을 코드할 수가 없다. 음효－－와 양효━ 한 자리만으로는 삼라만상을 표현할 수 없는 것과 같다. 삼라만상을 포괄하는 최소한의 심볼리즘을 확보하기 위해서는 세 자리의 8괘가 필요했다는 것은 앞에서 논술한 바 있다.

mRNA에는 네 종류의 염기가 있으므로 두 자리가 되면 16가지의 배열이 성립하지만(AA, UU, UA 등) 이 배열로는 20개의 아미노산을 코드하기에는 역부족이다. 3자리가 되면 64개(4×4×4=64)의 배열이 가능해지고 20개의 아미노산을 코딩하는 데 충분하다. 1개의 아미노산을 코딩하는 데 두세 개의 다른 트리플렛triplet(세 자리 암호)이 사용될 수 있다는 것을 예상할 수 있다. 다시 말해서 생명현상의 가장 기본이 되는 유전암호는 64괘와도 같은 64개의 염기 트리플렛이라는 것이다.

제2문자(중앙의 염기)

		U	C	A	G	
U	UUU UUC	Phenylalanine (Phe)	UCU UCC UCA UCG } Serine(Ser)	UAU UAC } Tyrosien(Tyr) UAA stop(종지) UAG stop(종지)	UGU UGC } Cysteine(Cys) UGA stop(종지) UGG Tryptophan(Trp)	U C A G
	UUA UUG } Leucine(Leu)					
C	CUU CUC CUA CUG } Leucien(Leu)		CCU CCC CCA CCG } Proline(Pro)	CAU CAC } Histidine (His) CAA CAG } Glutamine(Gln)	CGU CGC CGA CGG } Arginine(Arg)	U C A G
A	AUU AUC } Isoleucine(Ile) AUA AUG Methionine(Met) or start(개시)		ACU ACC ACA ACG } Threonine(Thr)	AAU } Asparagine AAC } (Asn) AAA AAG } Lysine(Lys)	AGU AGC } Serine(Ser) AGA AGG } Arginine (Arg)	U C A G
G	GUU GUC GUA GUG } Valine(Val)		GCU GCC GCA GCG } Alanine(Ala)	GAU } Aspartic acid GAC } (Asp) GAA } Glutamic acid GAG } (Glu)	GGU GGC GGA GGG } Glycine(Gly)	U C A G

제1문자(5′ 말단측의 염기) / 제3문자(3′ 말단측의 염기)

UUU라는 코드에서는 페닐알라닌이라는 아미노산이 합성되고, UCU에서는 세린이, UAU에서는 티로신이라는 아미노산이 합성된다는 것을 알 수 있다. 단백질 합성protein synthesis에 관한 자세한 설명은 회피하겠으나, 이렇게 합성된 아미노산의 긴 연쇄를 폴리펩타이드polypeptides라고 부르는데, 이 폴리펩타이드의 사슬이 2차구조, 3차구조, 4차구조를 이루면서 무한하게 복잡한 단백질 구조를 만들어가는 것이다. 나는 리보좀에서 아미노산의 배열이 합성되어가는 과정을 째즈 피아노에서 울려퍼지는 째즈멜로디에 비교하고 싶다. 나는 말한다. 생명은 째즈다. 그리고 생명의 모든 현상에는 『역』이 들어있다. 그것은 필연과 우연의 복합체이다. 단백질은 끊임없이 합성되고 끊임없이 분해되면서 동적 평형을 유지하는데 그것이 바로 우리 생체의 "시중時中"이라는 것이다.

　　"참으로 놀랍습니다. 우리 몸의 미시세계에도 『주역』적 발상이 숨어있다는 것! 『주역』적 세계관이 그러한 어떠한 생명의 특성에 대한 깊은 통찰에서 우러나왔다고 말할 수 있겠네요. 선생님께서는 항상 인류의 모든 지식을 대상으로 하시니까, 또 이야기가 길어졌습니다만, 실상 우리 대화의 주제는 '천지天地'였습니다."

——『역』이 비록 점이라는 미신적 행위에서 출발했다 할지라도 그것이 제시한 세계관의 원리는 천지라는 생명체를 모델로 한 것이기 때문에 그 형이상학적 가치는 형이하학의 발전과 더불어 끊임없이 반추될 수 있을 만큼 심오한 원리를 포섭하고 있는 것이다. 『주역』은 인류의 모든 고등종교의 바이블의 언어를 통섭하고도 남을 뿐 아니라, 모든 생명과

학의 기초적 언어를 제공한다. 『역』의 매력은 진실로 끝이 없다. 자아~
이제 64괘의 구조를 한번 살펴보자!

　우선 64괘의 괘상을 접근하는 방식은 무궁하게 다양한 길이 있을
수 있다는 것을 전제로 하고 나서, 아주 기초적인 것만을 여기 얘기해
보도록 하겠다. 64괘는 건괘乾卦䷀와 곤괘坤卦䷁로 시작한다. 건乾이라
는 글자와 곤坤이라는 글자는 실상 우리 언어에서 구체적인 의미를 지
니지 않는다. 강剛·유柔라고 하면 그것은 강함과 부드러움이라는 일상
적 의미를 지니지만 건과 곤은 그런 식의 구체적 의미를 우리에게 전
달하지 않는다. 이러한 추상적 명명법은 매우 중요한 의미를 지닌다.
건과 곤은 순수한 심볼리즘으로서 어떠한 구체적 물상에 구애되지 않
는다는 것을 의미하기 때문이다. 사실, 음陰·양陽도 마찬가지다. 음·양
은 그 자체로 아무런 구체적 의미를 지니지 않는다. 갑골문에는 있지
도 않지만 고문자에서 그 자의字義를 따져본다한들, 별 의미가 없는 것
이다. 건·곤이든 음·양이든 모두 우주론적 사고가 고도의 단계에 이
르렀을 때 필요로 하는 단순한 기호적 약속일 뿐이다. 그만큼 사고가
형식화 단계the stage of formalization에 이르렀다는 것을 의미하는 것이다.
그러나 동방인의 사고는 아무리 추상적 약속의 단계에 이르렀다 할
지라도 순수형상의 세계를 지향하지 않는다. 항상 질척질척하고 끈적
끈적한 현상의 세계와의 관련성을 벗어나서 생각하지 않는다. 칸트의
"순수"의 지향성과는 너무도 다른 사유체계이다.

　64괘는 그 전체가 하느님이라고 생각하면 된다. 64괘는 우주전체
이며 자연전체이다. 스피노자Baruch de Spinoza, 1632~77의 말대로 자연 그

전체는 하느님일 수밖에 없다. 하느님은 우주(자연) 밖에 "존재"할 수가 없다. 밖에 있다면 그것은 한정된 물건일 뿐이다. 한정된 물건이 시공 밖에 있다는 것은 어불성설이다. 그렇다면 64괘라는 하느님의 모습 속에서 건과 곤이라는 것은 무엇인가? 건䷀은 6개의 양효로 이루어져 있는 순양純陽이다. 곤䷁은 6개의 음효로 이루어져 있는 순음純陰이다. 여기 "순純"이라는 말은 거의 칸트의 "순수rein"라는 말과 상통하는 의미를 지닌다. 순수라는 것은 선험이며 초월이며 순수형식이며 시공의 현상의 제약을 받지 아니 한다. 그러나 『역』의 저자는 이런 생각을 하면서도 그것을 철저히 현상 내부로 내재화시켰다.

이 세상의 모든 "것events"은 음과 양이 반드시 혼융混融되어 있다. 따라서 모든 존재는 음과 양이 혼용되는 동적인 과정 속에서만 그 존재성을 유지할 수 있다. 역易 그 자체가 "일음일양一陰一陽"의 도道이다. 일음일양이라고 하는 것은 "하나의 음, 하나의 양"이라는 뜻이 아니라 음과 양이 끊임없이 시공 속에서 교체되는 과정을 나타내는 말이다. "one Yin and one Yang"의 뜻이 아니라 "once Yin, once Yang"의 뜻으로 서로가 서로에게 관철된다mutually penetrating는 뜻이다. 따라서 음양이 섞이지 않으면 존재는 없다. 우리말의 존재는 서양의 "Being"이라는 단어와 전혀 다른 것으로 현상적 사태를 의미하는 것이다. 이러한 사고 속에서는 일체의 실체적 사고가 부정되는 것이다. 따라서 남자는 양이고, 여자는 음이라는 실체적 사고는 존재할 수가 없다. 남자 속에 여자가 들어있지 않으면 남자는 남자일 수 없으며, 여자 속에 남자가 들어있지 않으면 여자는 여자일 수가 없다. 남·여가 에로틱한 사랑을 한다는 것은 타방에게서 자기의 원초적 모습을 발견하기 때문이다.

아니마anima와 아니무스animus는 끊임없이 교체되며 융합된다. 따라서 건괘䷀는 남성괘이며 곤괘䷁는 여성괘라고 하는 것은 어불성설이다. 건괘와 곤괘는 존재가 아니다. 그것은 오직 순양·순음이라는 심볼Symbol일 뿐이다. 존재는 오직 건괘와 곤괘가 섞여들어가는 나머지 62괘를 의미할 뿐이다. 건괘와 곤괘를 제외한 62괘는 모두 음효와 양효가 섞인 모습이다. 그러나 62괘는 그 나름대로 고정된 실체가 아니라 끊임없이 효변爻變을 통하여 서로 연결되어 있는interconnected 동적인 과정태이다. 모든 음효는 양효로 가지 않을 수 없고 모든 양효는 음효로 가지 않을 수 없다. 이 효변爻變의 원리를 통하여 상수와 의리를 통합하고자 한 위대한 저술이 바로 다산의 『주역사전周易四箋』이다. "사전"이란 1)추이推移 2)물상物象 3)호체互體 4)효변爻變을 가리키지만 그 중에서 가장 중요하고도 독창적인 것은 효변이다. 효변이란 사실 서점筮占 자체의 과정에서 발생하는 문제이다. 점을 쳐서 6개의 효를 얻으면 하나의 괘가 구성되는데, 이때 6개의 효 중에서 노음老陰이나 노양老陽에 해당되는 효의 효사가 바로 묻고자 하는 점의 내용이 된다. 그러나 반드시 그 효는 변한다. 그러면 전혀 다른 괘가 된다. 일례를 들면 18번의 조작을 통하여(한 효당 3번의 조작이 필요하다. 6×3=18) 6효를 얻게 되어 둔괘䷂가 나왔다고 하자. 그런데 제1효가 노양이었다고 하면 묻고자 하는 점의 대답은 둔괘의 제1효사가 된다. 이때 둔괘를 본괘本卦라 부른다. 그러나 이 제1효는 음으로 변하지 않을 수 없다. 그러면 수뢰水雷의 둔䷂은 수지水地의 비比䷇ 괘가 된다. 둔을 본괘라 하면, 비는 지괘之卦가 된다. 다산은 효사를 이런 효변의 원리를 활용하여 호상 관철하는 것으로 보고 본괘와 지괘를 통관하여 해석해야 한다고 생각하는 것이다. 그러니까 건괘䷀의 제1효를 해석할 때도 천풍天風 후괘

姤卦☰의 제1효와의 상관관계 속에서 통관하여 풀이해야 한다고 보는 것이다. 이렇게 보면 62괘는 62괘가 아니라 삼라만상이 서로 엮이어 있는 연기의 총상이 되는 것이다.

"그렇게 되면 『역』의 풀이는 엄청 복잡하고 무궁무진하게 되겠네요."

— 다산은 그 외로도 상수象數를 바라보는 다양한 시각들을 개발했다. 다산은 기본적으로 효사의 우연성을 상수의 필연적 구조 속에서 해소시킬려고 하는데 나는 그러한 다산의 역해석학에 동조하지 않는다. 하여튼 그런 얘기는 그만하기로 하고 괘상의 가장 기본적인 일반원리를 하나 소개하기로 하겠다. 효가 모두 음양이 거꾸로 되어있는 관계에 있는 괘를 방통괘傍通卦라고 말한다. 둔괘☷의 방통괘는 ☰의 모습이 될 터이니 이것은 화풍火風 정괘鼎卦가 된다. 그런데 또 한 괘 hexagram의 상괘upper trigram와 하괘lower trigram가 서로 거울모습mirror image로 뒤집혀 있는 것은 반대괘反對卦라고 한다. 둔괘☷의 반대괘는 ☷의 모습이 될 터이니, 이것은 산수山水 몽괘蒙卦가 된다. 그런데 또다른 표현으로는 방통괘를 착괘錯卦라고 하고, 반대괘를 종괘綜卦라고 한다. 우리가 삼라만상이 모두 "착종錯綜"되어 있다고 말하는 것은 바로 이 『주역』용어에서 유래된 것이다. 착錯의 관계를 보면 재미있는 것은 그 두 괘를 합치면 반드시 6양 6음이 된다는 것이다. 둔☷ 정☰은 반드시 6음효와 6양효로 이루어져 있다. 다시 말해서 둔과 정에는 순양의 건괘와 순음의 곤괘가 들어가 있다고 말할 수 있다. 그러니까 둔괘의 이면에는 정괘가 숨어있고, 정괘의 이면에는 둔괘가 숨어있다고 말할 수 있다. 이것은 서로 명明과 암暗, 은隱과 현顯의 관계를 이루고 있다.

이것을 『중용』에서는 비費와 은隱이라고 표현했고(12장), 『노자』에서는 미微와 명明이라고 표현했다(36장). 은·미는 숨어있는 측면이요, 비·명은 드러난 측면이다.

그런데 종(반대괘)의 관계에는 반드시 6양 6음이 되는 것은 아니다. 둔☳☵ 몽☵☶은 4양 8음이 된다. 그러나 둔·몽은 또다시 방통괘를 지닌다. 그 방통괘는 정鼎·혁革이 된다. 이렇게 되면 이 4괘가 한 몸을 이루게 된다.

屯   鼎

상착상종相錯相綜의 교직交織의 모습 속에는 건·곤이 들어가 있다. 64괘 중에서 상착관계에 있는 것이 8개이고 나머지 56괘는 모두 상종관계에 있는데, 그 중 착종동상錯綜同象(착도 되고 종도 되는 모습)이 8괘가 있다. 하여튼 이런 테크니칼한 이야기를 다 이해하지 못해도 무방하다. 가장 중요한 포인트는 모든 삼라만상 속에는 항상 건·곤이 같이 들어가 있다는 것이다. 하늘과 땅의 교직이야말로 존재의 본래모습이라는 것이다. 하늘만을 하느님이라고 부르는 것은 너무도 어리석은 것이다. 반드시 땅과 하늘을 같이 생각해야만 하느님의 모습이 드러난다. 다시 말해서 건·곤이 착종하는 모든 괘상이 하느님인 것이다. 하늘만 경배를 하고 땅을 경배치 않으며, 하늘과 땅을 경배하면서 하늘과 땅이 교직된 삼라만상을 경배하지 않는 것은 종교의 기본적 경건성이나 성스러움Holiness에 도달하지 못하는 것이다.

"아~ 너무도 감동적입니다. 교회 가서 하느님에게 기도하면서도, 그와 동일한 마음으로 북한산의 풀 한 포기에게 기도할 줄 아는 마음을 상실했다는 것이 현대인의 비극인 것 같습니다. 『주역』이라는 문헌이 그토록 과학적으로 치밀하게 우주일체감을 설파하는 위대한 명저라는 것을 미처 생각하지 못했습니다."

— 64괘는 건괘·곤괘로 시작해서 기제괘旣濟卦☲☵와 미제괘未濟卦☵☲로 끝난다. 그런데 이 두 괘는 착종동상錯綜同象의 8괘 중의 2괘이다. 그런데 1·3·5의 자리는 양위陽位이고 2·4·6의 자리는 음위陰位라는 것을 생각하면, 기제는 여섯 자리가 모두 득위를 하였고 미제는 여섯 자리가 모두 득위를 하지 못한 부당不當이다. 여섯 자리가 모두 당當하였으니, 그것은 완성을 의미하므로 사태의 종료를 상징한다고 할 수 있다. 그래서 기제旣濟라 이름한 것이다. 여섯 자리가 모두 부당不當이므로 이제부터 다시 당當으로 가는 시작이라고 생각하여 미제未濟라 이름하였다고 해석할 수도 있다. 여섯 자리가 다 정위正位를 얻는 것이 반드시 좋은 것만은 아니다. 그것은 오히려 소인의 길이다. 『역』의 세계에서 완성은 좋은 의미가 아니다. 따라서 미제未濟라는 미완성의 시작이야말로 64괘의 마지막을 장식하는 것은 매우 상징적이다. 역의 순환은 영원히 끝나지 않는다는 의미를 내포하고 있다. "제濟"라는 것은 큰 강물은 건넌다는 의미이다. 강을 건넜다는 것은 모든 가능성이 소진된 것이다. 아직 강을 건너지 못한 상태야말로 역의 마지막이 될 자격이 있다.

그런데 물상으로 보면 기제☲☵는 하괘가 리괘離卦☲로서 불火을 상징하고 상괘가 감괘☵로서 물水을 상징한다. 미제☵☲는 그와 반대로 불이 위로 올라가 있고 물이 아래로 내려와 있다. 여기에 가장 중요한 것은 생명의 상징성이다. 생명현상에서 가장 중요한 것은 물과 불이다. 생명은 물에서 태어났다. 태아가 사는 양수의 조건이 생명이 태어난 원시바다와 비슷하다는 사실도 개체발생은 계통발생을 되풀이한다는 가설의 한 측면을 반영한다고 볼 수 있다. 40억 년 전의 원시대기primordial atmosphere는 암모니아·메탄·수소·수증기와 같은 유기물의 모든 기본성분을 내포한 화학적 유즙chemical soup과도 같은 것이었다. 이런 것들이 태양의 에너지를 사용하면서 화학적 진화를 계속했고, 번개 같은 전기작용이 이들을 보다 복합적인 분자, 그러니까 아미노산, 단백질, 비타민과 같은 복합분자로 결합시키고 궁극적으로는 자기복제를 하는 핵산의 형성에까지 이르게 된 것이다.

생명의 기본조건은 막膜membrane에 있다. 막이라는 것은 주변환경과의 차등을 의미한다. 차등이 없으면, 그것은 죽음이요 무기물의 세계가 된다. 역易이 64괘라는 제한된 숫자로 되어 있는 것은 막의 상징성에도 비유될 수 있다. 그리고 그 핵심으로서 물과 불이 제시된 것도 생명의 기본적 특성을 간략하게 표현한 것이다. 물 속에 불이 있고, 불속에 물이 있을 때만 생명은 끊임없는 동화·이화의 대사metabolism를 계속한다.

천지모델의 우주론에 있어서도 천의 상징은 뭐니뭐니 해도 태양이며 불이다. 그러니까 리괘☲는 하늘괘라고 말할 수 있다. 땅의 상징은 물이다. 그러니까 감괘☵는 땅괘라고 말할 수 있다. 하늘자리에 하늘이 있고, 땅자리에 땅이 있는 것은 매우 불행한 것이다. 그것은 엔트로피가 최대로 증가한 것이다. 하늘자리에 땅(물)이 있어야만 하늘에서 비가 내릴 수 있고, 땅자리에 하늘(불)이 있어야만 땅은 준동하여 다시 하늘로 올라갈 가능성을 지닌다. 그러므로 감상리하坎上離下의 기제☲는 엔트로피가 감소한 생명의 최적의 상태라고 할 수 있다. 사람도 불이 하체에 있고, 물이 머리에 있을 때 가장 건강하다. 몸이 발바닥에서부터 화끈화끈 달아오르면서도 머리는 금강산의 용담처럼 시원할 때 최적의 컨디션이 되는 것이다. 따라서 리상감하離上坎下의 미제未濟괘는 불행한 괘이다. 불이 하늘에 있고 물이 땅에 있으니 엔트로피가 최대로 증가한 것이다.

그러나 이러한 불행을 다시 생명의 최적의 조건으로 만들어가는 노력이 바로 역易이며 미제未濟의 사명이다. 생명은 어떠한 역경이든지 극복해낸다. 항상 다시 시작할 수 있는 것이다. 역의 64괘는 이와 같이 영원한 착종의 순환을 건곤의 수괘와 기제·미제의 종괘로 상징화한 것이다.

"그러니까 『중용』의 천지모델이 바로 이러한 『주역』의 사상이 성립하면서 구체화된 것이라는 말씀이군요."

— 64괘의 모든 괘는 여섯 효로 이루어져 있다는 것은 이제 잘 알 것이다. 여섯 효라는 한계성이 생명의 본질이다. 한계가 없으면 그것은 생명이 아니다. 모든 생명현상에 있어서 무한은 존재하지 않는다. 그것은

꿈일 뿐이다. 따라서 제일 꼭대기에 올라가 있는 제6효는 대체적으로 좋은 자리가 아니다. 그 효사도 좋지 않은 내용이다. 건乾의 상구上九는 "항룡유회亢龍有悔"이다. 후회스러운 자리이다. 그런데 인간은 그것을 뻔히 알면서도 그 자리로 올라가려고 한다. 제5위에 와도 한 자리가 더 남아있으니 그 자리마저 차지하려는 성향을 인간의 "욕欲"이라고 부르는 것이다. 이 욕欲이 있는 한 인간은 후회스러운 행로를 되풀이한다. 따라서 『역』에서는 하괘의 중간인 제2효와 상괘의 중간인 제5효가 대체적으로 길吉한 자리에 속한다.

바로 이러한 『주역』의 원리에서 "중용中庸"이라는 위대한 유가사상이 태어났다고 보아야 한다. 도가사상도 "물극즉반物極則反"(사물은 극에 달하면 반드시 되돌아온다)의 원리 위에 서있다. 그것은 『역』과 일체를 이루는 것이다. "반자도지동反者道之動"(돌아옴이야말로 도의 움직임이다)의 세계운행에 있어서는 그 중中을 지키는 것이 바로 허虛의 의미가 된다. 그러니까 칸트는 최고선Das höchste Gut을 너무 순수하게 규정했기 때문에 의지와 도덕률이 일치하는 성Heiligkeit의 경지를 생명의 현실에 부여할 수가 없었다. 그래서 복덕일치는 생명현상 속에서는 영원히 불가능하기 때문에 영혼불멸과 신의 존재를 요청해야만 한다고 본 것이다. 사실 이것은 칸트가 계몽주의의 인간학을 말하면서도 신본위의 기독교문화의 질곡을 버리지 못했다는 것을 의미하는 것이다. 『역』이나 『중용』의 최고선은 시공 속에서의 "중中Dynamic Equilibrium"의 달성이다. 이러한 다이내믹한 과정 그 자체를 "시중時中"이라고 표현한 것이다. 시중은 인간의 현실이며 동시에 영원한 이상이다. 시중은 인간 삶의 기제既濟이며 동시에 미제未濟의 과제상황인 것이다.

"『도덕경』의 사상이나 『중용』의 사상이나 『맹자』『장자』의 사상이 모두 『주역』의 천지코스몰로지와 정합적 관계를 유지하면서 동시대의 패러다임을 형성했다는 말씀이시군요."

— 맹자의 호연지기도 천지간에 꽉 들어차는 것이라고 했으니 천·지·인 삼재三才의 사상을 전제로 한 것이다. 『역』에서는 제1·2효가 땅의 자리이며, 3·4효가 사람의 자리이며, 5·6효가 하늘의 자리이다.

『노자』도 벌써 제1장에서 무명無名은 천지지시天地之始이고 유명有名은 만물지모萬物之母라 했으니 그것은 천지코스몰로지를 전제로 하지 않고서는 말할 수 없는 것들이다. "천장지구天長地久"이니 "천지불인天地不仁"이니 "재영백포일載營魄抱一"(하늘의 기운과 땅의 기운을 한 몸에 싣고 하나를 껴안는다)이니 "지기웅수기자知其雄守其雌"(그 숫컷됨을 알면서도 그 암컷됨을 지킨다)니 하는 것들이 모두 천지코스몰로지를 배경으로 한 발언이다. 42장에는 "만물부음이포양萬物負陰而抱陽"이라 하여 "음·양"의 표현까지 등장하고 있으니 이 표현을 문자 그대로 수용한다면 『도덕경』이라는 문헌의 성립 자체가 『역』, 특히 「계사전」의 성립과 분리해서 생각하기 곤란하다. 그래서 옛날에는 『역』의 성립을 전국 말기로 잡았고 따라서 그와 관련된 많은 문헌들이 진한지제秦漢之際로 내려왔

는데, 최근의 간백자료의 등장으로 이런 가설은 엉터리가설이 되고 말았다. 내가 보기에는 『역』과 『중용』과 『노자』를 꿰뚫는 어떤 천지코스몰로지의 세계관이 이미 춘추말기에는 형성되었다고 보아야 한다는 것이다. 이것은 아주 최근에 입증된 관점이다.

"그렇게 되면 동방문명의 핵심적 우주론인 천지코스몰로지의 형성이 아무리 적게 잡아도 기본 학설보다 한 200년은 올려잡아야 한다는 얘기가 되는군요."

— 그렇다! 『노자』제18장에 보면 "대도폐大道廢, 유인의有仁義"라는 말이 있다. 대도大道가 없어지니깐 오히려 인의仁義라는 세속적 가치가 설치게 되었다는 것이다. 그러니까 이러한 명제 속에서는 "인의仁義"라는 말은 매우 부정적인 함의를 지닌다. 그런데 "인의仁義"라는 것은 맹자에 와서 크게 어필된 유교의 주요 덕성개념이다. 효성과 자애라는 유교적 가치가 없어지니까 육친이 불화하게 되었다는 것이 아니라, 육친이 화목을 상실하는 현실이 되니깐 "효자孝慈"라는 덕목이 생겨났다는 것이다. 그러니까 자연스럽게 육친이 화목하게 되면 효성이니 자애니 하는 따위의 개념은 있을 필요도 없다는 것이다. 이것은 분명 매우 반유교적 사상이다. 그러니까 제자백가의 사상의 원조는 역시 공자 한 사람이고 그 이외의 많은 사상가들은 공자가 개창한 사상적 흐름을 계승하든 비판하든, 그 리액션으로 생겨난 다양한 물줄기라는 생각이, 많은 사람들의 관념을 지배해왔다. 그런데 "대도폐大道廢, 유인의有仁義"라는 구절이 백서『노자』에는 "대도폐大道廢, 안유인의安有仁義"로 되어있는 것이다. 그렇다면 "대도가 폐하게 된다면 어찌 인의와 같은 좋은 덕성이 있을 수 있겠는가?"라는 뜻이 되므로, 인의를 긍정하는

방식으로 해석하지 않을 수 없게 된다. 그러나 백서『노자』의 매장연대는 한문제漢文帝 12년(BC 168)이므로 『노자』라는 문헌의 성립연대 자체에 크게 영향을 주지는 않았다. 그런데 곽점에서 나온 죽간 중 병본丙本에 바로 이 파편이 들어있었다. 곽점의 죽간은 물리적으로 그 성립연대가 BC 350년에까지도 소급될 수 있는 것이다. 그런데 놀라운 사실은 백서『노자』가 바로 죽간『노자』의 텍스트를 계승하고 있다는 것이다. 곽점죽간 텍스트에도 "대도폐大道廢, 안유인의安有仁義"로 되어 있는 것이다. 복잡한 고증의 문제는 차치하고, 간략히 그 의의를 말한다면, 『노자』를 유가의 사상에 대한 반동으로 보기는 힘들며, 그 자체로서 전승을 지니는 어떤 사상텍스트로서 독립적으로 이해해야 한다는 것이다. 그러니까 이미 공자시대에 『노자』텍스트사상의 조형을 이루는 사상가가 실존해 있었다고 보는 것이 보다 다양한 춘추전국의 제자백가 흐름을 이해하는 정도가 된다는 것이다. 그런데 너무 이야기가 전문적인 분야로 흘렀다. 다시 총체적인 이야기를 해보자!

"여태까지 선생님께서는 우주를 말씀하시면서 우주는 시공복합체이며 그 시공복합체를 떠난 어떠한 불변의 관념이 형상이나 형식이나 실체는 있을 수 없다는 것을 말씀해주셨습니다. 불변을 거부하고 변화를 사랑하는 것만이 인간의 바른 도리라는 것을 말씀해주셨습니다. 그리고 이 우주의 생명모델이 천지라는 것을 말씀하시면서, 천지는 동방인의 유니크한 코스몰로지이며 그 핵이 되는 사상이 『역』이라고 말씀하셨습니다. 『역』은 유한 속에 무한을 포섭하며, 제한된 원리 속에서 무궁무진한 시공의 변양을 펼쳐내는 체계적 이론이라는 것을 말씀해주셨습니다. 선생님 말씀을 들으면서 저는 이 지구가 얼마나 소중한가, 이 지구야말로 단 하나뿐인 거대생명체라는 것을 깨달았습니다. 흙과 물과 공기와 태양, 이런 것들이 얼마나 소중한 것인가, 그러기에 자연을 보호하고 농업을 중시하는 것이 얼마나 중요한 국가의 대사인가 하는 것을 깨달았습니다. 이제 선생님께 종교에 관하여 여쭙고 싶습니다."

— 종교라는 주제는 이미 내가 피력한 우주론과 천지론의 기본적인 전제들을 정확히 이해했다고 한다면 더 이상 이야기할 건덕지도 없다. 거기서 도출되는 논리들만으로도 종교에 관한 모든 문제들을 근원적으로 해결하고도 남는다.

"우선 하느님이라는 것이 무엇입니까?"

— 많은 사람들이 종교의 가장 으뜸되는 주제가 신God이라고 생각하지만 사실 신이라는 것은 근원적으로 존재의 대상일 수가 없기 때문에 토론의 논리적 주제가 될 수는 없는 것이다. 신이 존재한다, 존재하지 않는다 등등의 이야기는 특정한 언어게임의 맥락에서만 의미를 가질 수 있는 말장난에 불과하다.

"그런데 왜 사람들은 그런 말장난을 계속할까요?"

— 돈이 벌리기 때문이다. 돈이 안 벌리면 근원적으로 그런 식으로 말하지 않을 것이다.

"하느님이 존재의 대상이 될 수 없다면 그것은 무엇입니까?"

— 하느님은 명사가 아니다. 사람들이 그것을 명사라고 생각하기 때문에 자꾸만 존재의 대상이라고 착각하는 것이다. 하느님은 연필이나 나무와 같은 명사로서 우리에게 나타날 수 없다. 동방인에게 있어서 "신神"이란 말은 대체적으로 형용사로 쓰였다. 신묘하다, 신기하다, 신성하다, 불가사의하다, 신비롭다는 뜻을 나타내는 형용사였다. 맹자도 "성이불가지지지위신聖而不可知之之謂神"이라고 했는데, 성스러운 단계를 지나, 성스러운 동시에 불가지不可知의 영역을 확보할 때 그것을 신神이라고 부른다 했다. 그러나 맹자가 말하는 "신神"이란 신적인 경지에 이르는 인간을 말한다. 우리나라의 근대정신을 나타내는 동학東學도 "사

람이 곧 하느님이다"라는 주장을 한 치도 굽히지 않았다. 사람은 하느님에게 예속되어야만 하는 존재라는 주장이 서학西學 즉 천주학天主學의 본질이라고 한다면 우리 동학東學에서는 사람이야말로 하느님이라는 것이다. 하느님을 섬기듯이 사람을 섬겨야 한다는 것이다. 하느님을 명사라고 한다면 그것은 고유명사일 텐데, 고유명사는 우리에게 아무 뜻도 전달하지 않는다. "그는 김철수다"라는 명제는 우리에게 아무 의미도 전달하지 않는다. 김철수라는 특정인에 대해서 많은 것을 알고 있는 사람들 사이에서만 유효한 것이다. 다시 말해서 김철수라는 고유명사는 그들 사이에서는 실제로 술부적 기술을 의미하는 것이다. 따라서 그러한 술부적 기술의 맥락을 명료히 규정하지 않는 한 막연한 "하느님"이라는 명사는 혀의 떨림에서 파생되는 잡음일 뿐이다.

"동방인의 우주론체계 속에서는 신은 이미 천지 밖의 존재일 수 없습니다. 그런데 천지는 끊임없이 변하는 시공복합체이므로 당연히 천지 내 존재로서의 하느님은 끊임없이 변하는 술부적 존재일 수밖에 없겠지요."

— 그렇다! 인간이라는 동물에게서 하느님이니 하는 따위의 종교적 과제가 생겨난 것은 모두 인간이라는 동물에게서 언어가 발생하고 난 이후의 장난이다. 개나 물개는 상당한 지능을 보유하면서도 종교적 문제를 가지고 고민하지 않는다. 개는 하느님을 믿지 않는다. 그냥 살 뿐이다. 닭도 하느님을 믿지 않는다. 그러면서도 자연상태에서 저주받지 않고 잘 살아간다. 그렇다고 닭이나 개가 하느님을 믿지 않기 때문에 인간보다 저열한가? 닭을 키워보면 닭에게도 인간이 도저히 미치지 못하는 많은 신성한 차원이 그 생명체 내에 존재한다. 그러나 닭은

그 자체로서 하느님이다. 하느님을 자기에게서 대상화하지 않기 때문이다. 인간이 하느님을 자기로부터 대상화한 것은 인간이 언어를 획득한 후 대상세계로부터 무한한 공포Fear를 느꼈기 때문이다. 원시인에게 대자연은 공포였다. 닭도 순간의 위협에 공포를 느낀다. 그러나 닭의 공포는 순간에 불과하다. 그것을 체계적으로 기억하지 않는다. 인간은 언어를 획득하면서 놀라운 메모리체계를 발전시켰다. 일시적 공포는 일시의 순간으로 사라지지 않고 끊임없이 언어화되어 그의 의식에 지속되는 에너지로서 동일성을 유지한다. 닭이나 새는 날개가 있어 날 수가 있기 때문에 위험을 회피할 수 있는 매카니즘이 발달해있다. 쥐도 사람보다는 위기상황을 훨씬 더 잘 피할 수 있다. 고양이과의 동물들은 날카로운 발톱과 이빨, 그리고 순간적 점프력과 날쌘 이동능력을 가지고 있어 생존의 조건에 있어서는 유인원에 속하는 사람의 무기력한 조건에는 비교도 안되는 우월성을 확보하고 있다.

갓난 애기가 자연상태에서 자기 자체로 생존할 수 있는 능력은 거의 없다고 보아야 할 것이다. 닭만 해도 부화된 지 48시간만 지나면 거의 독자적으로 생존할 수 있는 모든 조건을 구비하게 된다. 호모 사피엔스 유아의 의존성과는 극심한 대비를 이룬다. 자연상태에서 거의 무방비상태로 의존적인 인간이라는 동물은 언어를 획득하면서 더욱 극심한 공포에 시달리게 되었고, 이러한 공포는 언어의 습득과정을 통하여 더욱 확대된 보편적 가치로서 유전되게 된다. 이러한 보편적 공포의 느낌을 언어로서 집약하면 그것은 명사화되며, 인격화되며, 권력화된다. 인간은 자신의 공포를 경감시키기 위하여, 그리고 무엇보다도 효율적으로 생존에 필요한 먹이의 습득을 위하여 사냥이라는 협업을 개발했고, 이러한 단체 협업을 통하여 자연스럽게 사회집단을 형성하게 되었다. 이 집단의 확대는 정치적 리더십을 불가피하게 요구하게 되었고, 그 리더십이 그 집단멤버의 결속과 복종을 요구하기 위하여 활용할 수 있는 가장 손쉽고 보편적인 방법은 공포의 대상으로서 명사화된 존재를 절대화시키고 우상화시키고 인간의 판단을 뛰어넘는 초월적 능력을 부여하는 것이었다. 모든 종교는 공포나 두려움으로부터 시작된 것이고, 그것은 인간으로부터 소외되면서 인간을 소외시키는 절대권력이 된 것이다. 이것이 대체로 "제정일치祭政一致"라고 부르는 고대사의 보편현상이다.

"선생님! 지금 우리는 원시인이 아니지 않습니까? 우리는 문명 속에 살고 있으며 과학에 의하여 자연으로부터 느낄 수 있는 공포를 제어할 수 있는 많은 기전을 확보하고 있지 않습니까?"

— 이런 제정일치의 상황은 동방에서는 최소한 이념적으로라도 이미 상왕조의 문명에서 종결된 것이다. 주나라를 세운 무왕과 주공周公은 인간의 이지에 의한 역성혁명의 슬기를 믿었다. 신중심의 상왕조를 인간중심의 새로운 질서에 의하여 극복했다고 믿었기 때문에 그들은 신에 대한 제사보다는 인간의 도덕적 자율성에 대한 무한한 신념을 고취하고 인문문명의 모든 질서를 확립하였다.

공자도 인간 스스로의 가능성을 개발하는 것이 중요하지 신에게 비는 것은 어리석다고 생각했다. 죽음을 앞두고도, 그는 빌 곳이 없다고 말했다. 맹자는 인간이 신에 제사를 지내는 것도 어디까지나 인간 스스로를 위한 것이므로, 신과 인간이 바르게 교감되지 않을 때는, 제사의 대상으로서의 신은 얼마든지 갈아치울 수 있는 존재라고 생각했다. 그런데 아직도 대통령선서식을 성경 위에 손을 얹고 행하는 미국, 진화의 사실을 은폐하고 창조론의 허구적 논리를 종교시간 교재가 아닌 생물학교과서에 실어야 한다고 주장하는 미국은 실제로 그 문명의 정신연령이 기원전 주나라문명의 상식적 기저에도 못 미치는 것 같다. 너의 말대로 우리는, 원시인과는 달리 문명의 보호막을 만들어 자연의 위해를 직접적으로 느끼지는 않으며, 더구나 과학의 진보는 법칙성의 이해를 통해 과거와 현재와 미래를 통관하여 자연 사상事象의 진행을 예측할 수 있게 되었다. 과거의 공포의 대상이었던 사태들은 대부분 합리적 설명방식 속으로 진입하여 더 이상 공포의 위세를 발하지 않는다. 그런데도 불구하고 현대인은 종교의 문제에 있어서 제정일치시대에 인간이 가지고 있던 종교관념을 동일하게 보지保持하고 있다.

"이 지구상에서 현재 일요일날 실제적으로 교회를 나가는 사람이 인구비례로 볼 때 가장 많은 나라가 한국이며, 또한 광신적 신앙의 행태를 보유한 사람이 가장 많은 나라가 한국이라고 합니다. 어떻게 해서 그토록 짧은 역사적 과정을 통해 한국이 광적인 기독교국가가 되었을까요?"

── 권철신權哲身, 이벽李檗, 정약용丁若鏞, 정약전丁若銓 형제, 김원성金源星, 권상학權相學, 이총억李寵億 등이 천진암天眞庵(경기도 광주군 퇴촌면 우산리 앵자봉 동쪽 기슭으로 비정하나 불확실)과 주어사走魚寺(천진암보다는 주어사가 더 중요한 세미나장소였다. 위치 불확실)에서 천주교에 관한 세미나를 연 것이 1779년 겨울이었다. 이 사건을 보통 한국기독교의 출발을 알리는

효시라고 하지만 이들이 이때 신앙으로서의 기독교를 논의한 것은 아니다. 이들은 모두 성호星湖 이익李瀷, 1681~1763의 제자들이며 이들이 모여서 새벽부터 밤늦게까지 세미나를 연 것은 주로 주희朱熹나 장횡거張橫渠의 핵심사상을 이루는 잠箴이나 명銘을 암송하면서 신유학의 경전해석의 문제점을 토론하기 위한 것이었다. 이때 다산의 나이 18세였다. 다산이 본격적으로 이벽으로부터 기독교에 관한 이론을 접한 것은, 큰형수 제사를 지내고 마재에서 두미협을 지나 서울로 올라오는 범선 속에서였다. 아름다운 한강변의 풍광을 조망하며 천지창조로부터 인간의 원죄, 그리고 예수의 인간구원에 관한 이야기를 여덟 살 연상인 이벽의 달변을 통해 들었을 때 다산은 가히 천상에 오른 듯한 환상 속에서 기독교의 핵심교리를 접하고 푹 빠졌다. 이벽은 다산의 큰형님 약현의 부인의 동생이었다. 이벽은 대단한 견식을 갖춘 경학자였고, 또 다산은 9세 때 어머니 해남 윤씨를 여읜 후 큰형수 밑에서 컸기 때문에 엄마와도 같은 형수의 동생, 이벽에 대한 깊은 존경심이 있었다. 이때 그의 나이 23세(1784)였다.

그러니까 천진암에서 기독교강론이 시작된 것이 아니라는 것이 분명하다. 그러나 이익의 비판정신에 자극받아 조선왕조문명의 전반적인 문제점을 토론하는 맥락에서 기독교에 관한 이론적 점검도 이루어졌을 가능성은 충분히 있다. 하여튼 초기 기독교사의 여러 문제점에 관해서 또 얘기를 시작하다 보면 그것만으로도 엄청나게 방대한 주제이기 때문에 끝이 없을 것 같다. 그런데 우리나라 기독교의 역사에는 도저히 간과할 수 없는 중요한 세계사적 의의를 지니는 측면이 있다. 기독교를 외국의 선교사들이 와서 일방적으로 전파하고 강요한 것이 아니라, 남인南人 중심의 사상가들이 우리 조선왕조 사회 자체에 대한 절망적 진단 속에서 그 문제점을 극복하고자 하는 노력으로 인하여 주체적으로 수용하였다는 것이다. 이들은 모든 유교 경학에 대한 높은 식견을 가진 사람들이었으며, 또 중요한 공통점 중의 하나가 성호 이익의 제자들이었다는 것이다. 우리나라에 최초의 선교사가 발을 들여놓기 이전에 이미 자체적으로, 그러니까 자생적으로 생겨난 기독교도들이 4천 명이나 되었다고 한다.

그러나 재미있는 사실은 성호는 기독교에 대한 충분한 이해가 있었지만 기독교를 종교로서 수용할 자세가 없었을 뿐 아니라 종교로서의 기독교에는 날카로운 비판의식을 가지고 있었다. 성호를 매혹시킨 것은 기독교와 관련하여 들어온 서양과학의 정확성, 정밀성, 그리고 일반원리의 포괄적 설명방식이었다. 마테오 리치가 쓴 『천주실의天主實義』는 한마디로 말하면 주희朱熹의 성리학이 왜곡시킴으로써 중국에서 오랫동안 잊혀져온 원시유학의 진리의 완성이 바로 기독교라는 기발한 아폴로지였다. 그 실내용이 어떻든지간에 『천주실의』를 읽어보면 리理의 원리적 나른함을 깨치고 그것을 살아있는 초자연적 인격자, 창조주의 영성으로 대체해야 한다는 논리는 주자학의 절대적 권위에 반감을 가지고 있던 조선의 유자들의 가슴을 격동시키기에 충분한 요소가 있다. 그러나 이익은 기독교가 불교를 한갓 미신으로 비판하고 들어오지만, 기독교도 결국은 자신들이 비판하는 불교의 환망幻妄한 성격으로 돌아가고 있다는 것을 깨닫지 못하고 있다고 주장한다. 성호 이익은 천주가 사람을 자비롭게 여겨서 속세에 모습을 드러내어 사람과 똑같이 말하면서 가르침을 베푼다면 어찌 그것이 서양의 소수 선민

選民에게만 나타난단 말인가? 천주가 진실로 도덕적이라고 한다면 이지구상의 모든 나라와 모든 사람에게 동등하게 그 자비로운 모습을 드러냈어야만 한다고 생각했다. 그러나 그러한 사실이 동아시아문명의 자료에 나타나지 않으므로 그것은 허황된 조작일 뿐이라고 비판한다. 허황된 이야기는 마음대로 지어 말할 수 있는 것이기 때문에 사람들을 더욱 미혹시키기 쉽다. 그는 서양인에게만 천주의 존재가 나타났다는 사실을 수용할 수가 없었다.

이익의 고제 중의 한 사람으로서 『동사강목東史綱目』을 지은 안정복安鼎福, 1712~1791도 『천학문답天學問答』을 저술하여 천주교의를 유학자의 입장에서 날카롭게 비판하였다. 안정복은 인간적으로 사위 권일신權日身, 1751~1791(권철신權哲身의 동생)을 비롯하여 자기 주변의 우수한 인재들이 기독교에 심취하여 위험상황으로 치닫는 것을 쳐다보고만 있을 수 없었고, 또 기독교로 인하여 남인세력이 공격받는 것을 두려워하였으며, 또 이익의 명성이 왜곡되는 것을 막고자 하였다. 이익의 많은 제자들이 신서信西로 돌아섰기 때문이었다. 안정복은 천주교가 결코 하늘을 올바르게 섬기는 방식을 제시하지 못한다고 비판하면서, 천주교는 비윤리적·비합리적·비논리적·반사회적·비현실적·이기적·미신적이라고 말한다.

왜 비윤리적인가? 천주교는 사람의 육체를 죄악의 근원으로 보아 원수로 간주한다. 그러나 자기 몸은 부모로부터 받은 것이므로 그것은 부모를 원수로 여기는 것이다. 이것은 모든 도덕의 근본인 효孝를 모독하는 것이다. 동신童身을 귀하게 여기는 셀리바시의 사상도 부부의 윤리를 부정하고 인륜과 음양의 근본원리는 거부하는 것이다. 조상의 제사에 대한 거부도 효의 원리를 거부하는 것이다. 효는 인간과 천지가 소통하는 근본원리이다. 서양종교는 하늘의 참된 가르침이 될 수 없으며 도덕규범이 타락한 것일 뿐이라고 결론짓는다. 원수를 사랑하라는 이야기는 묵자의 겸애설보다도 더 과격한, 현실성 없는 이야기라고 비판한다. 천주교인들은 부자·군신 사이의 도덕적 유대의 중요성을 부정할 뿐 아니라 그 의무에 정반대되는 방향으로 나아가기를 요구한다. 또 천주교가 비합리적이라는 것은 천당·지옥·영혼불멸 등 불확실한 것들을 교리의 중심으로 삼기 때문이다. 삶도 다 알지 못하는데 죽음을 어찌 알겠느냐는 공자의 태도만이 진실한 것이며 일상적 관심을 벗어나 초월적 환상에 빠지는 것은 비합리적이라고 말한다.

인간을 윤리적으로 만들기 위하여 마귀의 기만과 유혹을 주의하라고 말하는데 인간이 본 적도 없는 마귀에 대한 언급은 오히려 인간의 도덕적 노력을 소홀하게 만들며 현세의 선악에 대한 책임을 경시하도록 할 뿐이다. 안정복은 창조설 역시 비합리적인 것으로 이해하였다. 천지는 음·양의 두 기가 혼합되어 이루어지는 개벽의 세계이므로 인격체로서의 조물주가 끼어들 여지가 전혀 없다고 주장한다. 그리고 안정복은 천주天主가 인간의 모습을 갖추었다는 제수이트의 주장을 배격한다. 천주는 우주를 구성하는 도덕적·합리적 원리들의 다른 이름일 뿐이다. 그리고 천주교가 반사회적인 것은 내세를 강조하기 때문이다. 인간이 전력을 기울여야 할 일은 현세에서의 선행이다. 천주교인들이 천주와 영혼의 구원을 주위사람에 대한 의무보다 상위에 둠으로써 인간공동체의 근본적 중요성을 거부하게 된다. 예수가 아담의 자손인 이상, 예수는 인간일 뿐이며 천주가 될 수는 없다. 예수는 사람일 뿐 하느님이 아니다. 아담과 이브의 원죄도 천주의 모함일 뿐이라고 비판한다. 아담과 이브가 죄악에 빠지지 않도록 사전에 계도를 했어야지 어떻게 죄악에 빠지도록 유도해놓고 그들에게 그토록 가혹한 벌을 내리는가? 그것은 어진 스승의 태도일 수 없다. 그리고 오늘날의 가난·질병·죽음 등을 겪는 것이 아담과 이브의 원죄 때문이라고 가르치는 것은 매우 가소로운 논리적 모순이다. 천주교에서 제식에 많은 상像을 사용하는데 합리적인 사유를 하는 사람들에게는 전혀 매력 없는 것이다. 과거 미륵불신앙과 유사한 탄망誕妄에 불과하다.

천주교는 이기적이다. 천주교는 영혼의 구원에 관심을 가지지만 유교의 정통은 사회선을 강조한다. 사람이 선을 행해야 하는 것은 인간으로서 너무도 마땅한 도리일 뿐이다. 그러한 사회적 선을 행하는 윤리적 바탕이 사람의 본성에 내재한다. 왜 인간이 처벌의 두려움에서 벗어나기 위해, 또한 사후에 보상받기 위해서 행동해야 하느냐고 반문한다. 천주교는 현세의 고뇌에서 해탈하기 위해 인간으로서의 당연한 사회적 의무를 저버리는 불교와 결국 동일하다. 이것은 근원적으로 이기적이다. 인간이 구원을 바라는 이기심으로써는 도저히 바른 세상의 도덕의 토대를 구축할 수 없다고 단언하다.

그리고 천주교는 모든 제식적 행위가 미신적인 요소에 쩔어있다고 비판한다. 세례, 촛불을 밝히는 행위, 죄의 고백, 공개적 기도 등의 제식이 모두 불교제식과 유사하다고 말한다. 안정복은 천주교가 제수이트 신부들이나 그들을 추종하는 중국의 사상가들이 주장하는 것처럼 송명유학을 비판하고 원시유학의 본래적 모습을 복원하는 것이 아니라, 오히려 불교의 한 아류일 뿐이라고 단정짓는다.

안정복의 기독교비판을 대강 소개했지만, 여태까지 3세기 동안(올해가 안정복 탄생 300주년) 이러한 안정복의 입장은 제대로 평가되지 않았다. 유교정통성을 고수하는 고루한 전근대적 "봉건사상가"의 푸념 정도로 가볍게 서술되어왔다. 그러나 안정복의 비판은 오늘날까지도 정확하게 유효한 논리이며 최소한 럿셀이 『나는 왜 기독교인이 아닌가?Why I Am Not a Christian』(1957)라는 책에서 논술한 것보다는 더 포괄적인 측면들을 섭렵하고 있다. 안정복의 논리는 조선유학의 세련미를 보여주는 명쾌한 논변이며, 그들이 고수한 세계관이 어떠한 서구의 도전에도 응대할 수 있을 만큼의 확고하고 치밀한 논리적 결구를 과시하고 있었다는 것을 대변해주는 것이다. 다시 말해서 조선 후기의 기독교와 유교의 대립이 전근대와 근대의 싸움이 아니라, 근본적으로 사유체계를 달리하는 확고한 인생관과 우주관을 지닌 동차원의 사상가들 사이의 대립으로 이해하여야 한다는 것이다. 다산에게는 이벽이나 권철신의 매혹적인 논리만 있었던 것이 아니라 안정복과 같은 유자의 대응논리도 동시에 제시되어 있었다는 사실을 기억하지 않으면 안된다.

"그러나 유교는 기독교 앞에 무너지지 않았습니까? 결국 유교가 기독교의 동점東漸을 막아내지 못하지 않았습니까?"

— 그것은 기독교 앞에 유교가 무너진 것이 아니라, 조선왕조의 정치체제가 무너진 것이다. 그만큼 조선왕조를 운영하는 실권자들이 무능했고 비견이 없었다.

"유교는 법치法治가 아닌 인치人治를 말하며 종교적 구원이 아닌 인간의 자기 규율, 즉 수신修身을 말합니다. 그런데 유교가 그러한 인간을 길러내는 데 실패했다고 한다면 조선왕조의 몰락 그 자체가 유교의 책임이 아닙니까?"

— 너의 반론은 적확的確하다. 우리는 어떠한 사상도 맹목적으로 두둔해서는 아니 된다. 그러나 유교는 종교라기보다는 사회체제 그 자체와 함께 직조되어 있는 상식이며 가치이며 의례儀禮이다. 유교의 타락은 상식의 타락을 의미한다. 조선왕조는 이미 자기 경신更新을 꾀할 수 있는 자체능력을 상실했다. 정조나 채제공과 같은 상식적 인물이 조금만 더 버티었더라도 기독교는 이 땅에서 보다 건강한 길을 걸어갔을 것이다. 정조는 죽었고, 다산은 유배갔고, 황사영은 어리석은 짓을 하였고, 정순왕후는 다시 고개를 쳐들었고, 벽파는 다시 집권하였고, 새남터에서 수없는 생명이 피를 흘렸다. 인간세의 폭력은 어떠한 경우에도 그 자체로서 승리를 구가하지 못한다. 신유사옥의 폐해는 결과적으로 기독교가 안정복의 논리적 비판에 대답할 필요도 없이 감정적으로 민중의 심리를 사로잡고, 조선왕조의 몰락에 대한 정의로운 대안인 것처럼 무분별하게 퍼져나가는 결과를 초래하였다는 것이다. 조선왕조의 권력이 기독교를 포용하는 정책을 견지했다면 한국기독교도 현재 인구 1% 미만의 기독교신도를 가지고 있는 일본기독교처럼 의식있는 지식인들의 격조 높은 연구모임이 되었을 수도 있다.

조선왕조의 몰락과 기독교의 광파廣播는 한 시대의 병치되는 시대정신의 길항이지만 양자간에 필연적인 인과관계가 있는 것은 아니다. 기독교 때문에 조선왕조가 몰락한 것도 아니요, 조선왕조가 몰락했기 때문에 기독교가 승해진 것도 아니다. 단지 조선왕조의 기운이 쇠락해 가는 고난의 시대에 민중의 통고痛苦를 위로해주기에는 유교보다 기독교가 훨씬 더 유리했다. 기독교는 예수의 수난Passion의 드라마를 중심으로 한 유앙겔리온(복음)이다. 그러나 공자나 맹자의 삶에는 왕들을 찾아다니며 주유周遊는 했지만 수난의 애절한 사연이 없었다. 그들의 유앙겔리온은 인간의 도덕적 자각일 뿐이다. 도道는 자도自道(스스로 길지워 간다)하며, 성誠은 자성自成(스스로 이루어간다)한다. 주희의 리理도 결국은 자리自理하는 것이다. 마테오 리치는 『천주실의』 첫 편에서 천지天地는 본시 자성自成할 수 없는 것이며 만물萬物은 결코 자성自成할 수 없다는 것을 아리스토텔레스의 사인설四因說에 빗대어 누누이 역설한다. 조물주이신 천주의 조화가 없이는 천지만물은 존재할 수 없다는 것이다. 게다가 리치의 조수였던 예수회 신부 빤또하Dieg de Pantoja龐迪我, 1571~1618가 쓴 『칠극七克』은 기독교의 윤리를 유교적 수양론의 옷을 입혀 교묘하게 표현하였다. 성리학의 기본개념인 공公과 사私, 본연지성本然之性과 기질지성氣質之性을 기독교의 영·육의 논리와 상응시켰다. 물론 본연지성과 공의 궁극에는 천주天主가 있게 마련이다. 자도自道, 자성自成, 자리自理의 자自, 즉 "스스로 ……함"의 역량을 상실한 조선역사의 파국의 현실의 와중에서 고난받는 민중들이 그나마 초월적·외재적 존재에 대한 "기댐"을(이 "기댐"을 기독교에서는 "신앙"이라 하고 불교에서는 "귀의"라 한다) 추구한 것은 너무도 자연스러운 추이였을지도 모른다.

"그렇다면 어떠한 흐름이 한국기독교의 타락상을 조장한 것일까요?"

— 한국기독교의 역사는 근본적으로 **순응**의 역사이지 **항거**의 역사가 아니다. 18세기말로부터 19세기말까지에 이르는 기독교의 역사가 기본적으로 개인의 구원을 향한 신앙의 자유를 획득하기 위한 몸부림이었지 사회개혁을 지향하는 결사가 아니었다. 정약종과 정약용을 비교한다면, 약종은 치열한 신앙인으로서 구김없는 삶을 살았지만, 약용이 『목민심서』에서 고민하듯 사회개혁을 향한 고뇌는 별로 없었다. 새로운 가치에 대한 열망은 있으나 자기들이 추구하는 가치의 실내용에 대한 객관적 검토가 없었다. 신앙으로서 "받아들임"만이 모든 것을 해결한다고 확신한, 맹목적 돌진이었다.

이러한 서학의 역사의 성격은 동학의 역사와 비교해보아도 너무도 명백히 드러난다. 동학은 모든 초월성을 거부하고 인간의 존엄성 그 자체를 재발견하려고 노력했다. 그리고 존엄한 인간으로서의 민중의 삶을 재건하려고 노력했다. 그것은 결국 조직적인 사회개혁의 요구로 나타났다. 기독교도들이 천당을 추구할 때 동학교도들은 이 땅의 혁명을 주도했다.

"서학과 동학을 비교하니깐 그 지향성이 명료하게 드러나는 것 같습니다."

— 성호 이익도 그러했지만, 기독교를 수용한 초기 유자들에게 어필한 것은 기독교의 교리 그 자체라기보다는 기독교라는 이미지와 결부된 서구문명 전반의 신선한 충격이었다. 『칠극』 속에서도 빤또하는 신·구약의 이야기, 성자들의 이야기, 그리스·로마 철학 및 서양 민간의 이야기들을 풍부하게 인용한다. 조선 선비들이 스토아철학이나 서구 여

러 나라의 임금·왕녀·상인들의 이야기를 읽었을 때 미지의 세계에 대한 무한한 동경심이 유발되었을 것이다. 그리고 『실의』나 『칠극』과 더불어 결정적인 영향을 준 것은 서구과학의 성경이라고 말할 수 있는 유클리드의 『기하원본幾何原本』이었다. 몇 개의 정의와 공리에서 기하학적 명제들을 증명하는 연역적 방법은 인간의 머릿속에서 하느님의 천지창조를 체험케 하는 것과도 같은 위대한 힘이 있었다.

하여튼 기독교는 "개화"라는 문명의 주제와 결부되면서 외세와 결합하는 상층으로 떴고, 동학은 반외세의 민족주의와 반초월신反超越神의 인간존엄을 외치면서 풀뿌리 민중으로 가라앉았다. 기독교는 근대적 의료·교육의 주체세력이 되면서 갑오경장이래로 새롭게 개편된 사회질서 속에서 중인·상민·상인 출신의 신상층계급과 확고하게 결탁한다. 뼈대 있는 골수 양반의 자제들은 오히려 척사의 의병운동이나 무장투쟁을 전개한 사람들이 많다. 그러나 기독교의 개화사상과 결탁한 사람들은 대체로 애매한 "애국계몽"의 길을 걸었다. 그리고 19세기 후반에 대원군이 척양을 빙자하여 수천을 헤아리는 기독교인들의 목을 벤 것은 참으로 원칙 없는 처사였고 역사의 대세를 파악하지 못하는 치졸한 행위였다. 대원군의 아버지 남연군의 묘를 파헤친 오페르트와 순진한 서학꾼·천주학쟁이와는 실제적으로 아무런 관련이 없었다. 척양의 완고한 주장과 기독교도들의 처형은 논리적으로 아무런 관련이 없는 처사였다. 참으로 척양을 하기 위해서는 서양을 정확히 알고 그에 대비할 수 있는 국력을 함양하는 데 전력을 기울여야 했다. 대원군의 기독교탄압은 오히려 기독교의 전파에 이념적 정당성을 부여했을 뿐 아니라 기독교의 성격을 더욱 더 피세적인 종말론의 종교로서 규정짓고 변질시키는 데 결정적인 역할을 했다. 기독교는 서바이벌 그 자체가 절실한 과제상황이었고, 오직 교세의 확충에만 급급했으며, 복음의 의미를 물을 겨를이 없었다.

사실 기독교는 조선민중의 진정한 개화 그 자체에도 큰 관심이 없었다. 황해도 지역에서 프랑스인 홍 신부洪錫九, Nicolas Joseph Marie Wilhelm, 1860~1938를 도와 신도가 수만 명에 이르도록 전도활동을 성공적으로 수행한 안중근이, 신도의 확장은 더 이상 의미가 없다고 생각하고 전도의 대가로서 대학을 세워줄 것을 강력히 요청한다. 그래서 홍 신부와 함께 서울로 올라와 명동의 대목구장 뮈텔閔德孝, Gustav Charles Marie Mütel, 1854~1933을 만나 수차에 걸쳐 회견을 하였다. 이에 뮈텔은 한국인에도 학문과 문장이 있게 되면 교를 믿는 일에 소홀하게 될 것이니 학교를 짓는 따위의 의론은 다시 꺼내지도 말라고 면박을 준다. 안중근은 황해도 고향으로 돌아오면서 외국인의 마음은 믿을 수 없으며 더 이상 기독교의 신앙활동이 의미없다고 생각하고, 프랑스어 배우던 것도 때려치우고 무장투쟁이 유일한 구국의 길이라고 생각하게 된다. 안중근이 이토오 히로부미를 쏘아 죽였을 때 안중근이 천주교인이라는 것을 부정하고 그를 실제로 파문한 인물이 바로 뮈텔 주교였다. 그런데 요즈음은 천주교에서 이런 문제에 관한 근원적 반성이 없이 안중근이 천주교인이었다는 사실만 대대적으로 팔아먹으려 한다. 안중근의 이토오 처단은 천주교와 아무 관련이 없다. 이런 얘기들을 내가 하기 시작하면 황당하게 끔찍한 얘기들이 한두 가지가 아니다.

"근원적인 문제는 우리가 일제의 치하에서 주권을 잃은 민족이 되었다는 바로 그 사실에 있지 않을까요?"

— 바로 그거다! 만약 우리가 주권을 잃지 않고 식민상태로 들어가지 않았다면 기독교의 성격도 크게 달라졌을 것이다. 구한말의 피세론적·종말론적 성격은 일제시대를 통해 더욱 강화되었던 것이다. 재미있게도 일본의 상당수의 기독교도들은 신사참배를 거부하고 무서운 탄압을 받았지만 일제시대를 거친 한국의 기독교인들은 신사참배의 오명에서 자유로울 수 있는 사람은 거의 없다. 그렇다고 나는 이런 문제로써 기독교인들을 비방하고 싶지는 않다. 신유박해와 병인박해, 세기말적인 대교난을 두 번이나 거친 기독교는 더 이상 박해를 받을 수 있는 여력이 없었다. 동학이 휩쓸고 지나간 자리에서 비정치적이고 무항거적인 증산교나 원불교가 태동하는 것도 비슷한 역사의 논리라고 말할 수 있다. 내가 어릴 때만 해도 교회에서 가장 많이 부른 찬송가가 505장 "요단강 건너가 만나리"였다.

> 날빛보다 더 밝은 천당 믿는 맘 가지고 보겠네.
> 믿는 자 위하여 있을 곳 우리 주 예비해 두셨네.
> 며칠 후 며칠 후 요단강 건너가 만나리
> 며칠 후 며칠 후 요단강 건너가 만나리
> 이 세상 작별한 친구들 저 천당 올라가 만날 때
> 인간의 괴롬이 끝나고 이별의 눈물이 없겠네
> 며칠 후 며칠 후 요단강 건너가 만나리
> 며칠 후 며칠 후 요단강 건너가 만나리

아마도 일제시대를 지낸 사람들에게 이 이상의 위로는 없었을 것이다. 목이 터져라 눈물 흘리며 이런 찬송을 부르고 나면 카타르시스가 뒤따르게 마련이지만 실상 기독교는 점점 피세적이고 말세론적으로 변질되어 갔다.

"해방 후의 상황은 어떠했습니까?"

— 구한말에서 일제 식민지로 들어갔을 때의 비극적 상황에 맞먹는 또 하나의 비극이 우리 민족에게 찾아왔다. 이것은 단지 기독교사의 문제라기보다는 우리나라 문명사의 전반에 해당되는 이야기일 것이다. 8·15해방은 독립이 아니었다. 독립獨立이란 홀로(獨) 서는(立) 것이다. 자력에 의하여 자립하는 것이다. 해방은 외세에 의하여 갑자기 일제의 압제로부터 풀려난(풀릴 解 풀 방放) 사건일 뿐이다. 그래서 주체세력이 없는 해방이었다. 독립의 주체가 없었기 때문에 해방 후 정국이 결국 분단상황을 맞이하게 되는 것은 너무도 당연한 역사의 귀결이었다. 북한은 연안파나 남로당과 같은 주체세력이 득세하지 못하고 소련세력을 업은 김일성이 장악하게 되고, 남한은 건준이나 임정과 같은 정통성 있는 세력이 득세하지 못하고 미국세력을 업은 이승만이 장악하게 된다. 이승만에 의하여 기독교는 변질된다. 이승만의 선생은 서재필이다. 이승만은 청년시절에 서재필을 흠모하면서 독립협회의 열성회원이 되었고 만민공동회의의 웅변가가 되었다.

서재필은 18세 때 알성시에서 병과로 합격한 천재였고 그 후 갑신정변의 주역이 되었다가 민씨세력에 의하여 대역죄인이 되었다. 반역자로 몰린 후 서재필의 부모는 모두 자결하였고, 이어 부인도 독약을 먹고 자살했다. 단 하나의 혈육이던 두 살 된 아들은 죽은 어머니의 시체 앞에서 보살피는 사람이 없어 굶어죽었다. 동생 재창은 의금부에서 모진 고문을 당하고 참형을 당했다. 그토록 끔찍한 인간적인 비운을 맛본 서재필은 일본으로 망명했다가 미국으로 건너가는 데 성공한다. 서재필이 혈혈단신으로 미국에서 고학하면서 한국인 최초로 미국 의학사(MD)가 되었고, 명문가의 딸 뮤리엘 암스트롱과 재혼하게 되는 과정은 참으로 눈물겨운 사연이 많다. 아쉽지만 또 얘기가 길어지게 되니깐 생략하겠는데, 서재필은 의로운 사람이었다.

기독교 신앙에 귀의했지만 그는 기독교보다는 항상 민족의 대의를 우선시했다. 기독교를 위하여 민족이 있는 것이 아니라, 민족을 위하여 기독교가 있다고 생각했다. 서재필이 해방 후 김규식과 여운형의 요청으로 귀국했다가 결국 이승만에게 밀려 다시 떠나갈 때 그가 인천항에서 군중에게 남긴 말은 그의 주체사상을 잘 대변해주고 있다: "우리역사상 처음 얻은 인민의 권리를 남에게 약탈당하지 말라! 정부에게 맹종하지 말라! 인민이 정부의 주인이요, 정부는 인민의 종복이라는 것을 잊어서는 아니 된다. 그러므로 이 권리를 외국인이나 타인이 빼앗으려거든 생명을 바쳐 싸워라! 이것만이 나의 평생의 소원이다."(1948. 9. 11).

그러나 이승만은 기독교를 철저히 그의 친미행각에 활용했다. 이승만도 만민공동회의 리더로써 5년 7개월의 한성감옥 수인생활 끝에 미국으로 건너가게 되는데 그는 이미 감옥생활을 통하여 조선을 기독교국가로 만들어야 한다는 "기독교입국론"을 확고부동한 그의 철학으로 만들었다. 그가 미국유학생활을 재정적으로 지탱한 것도 결국 주말에 미국의 보수적 분위기의 교회들을 다니면서 한국선교의 "간증"을 하여 벌어들인 성금 덕분이었다. 청년 이승만은 잘 생겼고, 영어를 탁월하게 잘했고, 웅변실력이 있었다. 이승만은 미국의 고상한 촌놈들을 웃기고 울리는 희한한 재주를 개발했다. 그의 정치적 활약은 기본적으로 그 개인의 영달을 위한 것이었다. 그는 로마제국의 통치방법을 너무도 잘 터득한 사람이었다: "디바이드 앤 룰divide and rule." 그는 분열의 명수였다. 그가 있는 모든 곳에서는 분열과 대립이 있어났다.

이승만은 실제로 해방 후 혼란된 정국을 이끌어갈 만큼의 영도력이 없었다. 그러나 그의 헛폼은 그의 삶이 구현한 개화의 상징성과 미국이라는 거대세력의 지원 때문에 어리석은 다중에게 멕혀들어가는 측면이 있다손 치더라도 그토록 많은 정적政敵과 애국자들을 암살하거나 거세하면서 드라이브해 간 그의 치세방략은 진정한 민심을 획득하기에는 근원적으로 역부족이었다. 사실 이승만 정권은 붕괴일로에 있었다. 이승만만 혼자서 자객을 보내며 세상을 다 말아먹을 수 있도록 호락호락한 정치판도는 아니었다. 그런데 왜 이승만은 그토록 많은 무리한 정치파동을 일으켜가면서도 장기간 권력을 유지할 수 있었는가? 그것은 김일성이 유지시켜준 것이다. 6·25전쟁이라는 분단질서의 고착과 그것으로 유도된 확고한 미·소냉전체제의 새로운 세계질서의 틀 속에서 이승만 정권의 지속은 불가피했던 것이다.

지금 우리의 대화의 주제는 기독교다. 이승만은 열렬한 친미와 열성의 기독교입국론과 치열한 반공의 복합체라는 것만 상기하는 것으로

족하다. 해방 후 기독교는 미군정의 치세와 이승만의 득세로 인하여 이 땅에서 최초로 모든 압제에서 풀려나 인민대중으로 파고들 수 있는 호기를 얻게 된다. 그런데 대비적으로 북한에서는 기독교의 대대적인 탄압이 일어났다. 맑스 형님은 종교는 아편이라고 생각했고 공산혁명을 위하여 기독교는 반동적 역할을 수행할 뿐이라고 믿었다. 기독교의 인간평등은 원죄라는 부정적 인간관에 뿌리박고 있을 뿐이며, 구원이나 속죄는 억압받는 노동자 대중의 무기력감이나 운명의 의식이나 반항의 좌절감을 조장할 뿐이다. 초기의 원시기독교공동체도 근원적으로 소비의 공동체지 생산의 공동체가 아니다. 기독교사회주의도 모두 봉건적 보수주의자들의 기만술에 불과하다. 종교는 인간의 미성숙한 자기왜곡의 표현에 불과하다. 인간을 불완전하고 타락한 존재로 보는 모든 속박을 벗어던지고 자기의 가능성을 최고로 발현하는 자아해방이야말로 인간의 의무며 공산혁명의 첩경이라고 믿었다.

김일성의 탄압이 시작되자, 북한의 기독교도들은 대거 남하하기 시작했다. 그리고 그들은 이승만의 반공철학의 충실한 사도가 된다. 기독교, 특히 프로테스탄티즘은 본시 평안도를 중심으로 뿌리를 내린 것이다. 그런데 그 터전을 잃자 그들은 강렬한 반공사상을 가지고 남한에서 맹렬한 활약을 펼치게 된다. 해방 후 기독교의 리더들이 대부분 북쪽 출신이라는 사실을 상기할 필요가 있다. 그리고 남한의 중요한 교회센터들이 서북청년단과 같은 흉악한 반공범죄집단의 지원세력이었다는 것도 같이 상기할 필요가 있다. 이승만에게는 절대적으로 필요한 우방이었다. 온갖 폭동이 조장되었다.

"그러니까 한국기독교사에는 서바이벌의 본능과 피세적·종말론적 성격, 그리고 강렬한 반공의식과 친미·개화사상이 한 몸뚱이로 엉겨붙게 되는 역사적 필연이 내재해있다는 말씀이군요."

— 마지막으로 짧은 기간이지만 건강한 저항운동의 시기도 있었다. 박정희 유신체제 하에서 반독재투쟁을 전개하며 이 민족에게 민주의 가치를 구현케 하고자 노력한 사람들, 장공 김재준金在俊 선생, 1901~1987이 리드한 기독교장로회운동과 그 흐름에서 배출된 많은 신학자들·투사들, 그리고 가톨릭의 정의구현사제단의 정의로운 사제들, 그리고 성공회의 열린 마음의 사제들, KSCF의 젊은이들, 하여튼 다 열거할 수 없는 많은 사람들이 있다. 이들의 운동이야말로 조선역사에서 매우 중요한 의미를 지니는 주체적 저항운동이었으며 민주를 향한 뚜렷한 진보의 족적이었다. 그리고 "민중신학"이라는 이론적 성과도 있었다. 그러나 민중신학은 진정한 민중의 언어를 확보하기도 전에 그 흐름이 미미해지고 말았다. 안병무의 언어는 역시 독일신학의 언어이고 실존주의적 틀을 벗어나지 못한다. 그러나 말년에 그 한계를 극복하고자 하는 많은 노력을 했다.

"혹자는 선생님을 한국의 니체라고 말하기도 하는데요……"

— 매우 정중한 표현이기는 하나 나는 한국의 니체가 아니다. 니체가 신의 사망을 선고했을 때, 그는 자기 존재의 그룬트Grund를 송두리째 부정한 것이다. 그는 그만큼 진실하고 타협할 줄 모르는 인간이었다. 그의 존재를 떠받치고 있는 땅과 하늘이 모두 함께 무너진 것이다.

그는 미칠 수밖에 없었다. 서양인이 서양문명을 부정할래야 할 수가 없다. 그의 언어가 이미 자기존재의 모세혈관에까지 다 작동하고 있기 때문이다. 그러나 우리가 알아야 할 것은 기독교는 결코 우리 존재의 그룬트가 아니라는 것이다. 안정복이 말한 비윤리적·비합리적·비논리적·반사회적·비현실적·이기적·미신적 기독교가 우리 민족의 심령을 지배한 것은 불과 두 세기밖에 되지 않는다. 내 혈관을 돌아다니는 피를 다 뽑아버릴 수는 없다. 그러나 살갗에 묻은 때는 쉽게 지워버릴 수가 있다. 나는 니체처럼 미칠 이유가 없다. 우리에게 애초에 살해해야 할 신이 없는 것이다. 그것은 명사가 아니라 형용사이며, 주어가 아닌 술부이다. 근본적으로 존재의 대상이 아닌 것이다. 우리 존재의 그룬트는 오직 상식일 뿐이다. 나는 유교에로의 회귀를 말하지 않는다. 오직 상식의 재건the Reconstruction of Common Sense을 말할 뿐이다.

"그래도 많은 사람들이 인생을 살아가는데 꼭 종교는 필요한 것이라는 생각을 하고 있습니다만……"

─ 인간이 살아가면서 검토되지 않은 채 자명한 공리처럼 들어앉아 있는 사유의 콤플렉스는 매우 위태로운 것이다. 인간에게 종교는 좋은 것이 아니라 나쁜 것이다. 인류역사에서 종교가 인간에게 끼친 악영향은 선영향의 수천만 배가 된다. 인류의 모든 억압구조가 종교에서 생겨난 것이며, 니체의 말대로 인류의 모든 노예근성이 종교가 세뇌시켜온 것이다. 인간을 가장 거대규모로 파멸시키는 과도한 전쟁들이 거의 모두 종교적 명분으로 자행되어온 것이다. 현재도, 팔레스타인, 이라크, 이란, 아프가니스탄, 아프리카의 종족 사이에서 벌어지는 전쟁이

모두 종교와 관련이 있다. 이데올로기의 대립도 모두 종교와 연결되어 있다. 종교가 없으면 존 레논이 부른 노래 『이매진』의 가사대로, 전쟁도 없어지고 탐욕도 없어지고 모든 사람들이 평화롭게 사는, 푸른 하늘 아래의 한마음 공동체가 될 것이다. 우리나라에도 물론 위대한 정신을 가진 훌륭한 종교지도자들이 많이 있다. 그들은 우리 사회의 공동선을 위하여 많은 노력을 기울이고 있다.

그러나 그들이 명료하게 알아야 할 것은 어떠한 경우에도 종교가 역사를 리드한다는 착각을 가져서는 아니 된다는 것이다. 종교는 역사보다 앞서가면 안된다. 그것은 중세기적 발상이다. 종교는 역사를 뒤따라와야 한다. 역사는 오류도 많고 불행한 사태를 필반必伴한다. 종교는 역사를 뒤따라오면서 겸손하게 그러한 역사 수레바퀴의 잔재를 수습하기만도 버거울 정도로 일이 많은 것이다.

"한국의 젊은이들이 교회를 나가야 할까요, 안 나가야 할까요? 이런 문제도 명료한 단안을 내리기에는 공연히 두려운 듯한 심사가 엄습합니다."

— 여태까지 나의 논리를 이해한 사람이라면 과연 그러한 어리석은 질문을 나에게 던질 필요가 있을까?

"괜히 쫄리거든요."

— 단언한다. 한국의 젊은이들이 교회를 나가지 않을수록 우리 민족에게는 희망이 있다. 지금 한국의 교회는 하느님의 복음을 전파하고

있지 않다. 한국의 교회는 민중을 기만하며 억압하며 예수의 십자가를 배반하고 있다. 21세기의 교회는 궁극적으로 모든 종교의 질곡으로부터 인간을 해방시킬 때만이 그 존립가치를 지닐 수 있다. 나의 언어를 독설이라 말하지 말라! 예수도 그를 비방하는 자들을 일러 "독사의 자식들"이라 했다.

"우리의 논의가 너무 좁게 기독교라는 제도적 허울에 덮여있는 것 같습니다. 종교 그 자체에 대한 논의를 계속해야 하지 않을까요?"

— 이야기가 나온 김에 단 한마디만 정리하고 넘어가자! 우리나라의 기독교문화는 현재 너무도 사악하다. 우선 한국 기독교는 근원적으로 그 진리 자체와 무관한 반공이라는 이념과 결탁되어 우리 민족의 통일을 가로막는 가장 거대한 세력을 형성하고 있다. 둘째 한국의 기독교는 지나치게 배타적이며 독선적이다. 자기의 교리만 지선이며 그 나머지는 모두 사악하다고 보는 단순논리는 우리 사회의 온갖 양태의 분열을 조장하는 끊임없는 에너지가 되고 있다. 셋째 한국의 기독교는 지나치게 종말론적이다. 따라서 현실에 대한 명료한 인식을 흐리게 만든다. 인간의 모든 문제를 초세간적 실체를 동원하여 설명하기 때문에 현실을 개선하는 치열한 노력을 너무 쉽게 포기하며, 막연한 하느님의 품에 실존을 방치한다. 넷째 한국의 기독교는 지나치게 친미적이며, 친서구적이다. 미국에 대한 굴종은 대부분의 골수 기독교인들의 생리에 스며있는 성향이다. 그러나 미국과 기독교는 별 상관이 없다. 미국의 프로테스탄티즘은 기독교를 크게 왜곡하고 있는 말초적 문명 중의 하나이며, 나다니엘 호돈이 『주홍글씨』를 통하여 역설하고 있는 퓨리타

니즘적 리고리즘rigorism에 대한 건강한 반성조차도 더 이상 이루어질 여지가 없다. 기독교가 인류에게 보편적 도덕을 가르칠 수 있는 어떠한 저력도 그 문화현상으로서 보지하고 있질 못하다. 친미는 냉엄한 정치적 이해득실의 문제일 뿐 정신적 굴종의 기반이 될 수 없다. 기독교는 맨발의 예수, 갈릴리의 비바람으로 되돌아가야 하는 우리 실존의 한 사건일 뿐이다.

"참으로 멋있는 말씀이네요. 갈릴리의 비바람으로 돌아가자는 선생님의 말씀을 거부할 사람은 없을 것 같습니다만 …"

— 종교의 본질로 돌아가서 얘기해보자는 너의 말에 나는 동의한다. 나는 종교의 출발을 공포로 말했다. 그러나 인간의 종교가 공포에 머물러 있는 것은 아니다. 인간의 종교는 끊임없이 진화하여 왔다.

나는 언젠가 종교의 주제는 신이 아니라 죽음이라고 말했다. 인간이 죽음을 행복하게만 생각했다면 인간에게서 종교가 문제되지 않았을 수도 있다. 그러나 인간에게는 공포스러운 불의의 죽음도 많고 뜻밖의 사고도 많고 전쟁·질병·기아·천재로 인한 비극적 죽음도 많고 또 안락한 가정 내의 임종이라 할지라도 가족에게 아쉬움을 남기는 상황이 많을 것이다. 죽음이란 인간존재의 유한성에 대한 자각의 본질이 되었다. 이 인간의 유한성을 극복하려는 노력이 다양한 종교형태로 나타난다고 볼 수 있는데, 그 해결방안의 가장 전형적인 두 가지 방식이 하나는 시공 밖에서 초월적으로 해결하는 것이고 또 하나는 시공 안에서 내재적으로 해결하는 것이다. 초월적인 방식이 이데아적 방식이고 천당이라는 영혼불멸의 공간을 따로 마련하는 것이다. 이것이 서구인들이나 원시인들이 치달아온 방식이다. 그러나 내재적인 방식은 역사라는 시간의 연속성을 활용하는 방식이다. 나의 존재는 유한하지만 나의 존재의 연속은 무한하다고 생각하는 것이다. 물론 이 무한은 관념적 무한이 아닌 지속이다. 이 지속은 자식과의 유대감으로 나타나며 이 연속성을 확보하는 것이 조상에 대한 제사이다. 제사를 통하여 죽은 자와 산 자는 연속의 고리를 마련하는 것이다. 또 하나의 방식은 역사에 방명芳名을 남긴다는 도덕의식, 그것을 통하여 자신의 유한성을 극복하는 것이다. 이러한 역사의식은 현세의 건강한 도덕의식과 연결되는 것이다. 완벽한 관념적 선eidetic Goodness을 지향하는 것이 아니라 역사에로의 참여적 선participatory Goodness을 지향하는 것이다.

"호랑이는 죽어서 가죽을 남기고 사람은 죽어서 이름을 남긴다는 속담의 배경에도 숨어있는 철학을 말씀하시는 것 같군요."

— 그렇다! 그런데 나는 요즈음 종교문제를 이러한 "극복"의 문제로 생각하고 있지를 않다. 다시 말해서 유한성의 극복이 종교의 근원적 주제가 될 수는 없다는 것이다. 현대 인간은 의학이 발달해 너무도 지겹게 오래 산다. 그래서 안락사를 기구하기도 하는 마당에 인간의 유한성을 그토록 두려워해야 할 아무런 이유도 없으며, 유한성이 근본적으로 극복의 대상이 되어야 할 하등의 이유가 없다. 노인이 너무 많아지는 사회가 되어 젊은이들이 활력을 잃고 노인에 대한 부양의 책임 때문에 사회전체의 바이탤리티가 감소하는 불행한 현상이 일어나고 있는 것이다. 인간의 한계상황을 행복으로 여길 수 있을 만큼 인간은

진화했다고 생각한다. 그러면 종교는 상당 부분에 있어서 파리 날리고 앉아있을 수밖에 없다. 할 일이 없어지는 것이다. 그러나 종교의 과제상황은 여전히 남아있다.

종교의 궁극적 과제상황은 "죽음Death"이 아니라 "삶Life" 그 자체라는 것이다. 종교는 역시 긍정이 아니라 부정에 그 위대성이 있다. 안아트만anātman을 통하여 아트만ātman을 달성하는 것이다. 삶의 부정적 측면의 대표적인 것이 곧 "욕欲"이라는 것이다. 결국 종교의 최대의 주제는 어떻게 인간의 욕망을 제어하느냐에 있다고 나는 보는 것이다. 불교의 "멸집滅執"의 "집執"도 결국 욕欲의 문제이다. 불교의 궁극은 해탈에 있는 것이 아니라 멸집의 행위과정 그 자체에 있는 것이다. 멸집은 무여열반에 이르는 순간까지의 영원한 과정이다. 기독교의 최대 주제도 인간의 죄악의 근원인 욕을 어떻게 예수의 십자가에 못박느냐 하는 것이다. 육욕의 삶은 죄요, 죄의 삶은 사망이다. 부활사건이란 곧 육체의 욕망을 십자가에 못박음으로써 영적인 하나님의 자녀로 다시 태어나는 것이다. 죄의 몸이 멸하여 다시는 죄에게 종노릇하지 않는 것이다. 그렇게 되면 사망이 다시 그를 주장하지 못한다.

근세 신유학, 특히 도학道學의 최대의 과제상황도 "존천리거인욕存天理去人欲"이라는 하나의 명제로 집약되는 것이다. 사단·칠정의 모든 논변이 결국 인욕을 콘트롤하여 천리를 온전히 보존하고자 하는 데 있었다. 시험지 한 장으로 갑자기 거대한 권세를 획득하는 과거 출신 관료들에게 요청되는 가장 지고의 명제는 어떻게 인욕을 누르고 천리를 존하여 지공무사至公無私한 인정仁政을 펼치느냐 하는 과제의 실천이었다.

도가의 모든 철학적 명제의 궁극도 "무지무욕無知無欲"이라는 이 한 마디로 귀결되는 것이다. 원효도 인간 실존의 삶의 가장 큰 장애가 두 개가 있다 하여 그것을 "이장二障"이라 불렀는데, 이장은 곧 번뇌장煩惱障과 소지장所知障을 의미한다. 노자가 말하는 욕欲과 지知의 다른 표현일 것이다.

이렇게 보면 모든 종교가 지향하는 궁극적인 인간의 과제는 천당이라든가 영혼불멸이라든가 열반이라든가 해탈이라든가 하는 문제가 아니었고, 살아있는 인간으로서 어떻게 욕망을 제어하고 사느냐 하는 실존적 과제상황에 있었다고 보아야 한다. 모든 성인은 결국 욕망을 보편적 선의 구현을 위하여 제어하는 살아있는 인간일 뿐이다.

나는 조용기 목사님과 긴 시간 독대를 한 적이 있다. 나는 그의 신앙세계에 관하여 많은 이야기를 들었고 또 충분한 존경심을 품을 만큼 그의 정신세계의 깊이와 실천력을 인정할 수 있었다. 그는 인간의 본질을 꿰뚫는 힘이 있었고 협애한 교리의 질곡에 사로잡힌 범용한 인간이 아니었다. 그러나 요즈음 장로들이 제기한 문제에 대하여 집착하시는 모습을 보면 참으로 애처롭다는 생각이 든다. 그가 쌓아야 할 보물은 이 땅에 있질 않고 동록이 해하지 못하는 저 하늘에 있다. 교회조직이나 건물이나 자산이 몇천 억이 되고 몇 조가 된다 한들 그것이 자신의 진실과 피땀의 결실일진대 이미 하늘의 보상이 있을 것이요, 어찌 현세적 집착의 대상이 되리오? 후배들에게 깨끗이 물려주는 자기부정의 모습을 보여주었다면 얼마나 성스러운 감동의 물결이 이 사회에 넘쳤으랴!

"우리 사회의 리더들이 감동을 연출할 수 있는 위대한 기회들을 유실하는 것이 참 안타깝습니다."

— 이제 나는 나의 종교관의 최종적 청사진을 소개하려 한다. 지금부터 내가 말하는 것이야말로 나의 사상체계 내에서 종교라는 주제의 핵심을 형성하는 것이다. 이제부터 명심하여 듣기를 바란다. 종교는 공포로부터 시작되었다. 이것은 인간이라는 동물의 생리적 허약성에 기인하는 것이지만, 언어가 생겨나고 자신이 방어적 위치가 아닌 공격적 위치에 서게 되면서 더욱 강화되었다. 알지 못하는 자연현상, 신비로운 현상, 질병, 죽음, 패배가 모두 공포의 대상이 되었다. 이 공포는 인격화되면서 하느님이라는 인격체, 즉 명사화된 공포의 주체가 되었고, 이 공포의 주체는 동시에 잔인의 주체가 된다. 인간세의 모든 잔인함의 원인이 바로 이 공포의 주체이다. 그러기 때문에 종교는 잔인할 수밖에 없었다. 종교의 잔인성을 알고 싶으면 최근의 영화, 『더 스토닝』이나 『고야의 유령』을 보라! 희대의 명작들이다.

기독교가 말하는 사랑이나 불교가 말하는 대자대비가 모두 이 잔인함Cruelty의 반면이다. 본질이 잔인하기 때문에 그 반대의 모습으로 자신을 드러낼 뿐이다. 불교의 자비는 그 잔인을 어느 정도 극복했지만 기독교의 사랑은 그 잔인을 전혀 극복하지 못했다. 기독교의 사랑이 항상 저주와 증오와 파멸을 수반하는 것은 이러한 구약적 원시성을 근원적으로 극복하지 못했기 때문이다. 율법의 부정만으로 사랑이 이루어지는 것은 아니다. 예수는 싯달타만큼도 부정의 논리(무아)를 개발하지 못했다. 예수는 그 자신의 말대로 율법의 부정자가 아니라 완성자였다. 율법은 근원적으로 완성해야 할 대상이 아니다. 공포의 종교Religion of Fear의 주제는 신God과 죽음Death이었는데 이것은 근원적으로 동전의 양면과도 같은 일체다. 신은 곧 죽음이고, 죽음은 곧 신이다. 죽음이라는 유한성의 반면이 신이라는 무한성이며, 죽음이라는 불완전성의 반면이 신이라는 완전성이다. 죽음이라는 육신의 죗값의 반면이 곧 신이라는 영혼의 구원이 되는 것이다. 하이데거가 인간을 "죽음에로의 존재Sein zum Tode"로 본 것도 결국 기독교적 사유를 세속화시킨 것에 불과하다. 그는 삶의 텐션을 다시 죽음화하고 있는 것이다. 하이데거처럼 공포를 활용해먹은 철학자도 드물다. 프라이브르크대학 총장으로서 짧은 기간이었지만 그 수많은 인민을 학살한 나치를 찬양하는 취임연설을 하고 기꺼이 당적까지 획득한 그의 어리석음을 용서할 수 없다. 하이데거는 자신의 실존주의의 전체도구연관주의적 관계양상 속에서 히틀러의 철학을 수용했다.

우리는 죽음을 극복하는 방식으로서 초시공적 방법과 내시공적 방법을 말하였다. 그 다음으로 종교를 이해하는 시각은 도덕의 근원 Ground of Morals으로서 종교이다. 이와 관련하여 나는 "욕欲"의 문제 하나로서만으로도 세계 종교가 통합될 수 있다는 것을 말하였다. 사실 이러한 나의 생각은 『예기』「예운」편에 나오는 "음식남녀飮食男女, 인지대욕존언人之大欲存焉; 사망빈고死亡貧苦, 인지대오존언人之大惡存焉"이라는 이 한마디에 대한 통찰이라고 말할 수 있다.

"칸트의 『실천이성비판』도 종교를 도덕의 근거로서 파악하고자 한 명저라고 볼 수 있지 않겠습니까?"

— 칸트는 68세경에 『오직 이성의 한계 내에서의 종교Religion Within the Limits of Reason Alone』라는 명저를 남기어 프러시아 당국과 마찰을 빚었다. 칸트는 이 사건으로 매우 슬픔을 당하였다. 그는 기독교라는 종교를 실천이성과 융합시키려고 하였고 기독교는 합리적 신앙rational faith으로 환원되어야 한다고 믿었다. 그는 초자연적 실재에 대한 믿음은 과학적, 인과적 사실에 대한 믿음과 같은 차원의 것일 수가 없으며, 그것은 오직 도덕의 근거를 마련하는 순수한 형식적 믿음이 되어야 한다고 믿었다. 그리고 신적 계시에 의한 성직자적 신앙ecclesiastical faith은 순수한 합리적 믿음pure rational belief으로 환치되어야만 천국이 인간에게 가깝게 느껴질 수 있다고 믿었다. 그에게 있어서 믿음이란 그가 말하는 정언명령적 도덕법칙의 권위에 대한 존중을 의미하는 것이다. 천국이란 궁극적으로 우리 삶의 행동의 규제적 원리regulative principle를 의미하는 것이다.

칸트의 이런 생각은 계몽주의적 사유를 잘 대변하는 휴매니즘의 한 전형이다. 그러나 도덕적 요청으로서의 종교는 궁극적으로 인간의 종교적 심성을 만족시키지 못한다. 칸트의 종교관은 오늘날의 진보적 신학자들도 못 미치는 래디칼한 성격이 있다. 그러나 칸트의 도덕철학의 형식적 완벽성이 그의 비판철학의 전체적 결구 속에서는 매우 필연적인 것이기는 하나 근본적으로 서민들의 종교적 갈망을 만족시켜 주기에는 너무도 주지주의적이다. 종교문제를 논의하는 모든 서구적 논의가 신앙Belief과 이성Reason의 2원론적 분열 위에 정초하고 있다. 공포의 종교의 극복도 합리적 과학의 진보에 의하여 이룩될 수 있다고 럿셀은 믿었다. 그러나 재미있게도 우리나라에서 보면 과학자들은 거의 99%가 맹목적 예수쟁이들이다. 이공계의 과학자들은 인간의 문제에 대한 깊은 고민이 없으며, 대강 좋은 집안에 태어난 사람들이며, 대강 다 미국유학을 했으며, 대강 다 좋은 아파트에서 살고 있으며, 대강 다 대학이나 연구소에 확고한 직장을 가지고 있으며, 대강 다 예술적 취미가 없으며, 대강 다 일요일이면 할 일이 없어 심심한 사람들이다. 그래서 거의 다 교회에 나간다. 참으로 웃기는 일이다.

과학이라는 합리적 세계관은 비합리적 신앙을 근원적으로 수용할 수 없는 것이다. 리트머스 시험지가 알칼리성·산성의 액체에 따라 일정하게 변하는 법칙을 자연의 일반법칙의 규율 속에서 이해할 수 있는 두뇌구조로써는 도저히 동정녀탄생이나 부활의 기적을 믿어서는 아니 되는 것이다. 그러나 인간은 이러한 문제에 있어서는 "막가파"가 된다. 아무렇게나 편의대로 해석하는 것이다. 과학의 진보가 한국의 대다수의 과학자들을 아주 저열한 수준의 예수쟁이로 만들었다면, 이성은 신앙 앞에 영원히 무기력한 것이다. 이것이 서구문명의 한계이다. 항상 미신이 이성을 극복할 수 있도록 당초로부터 설계되어 있는 것이다. 희랍인들의 이성주의는 그 자체가 미신적이었다. 그렇다면 우리는 종교문제를 어떻게 접근해야 하는가?

종교는 신앙도 이성도 아닌 느낌Feeling이다. 느낌의 발전단계는 당연히 신앙과 이성을 통섭하는 것이다. 무엇을 느껴야 하는가? 바로 여기에 공포의 종교, 도덕의 종교의 차원을 근원적으로 초극하는 새로운 종교의 개념이 부상해야 하는 것이다. 그것이 무엇인가?

우리가 북한산을 바라볼 때도 어떤 사람은 북한산을 휘덮은 나무의 초록 잎새들만 바라보고, 어떤 사람은 잎새와 잎새 사이를 흐르는 기를 보고, 어떤 사람은 그 기의 유행流行 내면의 그윽한 리理를 보고, 어떤 사람은 그 흙 내면의 지층을 투시하고, 어떤 사람은 산의 앞면을 투과하여 그 후면을 계측하기도 한다. 셀 바이올로지스트들은 잎을 구성하는 세포들의 구조와 기능을 파악하겠지만 또 에콜로지스트들은 그 산이라는 유기체의 거대순환을 관망할 것이다. 지금 우리가 느낄 수 있는 우주는 실제로 천지라는 생명모델밖에는 없다. 비가 안 오면 가뭄을 걱정하며, 비가 너무 쏟아지면 홍수를 걱정하고 또 사대강 공사가 수포로 돌아갈까봐 마음 졸이는 꾀죄죄한 부류들도 있다. 하느님이 명사가 아니라 형용사라는 말은(그것이 동사일 수도 있고 부사일 수도 있다), 하느님은 이 세계를 창조한 창조주로서 이 세계 밖에 존재하는 것이 아니라, 이 세계의 생성 그 자체를 의미한다는 것이다. 그것이 "형용사"라는 뜻은 그것을 형용하는 인간의 인지능력이 무한한 층차를 지닌다는 뜻이다. 맹자는 선善 → 신信 → 미美 → 대大 → 성聖 → 신神의 층차를 제시했다(7b-25). 인지의 층차는 이러한 단계에 국한되는 것은 아닐 것이다. 다시 말해서 칸트로 대변되는 서구의 계몽주의사상가들은 "자연"을 이해하지 못했다. 그들이 본 자연은 물리적 법칙이 지배하는 역학의 수학적 결구일 뿐이다. 칸트 시대에는 전혀 오늘과 같이 생물학이 발전하지 못했다.

데카르트 이원론의 질곡을 오늘 이 시간까지 벗어나지 못하고 있는 것이다. 자연에서 물과 물자체는 대립될 수 없는 것이다. 그것은 생명적 순환의 연기구조 속에서 용해되는 것이다. 따라서 잡雜과 순純이 분리될 수 없다. 자연은 그 자체로서 무한한 인식의 차원epistemological dimensions을 지니는 것이다. 나의 결론은 이러하다. 21세기 인류의 종교는 천지의 종교로 진화해야 한다는 것이다.

종 교Religion		
제1단계	제2단계	제3단계
공포의 종교 Religion of Fear	도덕의 종교 Religion of Morals	천지의 종교 Religion of Tian-Di Cosmology
죽음 Death	욕망 Desire	생명 Life

천지 그 자체를 하느님으로서 인지하는 것이다. 그것은 서구철학이 말하는 현상Phenomena으로서의 천지가 아니라 무한한 자체초월의 가능성을 지니는 통합의 장Field of Consilience으로서의 천지를 말하는 것이다. 천지의 특징이 생명의 창조적 순환이며, 순환은 반복이 아닌 영원한 약동이다. 그 생생지위역生生之謂易의 생명의 약동에 대하여 끊임없는 외경심을 갖는 것이 바로 내가 말하는 천지종교인 것이다. 인간이 자기몸생명과 그 생명의 본원으로서의 천지온생명에 대한 외경심을 갖지 못한다면 그는 인간이라 말할 수 없다. 기독교가 조선민중에 장착된 이후로 기독교는 이러한 "민중의 종교"를 빼앗아갔다. 기독교가 이 땅에 들어오면서 조선민중의 지혜를 무가치한 것으로 만들었다.

기독교는 조선민중의 언어와 종교와 심성을 송두리째 앗아가버린 것이다. 천지종교의 성자는 평생을 자연과 더불어 오로지 자녀를 낳아 기르고 산천초목의 생성을 도우면서 산 평범한 농부들이라 할 수 있다. 농부에게 사악한 자는 있을 수 없다. 농부에게 지혜롭지 못한 자는 있을 수 없다. 농부에게 해탈은 상식이다. 불교와 기독교와 같은 아리안의 종교는 실상 모두 도시문화의 사악한 인간들을 배경으로 한 것이다. 기독교가 개화라는 명목으로 조선땅에 들어오면서 조선인에게 종교를 선사하고 구원을 일깨운 것이 아니라, 종교를 빼앗아갔고 영혼을 오염시켰다. 기독교와 과학은 전혀 별개의 사태이다. 과학은 조선인을 개화시켰지만 기독교는 조선인을 퇴화시켰다. 한국의 젊은이들이여! 도대체 왜 교회를 나가는가! 교회에 앉아있는 순간이 그대들의 할머니 할아버지가 동네 어귀 느티나무 서낭줄 아래 촛불 하나 쌀 한 종재기, 청수 한 그릇 떠놓고 빌던, 그 총총한 밤하늘의 신성함보다 더 거룩하다고 생각하는가? 뚜껑 덮인 첨탑 아래 돼지 멱따는 소리로 할렐루야를 외쳐대는 목사의 설교를 듣고 연보돈을 낼 여유가 있다면 북한산을 등반하며 시냇물 소리, 새소리, 바람소리를 들으며 도회지의 오염을 씻고 건강한 심신을 되찾고 돌아오는 것이 더 위대한 예배일 것이다. 이 세대를 본받지 말라! 오직 네 몸을 새롭게 함으로써 변화를 받아 그 몸을 천지하느님께서 기뻐하시는 거룩한 산 제사로 드리라! 상향尙饗!

"선생님께서 아무리 그렇게 말씀하셔도 교회 갈 사람은 갑니다. 제 생각으로도 대한민국의 기독교인구가 좀 감소하면 더 건강한 사회가 될 텐데 그러한 기미는 보이지 않습니다. 시중의 대형교회들은 보이지 않는 온갖 이권의 카르텔을 형성하면서 멤버십을 더 강화하고 있으며 사회권력의 중추를 형성하고 있습니다. 선생님의 외침은 무기력합니다."

— 많은 사람들이 교회의 운명에 관하여 혼동하는 측면이 하나 있다. 우리는 중세사회에 살고 있지 않으며 현대 시민사회에 살고 있다는 이 단순한 사실을 망각할 때가 많다. 근대시민사회의 성립과 더불어 가장 중요한 변화 중의 하나가 정치권력과 종교가 분리되었다는 사실이다. 다시 말해서 종교권력과 정치권력은 서로를 간섭하지 못한다. 국민들의 재산방위기구인 국가와 신앙공동체로서의 교회는 상호간섭하지 않는다는 것이 그 유명한 존 록크의 관용론religious tolerance이다. **신앙의 자유의 획득이란, 동시에 신앙을 타인에게 강요할 수 있는 일체의 기반을 상실하는 것을 의미한다.** 그리고 종교가 철저히 개인의 선택의 대상이 되었다는 것을 의미하는 것이다. 그리고 미국에서의 교회는 최초로 메이플라워호를 타고 플리무트에 온 필그림 조상들이 회중교회파Congregational Church의 사람들이었고 그러한 성향에 의해 회중주의의 원칙을 고수했다. 회중주의의 원칙이란 회중 개개인이 모두 성직자라는 원칙이다. 따라서 그리스도의 이름으로 두세 사람만 모여도 그것은 교회가 될 수 있다. 그 가운데 그리스도가 임재하여 회중들의 생각과 행동을 가이드해주신다는 것이다.

따라서 회중주의는 각 로컬 교회의 자치와 독립을 인정한다. 말틴 루터도 모든 신도들이 곧 목사라고 가르쳤다. 지역교회 단위는 그 자체로 보편교회의 일부가 되는 것이다. 장로교회도 마찬가지다. 신앙의 인義認의 교리와 유일한 하나님의 주권사상은 성속의 구별이 없이 신도 모두가 평등하다는 것을 강조하게 되고 따라서 평신도가 교회 치리治理에 참여하는 민주적인 제도를 확립한 것이 장로교회이다. 장로주의는 교황지상주의를 부정하고 민주주의적인 교직과 신도의 합의에 의한 자치제를 교회의 주체로 삼는다. 신앙과 구원에 관해서도 교황의 권위를 부정하고 성서와 성서에 기록된 하나님의 말씀을 토대로 하여 세워진 각 로컬 교회를 주체적인 권위로 삼는다. 한국에 온 선교사들도 바로 이러한 지역교회의 자치성, 독립성을 인정하였고, 그것이 기독교의 대중전파에 매우 효율적인 방편이 되었다. 따라서 교회는 마구 난립할 수 있으며, 실제로 교리의 해석에 관해서도 그것을 통제할 수 있는 제도적 장치는 거의 없다고 보아야 한다.

이러한 신앙의 자유와 지역교회의 독립성은 매우 중대한 결론을 도출한다. 자본주의 사회구조 속에서는 교회가 필연적으로 상업화될 수밖에 없는 것이다. 사실 대부분의 지역 교회는 동네 구멍가게와 하등의 차이가 없다. 목사가 개척교회라고 만드는 신앙공동체는 시민들의 자발적인 의지의 결집에 의한 것이므로 구멍가게에 손님이 찾아오는 것과 하등의 차이가 없다. 서울의 대형교회는 구멍가게보다는 큰 백화점 수준으로 보면 된다. 면세와 탈세에 의존하면서 그 나름대로 장사를 잘 해먹고 있는 것이다. 물론 장사가 잘 되는 교회도 있다. 팔고 있는 물건이나 점포 분위기가 좀 매력적이기 때문일 것이다. 나는 백화점 세일에 거의 가는 일이 없다. 백화점에서 아무리 좋고 비싼 물건을 팔아도 안 가면 그만이다. 현재 종교의 자유란 이런 수준의 이야기다. 대한민국의 시민은 누구든지 자유롭게 종교나 소속교회를 쇼핑할 수 있다. 그런데 더 위대한 종교의 자유는 안 가면 그만이라는 것을 의미하는 것이다. 종교는 쇼핑 안할수록 좋은 것이다.

현재 기독교의 성업은 진실로 매우 허망한 근거 위에 놓여있다는 것을 깨달아야 한다. 현재 인구가 줄고 있다. 젊은이들에게 왕조시대나 일제시대나 독재시대를 살았던 사람들이 느꼈던 피압박의 텐션이 없다. 인터넷 시대에는 교회에 안 나가도 빽줄이 없어 두려움을 느끼지는 않는다. 종교인구는 점점 현저히 줄 것이다. 그러면서 안되는 장사를 극복해보려는 타락상은 더 증가할 것이다. 내가 니체처럼 외치지 않아도 100년 후의 한국에서 오늘과 같은 지랄스런 대형교회의 광란이 유지되고 있을까? 일찌감치 찬물 먹고 속 차리는 것이 좋다. 나는 비판하지 않는다. 관망할 뿐이다. 그리고 진정한 신앙의 자유를 권유할 뿐이다. 성속의 구분이 사라진 전자기장의 세계에서 무슨 사기행각으로 교권을 유지하려는가? 한국기독교사의 최초의 사실을 잊지 말자! 한국인은 기독교를 외재적 강요나 전도가 없이 주체적으로 내면적으로 수용하였다. 이제 최후의 가설을 잊지 말자! 한국인은 기독교를 강요나 전도가 없이 주체적으로 내면적으로 토해 버릴 것이다. Amen.

"선생님 말씀을 좀 더 많은 사람들이 듣고 이해하고 고민했으면 좋겠습니다. 너무 무거운 주제가 아닌 가벼운 문제, 그러면서도 인간에게 빼놓을 수 없는 것을 얘기해봤으면 좋겠습니다. 사랑이란 무엇입니까?"

― 사랑이란 케미스트리이다.

"그게 뭔 말입니까? 무슨 화학반응 같은 것이라는 말씀입니까?"

― 모든 유기체는 생식reproduction의 의무를 갖는다. 그것은 누가 가르치지 않아도 자연스럽게 수행하는 생존의 기본적인 행위체계이다. 생식을 위하여 필요한 것이 양성의 코이투스coitus이다. 성교sexual intercourse라는 것이다. 결국 젊은이들이 묻는 사랑이라는 것은 이 코이투스의 과정에 개입되는 감정 같은 것이다. 동물의 세계에서는 코이투스는 성숙한 개체들 사이에서 매우 자연스러운 만남을 통해 랜덤하게 이루어진다. 닭이나 사자가 결혼식을 올리고 코이투스를 하지는 않는다. 물론 수컷이 암컷을 유인하는 춤을 추거나, 수컷 사이에서 암컷을 차지하기 위하여 겨루는 싸움이 있거나 하지만 궁극적으로 그들의 접합은 생리적 우연이며 특정성이 없다. 그리고 생리적 조건이 성숙한 발

정기에만 집약적으로 이루어지며 그것은 대개 난자와 정자의 결합을 성공시켜 자손의 산출을 기약한다. 자기복제의 의무를 행하는 것이다.

이러한 교미의 행위가 인간에게는 매우 복잡한 문명의 과정을 거치게 된 것이다. 수탉이 암탉 주변을 돌면서 춤을 추는 행위나 로미오가 창밖에서 줄리엣에게 시를 읊는 행위는 완전히 동일한 행위이다. 문명의 역사를 통하여 사랑에 관한 문학이나 예술이 극도로 발달해 있지만, 그것은 자연세계에 있는 다양한 구애의 방식과 크게 다를 바가 없다. 좀 복잡하고 세련된 장난일 뿐이다. 사랑은 결국 꼴림이다. 꼴리지 않으면 사랑은 없다. 그리고 꼴림이란 몸의 신경말단에서 분비되는 화학물질의 작용에 의한 것이다. 그래서 사랑은 케미스트리라고 말한 것이다.

"선생님! 좀 황당합니다. 사랑, 그러면 아주 낭만적인 근사한 말씀이 쏟아질 줄 알았는데 사랑은 화학작용일 뿐이라는 말씀은 너무 쿨합니다."

— 그렇지 않다! 인간의 본질을 매우 정직하게 파악해야 한다는 것이다. "사랑"이라는 말 자체가 기본적으로 우리의 정서를 대변하는 말이 아니다. 영어의 "러브Love"라는 매우 천박한 용어의 번역어일 뿐이다. 우리말의 고어에 "사랑"이라는 말은 없는 것은 아니지만 그것이 오늘날의 의미맥락을 지니는 뜻으로 보편적으로 쓰인 말 같지는 않다. 서정범선생의 추론대로 사랑은 "사람"과 같은 어원의 말로서 사람이 사람을 생각한다는 정도의 의미로 쓰인 것 같다. 대개 사랑한다는 것에 상응하는 의미로 가장 많이 쓴 말이 "괸다"라는 동사인데 이것도 대체로 "생각한다" "사모한다" 정도의 의미이다. 요새말로 "그리움"

정도에 해당되는 표현일 것이다. 누구를 "보고 싶다" "그리워 한다"는 것이야말로 "사랑한다"는 의미의 가장 순결한 정체일 것이다. 젊은 남녀가 서로 보고 싶은데 못 만나 병에 걸리는 것도 "상사병相思病"이라 했지 "상애병相愛病"이라고 하지 않았다.

현대어의 "사랑한다"와 한문의 "애愛"는 전혀 다른 의미이다. "애愛"는 사랑한다는 의미가 아니라 무엇을 "아낀다"는 뜻이다. 절약한다는 의미도 들어가 있고, 귀하게 여긴다, 보호한다는 의미가 들어가 있다. "애민愛民"이란 통치자가 백성을 내 몸과 같이 아낀다는 뜻이다. 그런데 현대어의 사랑Love은 플라톤의 에로스eros, 기독교의 아가페agape나 필리아philia, 그리고 영어의 "to make love"와 같은 표현에 담긴 남녀간의 성행위를 포함하여 모든 형이상학적·형이하학적 의미를 포괄하는 지극히 외연이 넓은 말이다. 그런데 이 말은 전혀 우리의 감정을 담고 있질 않다. 요즈음 사람들은 모든 인간의 행위를 "사랑"이라는 말로 휘덮어 버리려는 성향이 있는데 이것은 우리말의 개념지도를 크게 왜곡하는 것이다. 개념지도의 왜곡은 곧 우리의 감정구조를 왜곡하는 것이다. 감정구조의 왜곡은 정신적 환상에서 끝나지 않는다. 증오, 환멸, 이혼, 자살, 파탄, 살인, 정신질병 등 물리적 사태를 반드시 동반한다.

"그러니까 기독교의 영향으로 생겨난 '사랑'이라는 외래적 용어가 우리의 일상적 가치를 왜곡하고 있고, 그것으로 많은 정신질병이 만연하고 있다는 말씀이시군요."

— 참, 너는 말귀를 잘 알아듣는구나! 사랑이라는 말은 기본적으로 개화기를 접어들면서 기독교와 더불어 한국인의 심령을 갉아먹기 시작한 매우 이질적인 말이다. 최초의 한글성경인 『셩경젼셔』가 등장한 것이 1911년이다. 그 전에는 먼저 신약의 낱권들이 산발적으로 번역되었고, 그 후로 구약의 낱권이 번역되다가 1911년에 이르러 신·구약 합본의 『셩경젼셔』가 완성된 것이다. 이 번역들은 주로 영어와 중국어 그리고 일본어번역을 기초로 한 매우 불완전한 번역들이었다.

예를 들면 공관복음 중에서 가장 오리지날한 문헌인 마가복음 12장 29~31절에 이런 말이 나온다: "첫째는 이것이니 이스라엘아 들으라! 주 곧 우리 하나님은 유일한 주시라. 네 마음을 다하고 목숨을 다하고 뜻을 다하고 힘을 다하여 주 너의 하느님을 사랑하라 하신 것이요. 둘째는 이것이니 네 이웃을 네 몸과 같이 사랑하라 하신 것이라. 이에서 더 큰 계명이 없느니라."(마태 22:34~40, 눅 10:24~37에도 나오는 마가원자료). 여기 나오는 "네 이웃을 네 몸과 같이 사랑하라"라는 명제는 기독교의 건강한 윤리를 대변하는 말이다. 누구에게든지 설득력을 갖는, 너무도 유명한 예수님 말씀이다. 불트만Rudolf Karl Bultmann, 1884~1976과 같은 신약학의 대가도 이 "사랑의 계명the Commandement of Love"이야말로 기독교의 핵심이라고 보았다. 그런데 이 명제는 인류에 대한 보편적 사랑의 극점을 나타내는 것이 아니라 자기를 하나님에게 바치는 복종의 징표일 뿐이라고 해석한다. 이웃사람을 통해 신에 대한 사랑이 결정되는 것이 아니라, 신에 대한 사랑을 통해 이웃사랑도 결정된다는 것이다. 내가 나의 의지를 완벽하게 하느님의 의지에 복속시킬 때만 나는 나의 이웃을 진정으로 사랑할 수 있으며, 나는 신이 원하는 것을 원할 때에만 신을 사랑할 수가 있다. 불트만은 이 명제가 결코 휴매니스틱 아이디알humanistic ideal을 나타내는 것이 아니라고 보았다. 자기사랑은 이웃사랑에 선행하는 기준이 아니라 극복되어야만 하는 자연적 성향일 뿐이다. 사랑은 공감Sympathy과 같은 자연적 감정의 축적을 의미하는 것이 아니라 하나님에게 모든 것을 바침으로써 모든 사람을 사랑하는 전적인 결단의 자리에 서게 된다는 것이다. 하늘에 계신 나의 아버지의 온전하심과 같이 나도 온전해져야만 하는 것이다(마 5:48).

그런데 이렇게 무시무시한 레토릭으로써 인간의 완벽한 자기헌신, 자기포기를 강요하는 이러한 계명의 구체적 의미는 과연 무엇일까? 재미있게도 이 명제는 예수 자신의 말이 아니라, 예수가 구약의 율법을 인용한 것이다. 첫 계명은 신명기 6:4~5에서 온 것이다: "이스라엘아 들으라. 우리 하나님 야훼는 오직 하나인 야훼이시니, 너는 마음을 다하고 성품을 다하고 힘을 다하여 네 하나님 야훼를 사랑하라." 그리고 두 번째 계명은 레위기 19:18에서 왔다: "원수를 갚지 말며 동포를 원망하지 말며 네 이웃을 사랑하기를 네 몸과 같이 하라. 나는 야훼니라." 신명기 자료는 유대인 남자라면 하루에 꼭 두 번 아침과 저녁으로 암송해야 하는 쉐마shema라는 유대교신앙의 가장 근본 고백언명에 속하는 것으로 유대인 가정의 문설주에 붙어있는 메주자mezuzah 속에 들어가 있다. 레위기의 자료는 바빌론유치 이후에 예루살렘의 권위를 확립하고 이스라엘민족의 단합을 과시하기 위하여 편찬한 사제문서(P자료)에 속하는 것이다. 따라서 레위기에서 말하는 "이웃"은 불트만이 말하는 바 모든 사람을 의미하는 것이 아니라 유대인 동포에 한정된 말이다. 유대인들은 유대인 이웃은 사랑하지만 팔레스타인 원주민은 도살의 대상이다. 야훼의 유일성도 오직 유대인 종족신앙의 합리화일 뿐이며 보편적·포용적 전일자가 아니다. "유일한 하나님"이라는 것은 딴 종족의 하나님에게 한눈팔지 말고 유일한 것으로 유대인들이 받들어 모셔야 하는 하나님의 의미일 뿐이다.

물론 신약의 예수말씀을 구약의 협애한 종족주의와의 연속선상에서 해석해서는 아니 될 것이라고 생각하지만, 구약적 뿌리의 관념은 결코 해소되지 않는다. 불트만의 해석은 그의 해석방식 그 자체가 하나의 독일 실존주의적 관념이요 이데아이다. Q자료보다도 더 원 자료라고 말할 수 있는 도마복음자료에는 이렇게 되어있다: "**네 형제를 네 영혼과 같이 사랑하라. 그 사람을 네 눈의 동자처럼 보호하라.**"(제25장). 이 메시지가 가장 예수의 본래 말씀에 접근하는 말씀일 것이다. 이 로기온자료가 마가에 의하여 활용되면서 보다 페단틱pedantic한 모습을 띠게 하기 위하여 그리고 이스라엘사람들을 격발시키기 위하여 그들에게 가장 친근한 구절의 옷을 입혀 둔갑시킨 것이다. 예수의 본래 말씀에는 "이웃"이라는 말이 없다. "네 형제"로 되어 있다. "네 형제"란 바로 예수운동Jesus Movement에 참여하는 젊은 도반들끼리의 호칭인 것이다. 따라서 예수는 예수운동에 참여하는 "따르는 자들followers"의 결속을 요구한 것이다. 불행하게도 불트만은 도마자료를 연구할 기회를 얻지 못했다.

"선생님 말씀은 기독교에서 말하는 사랑의 명제들이 모두 보편적 사랑을 의미하는 것이 아니라는 말씀이군요."

— "보편적 사랑Universal Love"라는 것은 근원적으로 존재하지 않는다. 그것은 오직 관념으로써만 존재하는 이데아일 뿐이다. 이웃사랑이 하나님사랑, 즉 자기에 대한 이기적 사랑의 총체를 전적으로 투기하는 절대적 복종Absolute Surrender to God의 계기에 의해서만 달성되는 것이라는 말은 매우 근사하게 들리지만 전혀 실효가 없는 허언虛言일 뿐이다. 누가 과연 전 인류를 사랑해보았는가? 역대 미국의 대통령이 단 일 초라도 전 세계 인민을 빼놓지 않고 다 사랑한 적이 있겠는가? 기독교에 헌신한 모든 순교자나 선교자나 봉사자들의 행위를 특정한 맥락, 즉 그 행위가 가져오는 결과적 이권과의 완벽한 단절 속에서 이해하기란 참으로 어렵다. 탈레반의 종교를 빼앗기 위하여, 그들을 기독교로 개종시키는 위대한 역사를 행하겠다고 버스투어선교를 떠나는 강남 미치광이 목사들의 아해들, 공항의 경고싸인 앞에서 빅토리의 성호를 긋고 떠났다가 탈레반에게 붙잡혀, 온 국민을 불안에 떨게 하고, 막대한 국민의 세금을 축내고 풀려나온 그들에게 과연 인류사랑의 증표를 선사할 것인가? 도대체 왜 인류를 사랑해야 하는가? 나는 말한다. 사랑은 하지 않을수록 좋다. 젊은이들이여! 사랑하지 말지어다.

"조금 말씀이 과하지 않습니까? 예를 들면, 부부지간에 사랑하는 것이 뭐가 나쁘겠습니까?"

— 남편은 아내를 사랑하지 않을수록 좋고, 아내는 남편을 사랑하지 않을수록 좋다. 이 세상의 모든 부부들이여! 사랑하지 말라! 그대들이 사랑하지 않는다면 이 세상은 평온하리라!

"선생님 말씀이 점점 괴이해지는 것 같습니다. 혼란스럽습니다."

— "사랑"에 해당되는 우리말은 앞서 말했듯이 "괸다"든가, "아낀다" 하는 정도의 말들이다. 남편이 아내를, 아내가 남편을 생각해주고 배려해주고 아껴주면 그만이다. 사랑할 필요는 없는 것이다. 하루종일 가사에 시달려 피곤한 부인에게 잠자리에서 섹스를 요구하는 놈도 미친 남편이고, 하루종일 회사에서 격무에 시달리고 스트레스 받고 우울해져서 술이 취해 돌아온 남편에게 섹스를 요구하는 여인도 미친 아내이다. 서로를 아껴준다면 우선 그 몸을 아껴주어야 할 것이요, 사랑의 증표로서 몸을 해치는 바보짓들을 해서는 아니 되는 것이다. 사랑이란 말이 함의하는 내용들이 이렇게 형이상학적인 인류사랑부터 형이하학적인 육욕에 이르기까지 마구 혼란스럽게 뒤엉켜 타락되어 있다는 것이다.

남녀가 만나 가정을 꾸린다는 것은 기본적으로 종족의 번식을 위한 생물학적 행동이다. 자녀를 낳아 훌륭하게 키운다는 명제는 문명화된 생리본능이다. 따라서 애를 낳는다는 목적이 없으면 구태여 결혼을 할 필요가 없다. 계약적인 동거로도 충분할 것이고, 독신으로서 자유롭게 살아갈 수도 있다. 따라서 결혼의 일차적 목적은 자녀를 낳아 자녀를 훌륭하게 키움으로써 자신의 존재를 영속화시키는(생식 reproduction의 의미에는 재re-생산production이라는 뜻이 있다. 나의 존재의 재생산이다) 생물학적 의무를 다하는 것이지, 부부끼리 죽을 때까지 사랑하자고 결혼하는 것은 아니다. 기실 "사랑"이란 인생에 있어서 매우 협소한 부분에 국한되는 것이다.

마하트마 간디Mohandas Karamchand Gandhi, 1869~1948는 13살 때 결혼하여 인간의 성에 관하여 일찍 통찰력을 얻었다. 그는 브라흐마차리야 brahmacarya라는 인도 힌두이즘의 매우 보편적인 철학을 실천하였다. 간디는 부부지간에도 기본적으로 섹스는 자식을 갖기 위한 행위로서만 용납될 뿐이며, 그 외의 목적으로 섹스를 할 필요는 없다고 생각하였다. 그는 결혼의 삶 속에서의 "셀리바시celibacy"를 권유하였다. 간디는 남아공에서 진리파지운동Satyagraha을 시작하면서 브라흐마차리야의 실천없이는 공적인 삶에 완벽하게 헌신할 수 없다는 생각을 갖게된다. 그는 매우 신중한 사색끝에 브라흐마차리야의 서약을 한다. 그때 그는 불과 37살의 왕성한 나이였다. 자신의 육욕carnal lust을 제어하는 능력을 기름으로써 브라만을 자기 몸에 온전하게 구현하는 도道를 발견한 것이다. 매일 위로와 환희가 따라왔고 자기 삶에 신선한 심미의 감각이 드러나게 되었다고 그는 자서전에 쓰고 있다. 브라흐마차리야라는 말 자체가 "성스러운 삶holy life" 혹은 "베다를 공부하는 삶life of a Veda student"의 뜻이다. 우리가 문자 그대로 브라흐마차리야를 실천할 필요는 없다 할지라도 동방인의 이러한 지혜를 우리는 깊게 통찰할 필요가 있다. 동물의 세계에 있어서도 수컷이 평생 단 한 번의 섹스의 기회를 얻지 못하고 죽어가는 경우가 허다하다. 밀림의 왕이라고 하는 사자도 수컷의 60% 이상이 단 한 번의 섹스의 기회도 얻지 못한다. 암놈은 계속 강한 수컷을 선호하기 때문이다. 진실로 인간의 성은 과다, 과욕의 극치라 말할 수 있다. 간디가 권유하는 것은 알고 보면 지극히 자연적 생리에로의 복귀를 의미하는 것일 수도 있다. 텔레비전에 나와서 떠드는 비뇨기과 의사들은 늙어죽을 때까지 섹스를 계속 해대지 않으면 큰일 나는 것처럼 선전해댄다. 참으로 한심한 녀석들이다. 저나

매일 탐욕에 빠져 피곤한 인생을 살다 뒈질 것이지 왜 남에게 터무니 없는 의학정보를 남발하는가? 문제는 돈이다.

　나는 의료계에 종사한 사람이고 또 우리 집안에 의사가 특별히 많아 의료계 사정을 잘 아는 편이다. 종합병원 원장이 주재하는 과장회의에 가보면 맨 각과의 수입비율만 따지고 앉아 있다. 돈을 못 버는 과는 피보는 것이다. 현재 의료는 기업이다. 이렇게 기업화된 의료에 자신의 건강을 맡긴다는 것은 참으로 우매한 짓이다. 건강검진을 안하고 건강하게 사는 것이 좋은 것이다. 종합검진에서 체크되는 나의 몸에 관한 정보가 나의 생명상태에 관한 확고하고도 절대적인 정보체계라는 생각을 해서는 아니된다. 오진도 많고 내가 꼭 숙지해야만 할 필요가 없는 정보도 너무 많다. 생명의 존엄성을 하찮은 계량수치에 예속시킬 필요가 없다. 종합검진이라는 것 자체가 예방이라는 허울을 내걸지만 실제로는 백화점의 바겐세일 비슷한 것이다. 종합검진을 통해 환자를 양산해내는 것이다. 의료제국은 의료소비를 촉진시키는 방식으로 의료조직과 국가권력이 서로 얽혀져 있는 것이다. 환자가 양산되어야만 대병원의 수익구조가 돌아가게 되어 있다.

　정치는 개판으로 하면서, 다시 말해서 온갖 스트레스와 사회적 질병을 정치가 지속적으로 생산하면서 국민건강을 증진시킨다는 구실로 계속 환자를 양산해내는 싸이클 속에 국민을 예속시킨다. 의료보험공단은 국민에게 종합검진의 의무를 강요하면 안된다. 그것은 의무가 아닌 국민의 권리일 뿐이다. 검진을 받기 싫은 사람에게는 받지 않을 권리를 최대한 보장해야 한다. 매스컴을 통한 일체의 의료정보에 우리는 눈을 닫고 귀를 막아야 한다. 건강에 관한 상식을 들을수록 인간은 불건강해진다. 의사는 응급시에 필요한 존재일 뿐이다. 의사는 나의 건강을 증진시키지 못한다. 그들은 파괴를 회복시키는 데 도움을 줄 수는 있지만 정상인의 건강을 증진시키지는 못한다. 나의 건강의 기준은 오직 나의 몸일 뿐이다. 인간은 자기 몸의 소리를 들을 줄 아는 지혜가 있어야 한다. 나는 의사다. 개업의 경력을 가진 의사로서 이야기하는 것이다.

꼴리지 않으면 그것을 생리적 축복으로 알고 성스러운 삶을 살면 그만이다. 부부지간에 겨우 할 일이 섹스밖에 없는가? 꼴리지 않으면 안하면 그만이다. 어찌하여 비아그라를 먹고 지랄발광을 해야 하는가? 원 세상에 이런 미친 의료가 어디 있는가? 이런 것들이 모두 기독교와 관련되어 우리 삶에 침투한 사랑이라는 개념지도의 왜곡과 관련된 문제들이다. 사도 바울도 셀리바시를 권유하였지만 그는 긴박한 재림Imminent Second Coming의 환상을 가지고 있었기 때문이었다. 어차피 곧 올 마지막 심판의 날에는 독신으로 있는 것이 구원에 유리하다는 생각 때문이었다. 기독교는 성을 천지음양의 자연스러운 조화로 받아들이지 않고 죄악시하였다. 그 죄악시함으로 발생한, 문명 속에서 축적된 의식의 콤플렉스가 프로이드의 리비도이론의 기초가 되었고, 그것이 모든 싸구려 팬섹슈알리즘pan-sexualism적인 20세기 성문화를 생산해낸 것이다.

간디가 말하는 브라흐마차리야철학의 배경에는 아유르베다의학Āyurveda Medicine의 인간이해의 심오한 정신이 깔려있다. 인도에서 성자가 된다는 것은 정액이 뇌까지 가득찬다는 것을 의미한다. 그것을 "우르드흐바 레타스*ūrdhva-retas*"라고 말한다. 올가즘을 통한 사정은 남성의 가장 고귀한 정력의 정수를 방출하는 것을 의미하며 그것은 남성의 힘을 약화시키는 것을 의미한다. 사정 없이 성교를 하는 다양한 방법이 밀교에서 개발이 되었지만 그것은 다 부질없는 짓이다. 특수한 체제 속에서 승려가 젊은 여성을 택하여 성교로써 수도하는 방법도 있다. 그러나 이런 짓들은 결국 다 음탕한 짓이다. 그리고 사정 없이 성교하는 것은 전립선에 부작용을 초래하여 반드시 불건강한 결과를 낳는다. 정신적으로도 사람이 구질구질 해진다. 한국 승려나 불교도들이 요즈음 티벹불교의 영향으로 밀교에 미친 사람이 많은데, 우리가 깨달아야 할 것은 선禪 이상의 밀의密義는 없다는 것이다.

가장 건강한 방법은 성으로부터의 절제를 배워서, 다시 말해서 하초로부터 정精을 축적하여 상초에까지 올라차게 만듦으로써 위기衛氣를 강화시키고 영기營氣를 건강케 만드는 것이다. 인도의 성자들이 노년의 나이에도 불구하고 맨몸으로 빈약한 식사에도 건강하게 견디는 것은 기나긴 금욕을 통하여 우르드흐바 레타스를 달성하였기 때문이다. 부부지간에도 혈기가 왕성한 젊은 날에는 서로가 정을 방출함으로써 건강할 수도 있지만, 자식이 어느 정도 크고 자신들의 삶이 안정되면, 성교를 삼가고 보다 건강한 성스러운 삶의 주제들을 찾아 나가는 것이 훨씬 더 바람직한 삶의 태도라 말할 수 있다. 평생 사랑에만 미쳐서, 서로 죽자 사자 사랑이란 테마의 틈만 엿보다가 서로를 파멸시키는 불상사가 얼마나 많은가?

부부는 사랑할 필요가 없다. 부부의 테마가 애초부터 사랑이 아니라는 것을 깨닫게 되면 서로가 훨씬 더 위대한 삶을 살 수가 있는 것이다. 다석 유영모 선생이 52세 되던 해에 일일일식一日一食과 더불어 부부금욕을 의미하는 해혼解婚을 선언하고 평생 김효정 여사와 다정한 친구처럼 해로한(비슷한 시기에 같이 타계했다) 이야기도 잘 알려진 이야기이지만 사실 그런 것은 선언까지도 할 필요가 없는 동방인의 상식이다. 여자가 나이 50에 폐경을 한다면 남자가 나이 50에 폐정을 한다 해도 그것은 자연스럽고 아름다운 일이다. 시바Śiva는 그의 부인 파르바티Pārvati를 열정적으로 사랑하지만 항상 냉엄한 금욕을 실천하는 명상의 자세를 취하고 있다.

"처음에는 선생님의 말씀이 역설처럼 들렸는데 이제는 이해하기 쉬운 직설처럼 들리는군요. 하여튼 '사랑'이라는 말이 너무 왜곡된 의미로 우리 사회에서 쓰이고 있다는 것을 알겠군요."

— 전화번호를 몰라 114에 전화를 걸면 대뜸 "고객님, 사랑합니다"하고 낯선 젊은 여자의 목소리가 튀쳐나온다. 어느 미친놈이 이런 언어설계를 했는지는 모르지만 천 번을 들어도 영 익숙해질 수 없는, 고약하게 당혹스러운 언어체계이다. 우선 전화번호를 문의한다는 것은 "고객"으로서 묻는 것은 아니다. 114는 지금은 기업화되었다고 하지만 본시 공적인 서비스기관이다. 상대방을 우선 고객으로서 규정함으로써 전화번호를 묻는 일반주체를 상업화시키고 있다. 그냥 "안녕하세요, 뭘 도와드릴까요?"라고 하면 될 것이다. 우리 말은 대부분의 경우 주어를 명기 안할수록 아름다운 말이 된다. 더구나 내가 전화번호를

알기 위하여 문의하는 행위는 교환수에게서 사랑을 갈구하기 위하여 묻는 것은 아니다. "사랑합니다"라는 명제는 분명 내가 너를 사랑한다고 하는 사실을 확언하는, 지극히 여운이 없는 단정적인 직설이다. 공적인 언어로서 도저히 수용이 될 수 없는 망언이다. 그런데 이런 비상식과 어색함과 감정의 왜곡이 점점 이 사회의 언어공간을 메워가고 있다. 참으로 불행한 일이다. 그래서 부부 사이에도 "아이 러브 유"만 연발하다가 그런 소리가 안 들리면 사랑이 금이 갔다고 생각한다. 그래서 열심히 부인에게 육보시 서비스를 해야 한다고 생각한다. 북한산 등반을 해보면 어제 밤에 서비스를 한 놈들은 잘 못 올라오고 헉헉 거린다. 정액의 고갈처럼 비극적인 사태는 없는 것이다.

"선생님! 그런데 사랑이 케미스트리라는 것은 어떠한 맥락에서 하신 말씀입니까?"

— 사랑이라는 일반명사의 외연을 축소시키자는 것이다. 사랑은 오직 내 몸의 꼴림의 화학작용의 현상에 국한되는 것으로 생각하자는 것이다. 그 외의 사랑의 범주에 속한 일체의 행위는 인간의 일반도덕 범주에 환원시켜야 한다는 것이다. 예를 들면, "플라토닉 러브Platonic Love"라는 것은 있을 수도 없는 얘기이다. 남녀간의 사랑은 꼴림밖에는 없다. 고결한 이념에의 헌신, 이런 것은 일반도덕명제에 속하는 것이지 구태여 사랑이라는 개념으로 뭉뚱거릴 필요가 없다는 것이다. 사랑이라는 말은 동방인의 삶의 주제가 되어본 적이 없다.

"그렇다면 사랑에 해당되는 말은 무엇인가요?"

— 남의 고통을 내 고통처럼 생각하고 "느끼는" 마음, 이런 것을 측은지심惻隱之心이라고 불렀는데 이것은 동방인이 생각한 사랑의 가장 대표적인 표현이다. 그리고 사회적 불의에 수치를 느끼는 정의로운 마음, 이것을 수오지심羞惡之心이라 불렀는데 이것도 사랑을 대치하는 개념이다. 그리고 매사에 자기가 앞서지 않고 타인에게 양보할 줄 아는 마음, 이것을 사양지심辭讓之心이라 불렀다. 인생에서 손해볼 줄 아는 여백이야말로 가장 소중한 "멋"의 원천인 것이다. 그리고 매사에 투철하게 시비를 가릴 줄 아는 판단력, 이것을 시비지심是非之心이라 불렀다. 시비의 판단력도 이성만의 계산에 의하여 이루어지는 것이 아니라 느낌의 복합성과 연계되어 있는 것이다. 즉 측은지심, 수오지심, 사양지심, 시비지심은 각각 인仁·의義·예禮·지智의 단초라고 불렀는데, 내가 생각하기에는 사랑이란 동방인의 감성구조에 있어서는 이러한 인의예지로 환원되는 것이다.

"인의예지를 보다 축약적으로 표현하는 말은 없습니까?"

— 그것이 바로 "효孝"라는 것이다. 많은 사람들이 이 "효"라는 말을 너무 왜곡된 천박한 맥락에서 이해하고 있는데, 한자문명권의 사람들의 모든 가치를 집약하는 철학적 개념으로서 서구문명의 언어세계 속에서는 발견할 수 없는 독특한 개념이라는 것을 알아야 한다. 영어에도 "효"에 상당하는 말이 없다. 그것은 곧 서구인들의 가치관 속에는 인륜을 바탕으로 한 내재적 보편개념이 없고, 모두 인륜의 가치가 초월적·관념적·신적 가치에 의하여 규정당한다는 것을 의미한다. 서구인들은 근원적으로 효를 모른다.

그런데 동방인조차도 효에 대한 관념이 왜곡되어 있다. 효를 기껏해야 부모에 대한 복종적 규범윤리normative ethics로서 이해하고 있다는 것이다. 공자도 맹무백孟武伯이 효라는 게 도대체 뭐냐고 물었을 때, "오직 자식이 병들까봐 걱정하는 부모의 마음父母唯其疾之憂"이라고 대답했다. 효는 자식이라는 약자가 부모라는 강자에게 순종하는 것이 아니다. 그 일차적 함의는 상향적이 아니라 하향적인 것이다. 즉 자식의 마음이 아니라 부모의 마음인 것이다. 다시 말해서 자기방위능력이 없는 무기력한 자식이 절대적인 보호를 필요로 할 때 그것을 무조건적으로 제공하는 부모의 마음인 것이다. 닭을 보아도 자기가 부화시킨 병아리들의 생명을 보호하는 그 헌신적 자세를 보면 인간에게 있어서 부모의 효가 무엇인가를 처절하게 객관화시켜 관찰할 수 있다. 어미 닭은 먹이를 취해도 절대로 자기가 먼저 먹지 않는다. 반드시 병아리를 먼저 멕인다. 사양지심의 극치라 할 수 있을 정도로 자신의 생존을 뒤로 한다. 병아리를 품고 있는 한, 하늘의 수리에게도 저항하여 자신이 죽을지언정 병아리를 내주지는 않는다. 내가 키우던 봉혜는 주변의 고양이들을 선제공격하여 모두 제압했다. 고양이들이 범접할 수 없을 정도로 맹금의 맹렬함을 과시했다. 그 병아리에 대한 헌신적 삶은 밤과 낮을 가리지 않고 24시간 지속된다. 그러나 이렇게 지독한 보호의 기간도 길어봐야 50일을 넘기지 않는다. 어떤 때는 25일까지 단축화되는 경우도 있었다. 자신의 몸의 정상생리가 회복되고 다시 배란이 시작되면 자신의 삶을 되찾고, 새끼들을 위한 자신의 헌신을 과감하게 종료한다. 그 종료방식이 너무도 눈물겨웁게 처절하다. 새끼들은 50일 동안 그토록 자기들을 헌신적으로 돌보아주었던 엄마 품을 그리워하며 계속 다가오지만, 어느 순간부터 사정없이 새끼들이 근접 못하도록 쪼아버린다. 쪼는 방식이 매우 충격적으로 냉엄하다. 새끼들은 무의식적으로 이틀 가량 엄마 품으로 계속 다가가지만 무자비하게 쪼임을 당한다. 그리고는 결국 독립된 개체로서 자신을 의식하게 된다. 엄마가 갑자기 남남이 되어버리는 것이다. 봉혜는 그 뒤로는 바로 자신의 잠자리 홰대인 정원의 높은 나무로 후루룩 날아가 버렸다. 어미 닭이 병아리를 이렇게 사정없이 쪼아버리는 시기는 이미 병아리들이 하나의 성숙한 개체로서 자신의 삶을 살아가는 조건이 갖추어진 때이다.

이렇게 하나의 유기체로서 자기가 속한 사회 속에서 독자적인 삶을 영위하기까지의 과정을 사회화과정socialization process라고 부르는데, 이 사회화과정이 인간의 경우는 매우 길어졌다. 닭에서는 50일이면 병아리는 완전히 독립하는데, 인간은 그 기간이 아무리 짧게 잡아도 최소한 10년은 된다. 우리가 보통 미성년자라고 부르는 나이가 사회화과정을 나타내는 기간이다. 그런데 요즈음은 30세가 넘도록 부모에게 전적으로 의존하고 사는 자식이 많으니 사회화가 30년 이상으로 늘어난 것이다. 이것은 결국 사회화과정에 생리과정을 초과하는 문명의 개입이 과다하다는 의미인 것이다. 문명 속에서의 자립을 위한 기간이 비상하게 연장되었다는 것을 의미한다. 그리고 조류인 닭과 포유류인 인간이 독립된 개체로서 성장해나가는 과정에 매우 큰 차이가 하나 있다. 병아리는 알에서 깨어난 이후 48시간 이내로 스스로 외부에서 먹이를 취하지 못하면 죽는다. 알 속에서 활용한 영양분 덕분에 이틀 가량은 버틸 수는 있지만 그 시간이 지나서부터는 스스로 외부에서 먹이를 취해야 한다. 엄마의 몸이 먹이를 제공하지는 못한다.

그러나 포유류의 경우는 사정이 다르다. 엄마의 몸 그 자체가 신생아가 생존할 수 있는 모든 영양분을 제공하는 것이다. 유즙분비 lactation라는 복잡한 기전을 통하여 엄마의 몸이 신생아에게 분유되는 것이다. 에스트로겐과 프로게스테론은 유방을 풍요롭게 만드는 데는 기여를 하지만 유즙분비는 억제시킨다. 그런데 신생아가 태어나면서 에스트로겐과 프로게스테론의 분비는 중단되고 그 대신 대량의 프로락틴prolactin이라는 호르몬이 뇌하수체 전엽에서 분비되면서 유즙 생산을 촉진한다. 그리고 신생아가 엄마의 유두를 빨아 자극하면 프로락틴의 분비는 10배로 증가한다. 그리고 프로락틴의 분비는 뇌하수체 전엽에서 분비되는 성선자극 호르몬은 황체형성 호르몬luteinizing hormone과 난포자극 호르몬follicle-stimulating hormone의 형성 그 자체를 억제시키기 때문에 여성의 생식생리순환기전이 억제된다. 그래서 아기가 젖을 빨면 최소한 6개월 이상 월경이 중단되는데, 이것은 닭이 먹이를 병아리에게 양보하면서 자신의 배란을 억제시키는 기전과 상응한다.

신생아가 엄마 몸 자체에서 분비되는 유즙에 생존을 의지한다는 것은 조류에 비해 영양조건이 상당히 까다롭게 되었다는 것을 의미하며 그만큼 신체조건이 고등화되었다는 것을 의미하지만, 결과적으로 독립적 생존이 불가능하게 되었다는 것을 의미한다. 유선mammary glands은 기나긴 진화의 과정에서 가슴의 땀샘조직이 여성생식체계의 부속기관으로서 분화된 것이다. 이 포유류는 대체로 털이 덮인 온혈동물이다. 인간도 본시 털이 덮인 동물이었다. 인간이 이지가 발달하면서 생존영역을 확대하고 옷을 입게 되고 그로 인하여 털이 퇴화되는 과정을 거쳤는지는 잘 알 수 없지만, 대체로 문명화과정 속에서 털이 퇴화되었다고 말할 수는 있을 것이다. 온혈포유류는 공룡파충류와 비슷한 시기에 지구상에 출현했지만 거대한 공룡에 짓눌리어 거의 1억 년 동안을 음지에서 바르르 떨면서 숨죽이고 살았다. 그들은 밤이 오기를 기다렸다가 거대 파충류들이 남겨놓은 음식물들을 주워먹었다. 그러나 K-T대멸절로 공룡이 사라지자 사정이 달라졌다. 중생대 백악기가 끝나고 제3기Tertiary 팔레오세가 시작되면서 하늘을 나는 조류와 땅을 기어다니는 포유류는 역동적인 대위법 선율을 연주하면서 지구의 모든 육지로 퍼져나갔던 것이다. 보드라운 털이 덮인 따스한 온혈의 엄마 품 안에서 아무 생각 없이 엄마 젖만 빨면서 성장할 수 있는 조건이라는 것은 모든 생명체에게 더없는 안락과 평화를 제공하는 특별한 상황이다. 나는 이 절대적 의존absolute dependence의 의식적·무의식적 기저가 인간의 모든 종교적 감정의 원천을 형성하였다고 주장한다.

종교를 특정제도가 아닌 인간보편의 현상으로서 연구한 최초의 사상가 슐라이에르마하Friedrich Schleiermacher, 1768~1834가 신앙Glaubenslehre은 지知knowing와 행行doing과는 구분되는 즉각적 자의식 속에서의 감感feeling이며, 그 감이라는 것은 바로 "절대적 의존의 느낌the feeling of absolute dependence"이라고 했는데, 나는 이 절대적 의존의 느낌의 아키타입을 포유류의 수유기간의 느낌에서 찾는다. 이 지구상에 포유류가 등장하고 나서 비로소 "사랑"이라는 말이 의미를 갖게 되었고 그 사랑은 일방적 헌신이나 절대적 의존을 바탕으로 하게 되었다. 그리고 비로소 "슬픔"이라는 것이 의미있게 되었다. 닭을 키워봐도, 순간 부주의로 고양이에게 병아리의 채임을 당한 에미 닭의 상실감, 어쩔 줄 몰라 하는 닭의 행태에서 그 슬픈 감정의 표현을 충분히 읽을 수 있다.

인간의 경우, 엄마가 유즙을 많이 분비하는 시기에는 1.5리터의 젖을 생산한다. 이 유즙분비만큼 엄마의 몸으로부터 신진대사의 기질metabolic substrates이 빠져나가는 것이다. 50그램의 지방, 100그램의 락토스가 엄마의 몸으로부터 매일 사라지며, 2 내지 3그램의 칼슘, 인산염 그리고 비타민이 빠져나간다. 엄마는 자식에게 몸으로 성장의 모든 조건을 제공하는 것이다.

이러한 상호의존적인 일체감 속에서 신생아가 체험하는 절대적 의존과 보호의 안온한 느낌은 자아Ego라는 주체의식, 즉 대상과 주체가 분열을 일으키기 이전의, 즉 언어 이전의pre-linguistic 일체감이며 바로 이것이 효孝의 아키타입이며, 모든 종교적 환상의 언어적 표현의 원초적 느낌Proto-Feeling을 형성하는 것이다. 프로이드는 인간의 생명의 원초적 에너지를 리비도libido로 보았지만 우리 동방인들은 "효Xiao"로 보았던 것이다. 리비도는 욕망과 쾌락의 근원으로서 죄악과 억압의 대상이 되지만, 효는 사랑의 근원으로서 도덕의 원천이 된다.

"너무도 새롭고 명료한 도덕의 근원을 원초적으로 제시하시는군요. 정말 몰랐습니다. 서구적 사랑의 개념이 효라는 그 한마디로 환치되고 축약될 수 있다는 것은 정말 놀랍습니다. 부모의 효로 인하여 자식은 그에 상응하는 효를 행하지 않을 수 없게 된다는 말씀이군요."

— 그 효를 행하지 않으면 사람이 아니다. 맹자도 "측은지심이 없으면 사람이 아니다.無惻隱之心, 非人也。"라고 말했는데, 동방인들은 효가 없으면 사람이 아니라고 생각했다. 요즈음 부모가 자식을 키우면서 "너

만 잘되면 된다"하여 효심을 가르치지 않는 것은 매우 잘못된 서방교육의 폐해이다. 효라는 것은 어렸을 때부터 인간의 가장 가깝고, 가장 비근하고, 가장 원초적인 자기 심성의 바탕으로부터 도덕적인 마음, 즉 측은지심의 인仁의 섬세한 감각을 가르침으로써, 그 느낌을 확충해나갈 수 있는 바탕을 마련해주는 것을 말한다. 그것은 좁은 의미에서의 가족주의나 네포티즘nepotism을 말하는 것이 아니고 보편윤리의 실제적 느낌의 근거를 말하는 것이다. 신에 대한 사랑은 너무 허구적이다. 엄마에 대한 사랑은 너무도 리얼한 것이다. 다시 말해서 동방인들은 엄마의 절대적 의존의 품을 하느님이나 관세음보살의 품으로 추상화시킨 것이다. 인간에게 태양과 엄마 이상의 하느님은 있을 수 없다. 엄마는 곧 하느님인 것이다. 그 마음으로 보편적 건곤동포애乾坤同胞愛에 도달해야 한다는 것이다. 탈레반에게 하나님의 복음을 전파해야 한다고 믿는 사람들이 북한동포는 다 빨갱이들이래서 박멸의 대상이라고 믿는 아이러니는 도무지 이해할 수가 없다. 그리고 그들은 효라는 가치관을 무시하였기에 그런 우매한 행동을 하였을 것이다. 한국의 보수 기독교인들은 대부분 빨갱이 박멸주의자들이다! Jesus Christ! 그리고 그들은 대부분 부모제사도 지낼 줄 모르는 불효자식들이다!

"선생님께 사랑에 관해 더 많은 말씀을 듣고 싶지만 시간이 너무 촉박한 것 같고 또 저희에게 보다 절실한 문제가 많아 질문을 옮겨 보고자 하는데요. 선생님! 사랑은 케미스트리라고 말씀하셨습니다. 그런데 자꾸 심하게 꼴릴 때는 어떻게 하면 좋습니까?"

— 꼴리면 하면 되지 않을까?

"그런데 유감스럽게도 할 수가 없지 않습니까? 예쁜 사람을 쳐다보기만 해도 꼴리는데 꼴린다고 그 사람과 할 수가 있겠습니까?"

— 젊음은 꼴림이다. 꼴리니까 젊음이다. 학생시절에는 버스간에 올라타면 앞에서 손을 들고 있는 여학생 겨드랑이 밑에 난 털만 봐도 성기가 터질 듯이 꼴리게 마련이다. 우리가 어렸을 때는 항상 통학 버스간이 항상 초만원이었다. 중간이 텅 빈 공간이었기 때문에 승객들이 콩나물시루처럼 가득 들어찼는데도 계속 문간에서는 차장이 종이 꾸겨쳐넣듯이 손님을 집어넣는다. 그래서 버스가 움직이는 시간에는 남녀의 궁둥이나 젖가슴이 뭉실뭉실 접촉되어도 불가피할 수밖에 없었다. 당시 빈곤한 한국사회 속에서는 이런 광경이 모두 절박한 삶의 한 과정이었다. 자아~ 한번 이런 문제를 잘 생각해보자!

남자나 여자나 꼴리는 것은 마찬가지다. 여자의 성기에도 "자지"가 들어있기 때문이다. 여자의 성기 중에 클리토리스clitoris는 남자의 음경과 상동기관으로서 발생과정에서 보면 남·여 태아가 거의 같은 모양으로 진행하다가 여자의 주요 생식기관이 발전하면서 그것은 퇴화되는 형태로 위로 오그라붙는다. 그러나 클리토리스의 뿌리를 살펴보면 남자의 자지와 같은 발기조직erectile tissues이 있어서 흥분과 동시에 피가 몰려 팽창한다. 그러나 꼴려봤자 겉으로 드러나지 않으므로 사회생활에서는 유리할 것이다. 하여튼 남자는 하루에 백 번이라도 꼴릴 수 있다. 그런데 이것은 매우 희한한 현상이다. 동물의 세계에 있어서는 암수의 성기가 다 노출되어 있다. 시각의 대상이다. 다시 말해서 성기를 본다는 것만으로 흥분이 일어나지는 않는다. 그러나 인간의 경우

가려진 성기가 시각의 대상이 되기만 해도 백발백중 꼴리게 마련이다. 이것은 우리의 성적 자연현상과 문명이 얼마나 밀착되었는지를 말해주는 좋은 예이다.

동물의 경우는 코이투스(성교)라는 행위는 실제로 생식을 위한 것이며 따라서 대체적으로 남성의 성기가 꼴리는 현상도 여성의 발정시기에 국한되는 것이다. 발정發情은 보통 우리말로는 "암내 풍기는 시기"라고 하는 것인데 생물학 용어로는 에스투르스estrus라고 하는 것이다. 에스투르스는 에스트로겐 호르몬이 다량 분비되는 시기 직후에 해당되며 기초체온법으로는 온도가 확 떨어지는 배란ovulation의 시기에 해당된다. 배란이 체내에서 이루어졌다는 것은 암컷의 수정준비가 완료되었다는 것을 의미하며 이 완료의 싸인을 수컷을 유인하기 위하여 체외로 발송한다. 이 냄새가 바로 페로몬pheromone이라는 화학물질로 일컬어지는 암내라는 것이다. 이 암내가 나는 시기를 에스투르스라고 말하고, 이 에스투르스 시기에 사방에서 수컷들이 코이투스를 위하여 모여들게 된다. 이 냄새는 실로 강력하여, 상당한 반경의 수컷을 흥분시키며 유인하는 힘을 가지고 있다.

한번 이렇게 생각해보자! 한 젊은 여자가 지하철에 앉아있고, 그 주위에 건장한 남자들이 앉아있다고 해보자. 그런데 이 여자가 에스투르스 시기에 있었기 때문에 강력한 페로몬 냄새를 풍기어 그곳에 앉아있는 남성들의 자지들을 일시에 다 꼴리게 만들었다고 하자! 자연상태에서는 그 남성들이 다투어 그 여자와 교미를 하기 위해서 달려들 것이다. 이런 현상을 메일 어그레션male agression이라고 한다. 남성의 공격

본능이 일시에 증가한다는 것이다.

그러나 다행스럽게도 인간세상에서는 이런 현상이 일어나지 않는다. 우선 호모사피엔스 여성은 암내를 풍기지 않는다. 외부에서 한 여성을 쳐다보는 것만으로 그 여자가 발정기 즉 배란기에 있다는 것을 알 길은 없다. 다시 말해서 암내가 퇴화되어 사라진 것이다. 본인은 에스투르스를 느낄 수도 있다. 음순이 평상시보다 도톰하게 되고 핑크빛이 더 돌면서 거무튀튀한 색깔이 나게 되고 분비물이 심해지는, 그런 비슷한 몸의 변화를 느끼는 여성이 있다. 월경과 월경 한가운데 어느 시점에 대체로 음순과 클리토리스 부근이 뻐근하게 느껴지는 것이다. 그러나 대부분은 이런 것도 감지 못할 수도 있다. 사회생물학자들은 인간의 사회진화가 이러한 성징을 퇴화시켰다고 보지만 그 매카니즘은 구체적으로 증명할 길은 없다. 하여튼 인간은 사회생활을 하기 위하여 메일 어그레션을 감소시켜야 했고 그래서 수렵과 같은 생존을 위한 협동이 항시 가능하게 되었다고 본다. 하여튼 인간에게 있어서 에스투르스가 퇴화되면서 나타난 재미있는 부작용이 "항상 꼴린다"는 현상이다. 인간은 문명사회를 발전시키면서 항상 어느 시기고 마구 꼴리고 마구 섹스를 할 수 있는 유일한 동물이 된 것이다.

"선생님! 그렇다면 청소년이 항상 꼴리는 현상도 아주 원초적인 자연상태에 즉해서 말한다면 오히려 부자연스러운 현상이라는 역설이 성립한다는 이야기이겠군요."

— 그렇다! 기독교나 서구문명은 대체적으로 성을 죄악의 근원으로

보았고, 그러한 가치관에 기초한 유대인 프로이드는 성을 맹목적 쾌락의 원리로 파악했다. 그런데 서구의 심리학자들이 말하는 "본능 instinct"이라는 것은 대체로 문명의 오염 속에서 타락한 인간의 행동패턴을 착각하여 오치誤置한 것이다. **본능이란 자연상태에서 훨씬 더 질서 있고 리드믹하며 도덕적이고 균형감이 있는 것이다.** 크게 보자면 인간의 모든 도덕적 행동의 원형이 본능의 범위 속에 포괄되는 것일 수 있다. 우리가 대체로 "악"이라 부르는 것은 본능의 가치가 아닌 문명의 가치들이다. 호모 사피엔스의 본능 속에는 대규모 전쟁이나 현 정권의 권력자들이 해쳐먹는 대규모 사기라든가 반공이라는 이념적 증오 같은 것은 들어있지 않다. 맹자와 성性에 관해 논의한 고자告子 선생도 "식색食色이야말로 인간의 고귀한 본성이다"라고 말했고, 공자도 "성상근性相近, 습상원習相遠"이라고 말했다. 인간의 본성은 본시 태어난 대로 서로 가까운데, 문명 속에서 성장하면서 학습에 따라 서로 멀어지게 된다는 뜻이다. 다시 말해서 인간의 죄악은 후천적 학습에서 발생하는 것이지 그것을 본성으로 소급시킬 필요는 없다고 공자는 본 것이다.

섹스만 해도, 여성의 에스투르스를 전제로 한다면 부부지간에도 한 달에 한 번만 섹스를 하면 족한 것이다. 그런데 한 달에 한 번만 섹스를 한다는 것은 현대인에게는 고자라도 된 듯한 착각을 주는 상상도 못할 큰일이 되고 말았다. 모든 삶의 기준이 그릇된 인간이해 속에서 과도한 쾌락과 욕망의 굴레로 빠져들었다는 것이다.

"선생님께서는 성인들의 이야기만 하시네요. 가장 잘 꼴리는 것은 청소년입니다. 청소년의 경우 꼴리는 것을 어떻게 해결해야 합니까?"

— 꼴리면 해야 된다. 이것이 내가 아까부터 한 말이다. 이것은 "꼴림"에 대하여 일체의 도덕적 가치를 부여하지 말아야 한다는 것이다. 다시 말해서 코이투스는 그 자체로서 도덕적 평가의 대상이 되어서는 아니 된다는 것이다. 지금 한 남학생이 버스간에서 정말 하고 싶은 충동을 느끼는 여학생을 발견했다고 하자! 음경이 빵빵하게 발기했다고 하자! 바로 달려가서 코이투스를 할 수 있는가? 물론 닭장에 있는 닭들을 보면 그런 순간에는 충동적으로 섹스를 끝내버린다. 닭은 코이투스의 기간이 불과 3초에 불과하다. 인간은 평균 10분 정도는 걸려야 한다면, 정말 불리한 조건이다.

버스간에서 꼴린다고 여학생에게 달려갈 수는 없다. 꼴림에도 불구하고 여학생에게 다가가서는 아니 되는 그 거리가 바로 수백만 년을 통하여 발전시켜온 "문명의 거리the Distance of Civilization"라는 것이다. 인간은 자연의 존재인 동시에 문명의 존재이다. 현재 인간은 자연의 질서에도 충실하지 못하고 문명의 규약에도 적응하지 못하는 매우 방황하는 존재가 되어버렸다.

꼴림의 해결방안은 구태여 내가 제시하지 않아도 젊은 그대들이 너무도 잘 알 것이다. 더구나 요즈음은 문명 속에서 그 문명의 거리를 극복할 수 있는 많은 자유로운 분위기가 발달되었다. 사귐과 노출의 기회가 많아졌다. 꼴리면 해라! 그러나 몇 가지 조건이 있다. 우선 충분한 사귐의 시간을 통하여 호상적으로 꼴려야 한다는 것이다. "인터코스intercourse"라는 것은 반드시 "인터inter" 즉 "서로 같이 뛴다"는 것을 의미한다. 일방적인 것은 인터코스가 아닌 강압이요 폭력이다. 다시 말해서, 인터코스는 반드시 쌍방간의 합의가 이루어져야 하며, 서로에게 신체적 상해를 주어서는 아니 된다는 것이다. 섹스가 융합의 황홀경이 되어야지 트라우마가 될 수는 없는 것이다.

"그렇다면 서로 사귀어 서로 합의만 본다면 미성년자라도 아무 때나 해도 되는 겁니까?"

— 섹스는 한 생명의 역사에 있어서 간단한 사건이 아니다. 단순한 쾌락의 충족으로 끝나버리는 사건이 아니다. 어떤 동물의 수컷은 섹스를 하면 곧 죽는다. 섹스가 그 생명의 가치의 완수를 의미하는 것이다. 그리고 우선 성을 바라보는 시각이 남녀간에 도덕적으로나 생리적으로 매우 다르다. 남성은 한 번 사정하는 데 약 1억 마리의 정자를 방출한다. 1억 마리가 모두 인간이 될 수 있는 가능성이 있는 온전한 생명체이다. 그런데 남자는 이렇게 대량의 정자를 방출하는 짓을 하루에 몇 번이라도 할 수 있다. 정자는 끊임없이 후천적으로 고환에서 생산된다. 그러나 난자는 생산되질 않는다. 난자는 이미 난소가 가지고 태어난 것에만 한정되는 것이다. 이 원시난포가 호르몬의 자극으로 발육하여 감수분열을 거쳐 파열하여 복강으로 배출되는 것인데 이것은 평생 400~500개 정도에 지나지 않는다. 난자의 크기는 정자의 크기의 8만 5000배나 된다. 다시 말해서 여성이 생식에 투자하는 에너지는 남성과 비교가 되질 않는다. 남성은 자신의 성기를 질에 삽입하여 격렬하게 펌프질을 해대고 그 결과로 사정이 이루어지면 임무를 완수한다.

그러나 여성의 경우, 생식의 모든 책임을 그 순간부터 홀로 짊어진다.

수정, 착상, 태아의 발생, 성장, 분만, 양육의 모든 책임이 여자에게 돌아간다. 따라서 남자는 근본적으로 무책임하며, 공격적이며, 순간 충동적이며, 변덕스럽다. 그러나 여자는 성에 대하여 책임을 질 수밖에 없으며, 방어적이며, 선택적이며, 장기적 미래를 고려하지 않을 수 없다. 생명의 주체는 여성일 수밖에 없다. 따라서 코이투스는 남성이 여성을 설득시키는 과정일 수밖에 없다.

"그렇다면 미성년자의 섹스에 있어서도 여자의 태도가 큰 문제라는 말씀이십니까?"

— 내가 여자라면 내 몸을 호락호락 남에게 허락하지 않을 것이다. 모든 피임의 방법이 불완전하고 기분나쁜 것이다. 어떠한 경우에도 성교 그 자체에 큰 의미를 부여할 필요는 없지만 자기 몸을 온전하게 건강하게 지킨다는 것은 너무도 중요한 것이다. 더구나 옛 성현의 말씀에도 혈기血氣가 미정未定할 때에는 가장 계戒해야 할 것이 색色이라 했다. 다시 말해서 미성년자는 자기 몸을 충분히 이해하지 못한다는 것이다. 내 몸의 하늘(기氣)과 내 몸의 땅(혈血)이 아직 다 자리를 잡지 못했을 때 섹스를 한다는 것은 많은 부작용을 초래한다. 섹스의 경험은 갈망이나, 의식의 콤플렉스나, 후회, 번민, 신체적 장애를 형성하기 쉽다. 섹스의 체험은 미룰수록 좋다. 재미있는 일들이 얼마나 많은데, 위인전 하나를 독파하여 그 생애의 체험을 공유하기만 하여도 시간가는 줄을 모르는데, 왜 하필 음지陰地를 쑤셔대는가!

"섹스가 그 자체로 도덕적인 포폄의 대상은 아니지만 반드시 절제해야 할 그 무엇이라는 말씀이시군요."

— 나의 논리는 도덕군자의 훈계와는 전혀 다르다. 자기 몸Mom을 자각하면 그 몸에서 절제의 논리가 스스로 우러나온다는 것이다. 식색食色을 절제하지 않는 인간은 인간이 아니다. 식색을 절제하지 아니 하고 건강한 몸을 유지할 수 있는 길은 없다.

"이왕 얘기가 나온 김에 식食에 대해서도 한 말씀 해주시죠. 요즈음 젊은이들은 무엇을 어떻게 먹을지를 몰라요."

— 식食은 똥이다.

"그게 뭔 말씀입니까?"

— 자동차를 굴릴 때도 굴러가는 에너지가 발생하고 배기가스가 나가는 데에 따라 급유를 한다. 가스통이 가득차 있는데 넘치게 급유를 하는 미친 사람은 없다. 다시 말해서 먹는 것은 똥을 기준으로 해야 한다는 것이다. 맛있게 먹는다는 것은 오직 맛있게 똥을 눌 수 있을 때만이 가능한 것이다. 그런데 요즈음 사람들은 똥을 생각하지 않고 먹는 것만 생각한다. 그래서 비만, 고혈압, 당뇨 등 온갖 병이 발생하는 것이다.

"싸는 데 따라서 먹어라! 아주 단순한 진리이지만 항상 되씹어보아야만 할 명언 같습니다."

— 입에서 똥구멍까지는 하나의 관으로 길게 뚫려 있다. 9m 가량 되는

이 긴 트랙을 지아이트랙gastro-intestinal tract이라고 한다. 위장관胃腸管이라는 뜻이다. 입에서 먹은 음식은 위장에서 소화digestion라는 작용을 통하여 체내로 진입하게 된다. 해부학적으로 위장관이라는 강腔은 체내가 아니라 체외이다. 여자의 자궁도 체내가 아니라 체외이다. 수정하여 태아를 키우는 곳이 체내가 아닌 체외인 것이다. 만약 체내에서 애를 키운다면 그것은 암덩어리가 되고 만다. 여러 장관에서, 특히 소장에서 영양분 흡수가 이루어지면 그것은 부챗살 모양으로 문정맥portal vein으로 집적되어 간으로 들어가 일반순환에 필요한 피로서의 자격을 갖추는 모든 대사와 합성의 과정을 거친다. 간을 통과하여 심장으로 가고, 그곳에서 폐순환을 통하여 천기天氣를 만난다. 똥이란 지아이트랙에서 체내진입에 실패한 것들이 모아져서 항문을 통하여 배출되는 것이다.

복잡한 매커니즘을 다 설명할 길이 없으나, 상식적으로 매우 중요한 사실은 내가 먹는 것이 곧바로 나의 피가 된다는 사실이다. 내가 먹는 것이 맑고 깨끗하면淸 나의 피도 맑고 깨끗하게 되고, 내가 먹는 것이 탁濁하면 곧 나의 피도 탁하게 되며, 내가 먹는 것이 짙고 끈끈하면 나의 피도 짙고 끈끈하게 된다. 피는 나의 몸의 땅Earth이다. 내 몸의 혈관을 흐르는 피가 저 금강산의 선녀들이 놀았다는 용담의 옥빛 맑은 물이 될 것인가, 또는 서울 시내를 흐르는 개수구의 찐득찐득한 시커먼 물이 될 것인가, 그것은 오직 내가 먹는 것에 달려있다는 것이다.

"먹는 것이 곧 피라는 선생님의 말씀은 평소 깊게 생각해보지 못한 우리 몸의 사실인 것 같습니다. 피가 끈끈하고 더러우면 혈관이 막히기 쉬울 것이고,

혈관벽에 이끼 같은 것들이 끼면 혈관이 좁아질 것이고, 그렇게 되면 피의 흐름이 둔화되거나 혈압이 높아질 것이고, 그리고 어쩌다 벽에 낀 것들이 떨어져 둥둥 떠내려 가다가 모세혈관을 막아 버리면 그 혈관지배영역이 썩어버리거나 해서 마비가 일어나겠네요."

— 그것이 곧 혈전血栓thrombus이라는 것이고, 혈전이 혈관을 막아 마비가 일어나는 것을 "풍風"이라고 하는 것이다. 바람이 불어 가지가 뚝 부러지면 부러진 부위로부터의 모든 말초 가지가 죽는 것과 동일하다. 내가 잘 쓰는 말에 "천기지미天氣地味"라는 숙어가 있다. 인체의 몸은 제한된 생명우주이기 때문에, 그 생명필드가 유기체적 작동을 계속하기 위해서는 인풋과 아웃풋이 있어야 한다. 인풋의 대표적인 것이 기미氣味라는 것이고 아웃풋의 대표적인 것이, 생명활동 에너지 외로는 똥과 오줌이라는 것이다. 똥은 체내로 진입하지 못한 체외산물이고, 오줌은 체내로 진입하여 체내대사를 거친 체내산물이다.

그런데 기氣는 코로 들어가는 것이고, 미味는 입으로 들어가는 것이다. 코로 들어가는 것은 우리가 하늘을 먹는 것이다. 그리고 입으로 들어가는 것은 땅을 먹는 것이다. 우리가 먹는 것을 생각해보면 그것은 모두 땅의 변형물이다. 엽록체가 있어 광합성을 하는 독립영양생물autotroph, 그리고 제1차·2차·3차 소비자인 종속영양생물heterotroph의 먹이사슬 전체가 결국 땅과 땅위에 내려쬐는 태양빛의 변형태에 의존하는 것이다. 우리가 입으로 먹는 것이 지미地味이고 이것은 장에서 흡수되어 간, 심장을 거쳐 폐로 가면 그곳에서 천기天氣를 만나는 것이다. 호흡에 의하여 하늘과 체세포 사이의 산소와 탄산가스의 교환이 이루어지는 것이다. 그러니까 천天·지地·인人 삼재三才의 사상은 『주역』
의 특수한 논리가 아니라, 천지코스몰로지 속의 인간이라는 존재에 관
한 매우 일반적인 생물학적 사실이다.

우리 몸은 하늘과 땅으로 이루어져 있는 것이다. 그러므로 "잘 먹는
것"과 "잘 숨쉬는 것," 그러니까 깨끗한 음식과 깨끗한 공기는 인간조
건의 제1의第一義The First Principle라고 말할 수 있다. 그런데 문명의 발달
은 바로 이 생명의 제1의적 조건을 위협하고 있는 것이다.

"대기오염air pollution이나 수질오염water pollution, 토양오염soil pollution 같은
것을 말씀하시는 것인가요?"

— 우리가 지금 식食에 관해 이야기를 나누고 있었는데, 그 문제에 관
하여 매우 기초적인 원리만을 짚고 넘어가기로 하자! 우리는 몸Mom에
관해 계속 얘기해왔다. 우주에서 천지에서 몸으로 그 상응적 패턴을
계속 이야기해왔다. 그런데 몸Mom은 자연自然이라는 것이다. 자연自然
이란 도道의 운동방식을 말하는 것이다. 노자가 "도법자연道法自然"이
라는 말을 했는데 이 "자연自然"은 명사로서의 "자연Nature"이 아니라,
"법法"이라는 동사에 부속된 술부이다. "법法"은 "따른다to follow" "본
받는다to take after"는 뜻이다. 그러니까 "도법자연"은 도라는 주체가 자
연이라는 목적을 따른다는 의미가 아니라, 도가 본받는 방식이 "스스
로自 그러하다然"는 뜻이다. 도는 오직 스스로 그러함을 따라간다는
뜻이다. 다시 말해서 스스로 그러지 아니 함 속에는 도道는 깃들지
아니 한다는 뜻이다.

내 몸은 자연이다. 내 몸은 스스로 그러하다. 다시 말해서 인위적으로 조작할 수 없는 스스로 그러한 유기체라는 것이다. 요즈음 인공지능이니, 온갖 판타지영화에 인간의 몸을 기계화시키는 장난이 많아 젊은 사람들이 자기 몸에 대해 착각을 일으킬 수 있다. 하기는 이미 영국 의사 하비William Harvey, 1578~1657의 피순환 원리가 발표된 이후에 데카르트René Descartes, 1596~1650는 그의 영향으로 인체를 피순환의 자동기계automaton처럼 생각하여 육체Body와 정신Mind을 완벽하게 독립된 두 개의 실체로 나누어 각각 연장extension과 사유thinking라는 속성을 분속시켰다. 그래서 육체와 정신이라는 두 실체를 연결시킬 고리가 없었기에 송과선the pineal gland이라는 희한한 넥서스nexus를 가정하기에 이르렀던 것이다. 이러한 근세철학의 아버지 데카르트 덕분에 서구철학의 모든 몸에 대한 논의가 심신이원론의 틀 아니면 기계론, 결정론의 유치한 논리를 벗어나지 못하는 것이다. 그러나 우리가 인간의 몸에 대해 말할 수 있는 궁극적 논리는, 그것은 자연이라는 것이다.

인위적 조작의 대상이 되는 기계나 특수한 결구가 아니라는 것이다. 따라서 내 몸은 자연이기 때문에 오직 내 몸의 음식은 반드시 자연이어야 한다는 것이다. 앞으로 문명이 발달하면 인간이 특수한 인공에너지 음식을 먹고 살 수 있는 것처럼 착각하는 자들이 많은데, 이런 픽션을 철저히 분쇄시켜야 한다는 것이다. 우리의 몸은 자연이다. 그래서 나의 몸은 자연을 먹고 살아야 한다. 그래서 자연을 확보해야 한다는 것이다. 스스로 그러한 자연the Nature naturally-so, 즉 천지만물의 스스로 그러한 모습을 확보하지 않으면 인간은 멸절할 수밖에 없다. 하느님의 형상을 본받았다 하는 이 위대한 인간이 괴이한 종자로 진화하거나 멸절하거나 하는 수밖에는 없을 것이다.

　"유전자조작 식물은 정말 나쁜 것이네요."

— 유전공학이라는 학문 자체가 재고되어야 한다. 거시적인 천지 코스몰로지의 틀 속에서 도덕적인 제재를 가해야만 하는 학문이다. 유전자조작 콩을 왜 만드는가? 자연적으로 스스로 그러한 콩도 얼마든지 풍요롭게 재배될 수 있는데 왜 구태여 유전자조작 콩을 만드는가? 그 이유는 간단하다. 돈을 더 벌 수 있기 때문이다. 몇 개의 기업이 돈 더 잘벌기 위해 인류를 희생시키는 것이다. 이것이 미국식 자본주의의 글로벌한 폐해의 한 단초에 불과한 것이다. 몇몇의 식품회사가 아프리카에분유를 팔아먹기 위해서 그 건강한 모유를 빨던 신생아를 전부 영양실조나 기형아나 사망으로 휘모는 짓이나 동일한 것이다.

　"더욱 중요한 것은 한국의 농촌이 망가지고 있다는 사실이 아닐까요?"

— 그렇다! 너는 정말 공자의 제자 안회 같구나. 하나를 들어 열을 아는 사람이구나! 미국이 세계를 지배하는 방식은 막강한 무력에 의한강압에 그치지 않는다. 미국은 광막한 대륙이며 풍요로운 농토가 있고, 누천 년의 집적된 재래농업방식이 아닌 거대 스케일의 기업형 농업이 정착되어 있어, 이들은 막강한 정치적 영향력을 행사한다. 미국은농업을 세계를 지배하는 또 하나의 무기로 생각한다. 미국의 농업이우리나라를 지배하는 방식은 우리나라의 농촌이 망가지도록 만드는것이 가장 효율적인 방식이다. 불의의 무력 앞에는 전 국민이 죽음을

불사하고 항쟁할 수도 있지만, 식량의 결손은 국민을 신체 내부로부터 무기력하게 만든다. 꼼짝없이 당할 뿐이다. 생존의 조건 그 자체를 무력의 힘을 빌리지 않고 마음대로 컨트롤할 수 있게 되는 것이다. 식량무기야말로 원자탄보다 더 무서운 무기이다. 전쟁에서도 보급루트만 차단할 수 있으면 상대방은 쉽게 괴멸시킬 수 있다. 『손자병법』도 치중대의 문제를 매우 비중있게 다룬다. 그런데 재미있는 사실은 미국의 이러한 세계전략을 우리나라의 정부나 대기업들이 돕는다는 사실이다. 이농현상으로 농촌이 황폐화되고 토지가 생산성이 없는 공지로 되면 국민이 재벌들의 경제조작에 완벽하게 예속되는 결과가 초래되게 마련이다.

그렇지만 한국의 재벌들은 이렇게 생각하는 것이다. 그까짓 몇 푼 안되는 싼 농산품은 우리가 공산품이나 고도의 전자제품을 팔아 얻는 수익으로 풍요로운 외국의 농토에서 사다줄 테니까 걱정마라! 물론 사다주는 것도 그들의 유통망을 통하고 그들의 대형마트를 통하여 판매하는 것이다. 그리고 거기서 또 막대한 이득을 취한다. 그러한 농업의 예속을 통하여 강대국 시장에 자기들의 제품의 판로를 넓힐 수 있고 또 그들의 세계지배전략에 기여함으로써 자신들의 생존을 보장받는다. 다국적기업들은 다국적기업들끼리 이권을 보호하며, 국가와 민족이나 문화적 감정은 말살하는 경향이 있다. 희랍·로마시대로부터 근대에 이르기까지 식민지colony라는 것은 타국의 토지를 점유하여 그 토지의 타국민을 식민화하는 것을 의미했다. 그러나 제2차세계대전 이후에 약소 민족국가들이 외면적으로 독립국의 형태를 취하게 되자, 독립국의 형태를 유지하는 상태에서 그 경제를 강대국에게 예속시킴으로써 지배체제를 관철시키는 새로운 식민방식이 생겨났으니 이것을 신식민지주의New Colonialism라고 한다. 요즈음 떠드는 신자유주의neo-liberalism라는 것은 기본적으로 신식민지주의를 보편화하기 위한 이론적 전략에 불과하다. 우리나라의 대기업은 기본적으로 신식민지주의의 추종자들이다. 그들은 민족동포의 안녕과 복지와 행복이 존재이유가 아니다. 어떻게 동포인민을 활용하여 세계 다국적기업들의 연계망속에서 끊임없이 자신의 생존을 모색하는가 하는 것만을 생각하는 독자적 시스템들이다. 신자유주의가 표방하는 개방, 경쟁, 효율성의 제고, 공적영역의 축소, 사유화 등등의 모든 전략이 미국의 세계지배와 우리나라 대기업의 이익에 충실하게 복무하는 것이다. 이러한 신식민지주의의 주구 시스템들이 취하는 국내전략은 농촌을 포함한 국민들의 생활세계Lebenswelt를 철저히 파괴시키는 것이다.

　生活세계는 감感의 세계이며, 인仁한 특성을 가지며, 인정의 교류가 있으며, 자생적이며, 스스로 그러한 형성과정을 거친다. 농촌이라는 생활세계는 우리민족의 누천 년의 기氣와 감感의 축적태이며 모든 공동체의식과 민족정기의 원천이다. 뿐만 아니라 도시 속의 동네 골목골목마다 자리잡고 있는 구멍가게도 그 동네사람들의 느낌과 인정이 교감되는 장이며 그 자체로서 자생적인 생활세계의 한 장을 형성하고 있는 것이다. 그런데 그런 구멍가게들이 갑자기 대기업이 운영하는 마트로 획일화되면, 특색있는 물건이 사라지며, 주인도 사라지고 아르바이트생만 계속 번갈아 24시간 내내 카운터를 지키며, 인정의 교감이나 호상적 주문이나 선택적 구매가 사라지고 모든 것이 일방적으로 강요된다. 뿐만 아니라, 동네 자체도 자본가들의 농간으로 재개발의 대상이 되어 아파트촌으로 변해버린다.

생각해보라! 농촌이 황폐화되고 도시 속의 정겨운 동네들이 다 파괴되어 아파트 콘크리트정글로 바뀌며, 모든 유통망이 다 대자본에 예속되며, 구멍가게조차 대기업이 선택하고 컨트롤하는 획일적 제품만 나열되어 있는 마트로 변하는 이 현상을 과연 "국가발전"이라고 말할 수 있겠는가? 이것을 서유럽의 프랑크푸르트학파의 사람들은 "시스템에 의한 생활세계의 식민지화"라고 불렀다. 서구라파 근세 이성주의의 발전이 과학의 발전을 가져왔고, 과학의 발전이 제국주의를 낳았고, 제국주의는 끊임없는 식민지화를 감행하게 마련이다. 이러한 근세의 합리적 이성을 "도구적 이성instrumentale Vernunft"이라고 부른다. 도구적 이성은 처음에는 인간의 문명을 위하여 자연을 지배하는 것을 목표로 하였지만, 지금은 인간 내부에 존재하는 모든 자연을 지배하려고 획책하고 있는 것이다. 나는 이 "도구적 이성"을 "불인不仁한 이성"이라고 부른다. 현 정권의 사람들은 자신들의 신자유주의적 정책이 매우 효율적이며 합리적이라고 믿을 것이다. 그리고 일류대학의 상당수의 멍청한 교수들이 그러한 정책에 박수를 보내기까지 한다. 그러나 그들이 생각하는 합리성은 그 정책이 대상으로 하고 있는 사람들의 삶의 느낌에 무관심하다. 즉 불인不仁한 것이다. 그들의 생활세계가 파괴되어가는 것만을 발전이라고 부르고 있는 것이다.

우리 민족의 20세기 역사에 있어서 뭐니뭐니 해도 가장 큰 불행은 우리나라가 일본제국에 의하여 식민지화되는 과정을 체험했다는 사실에 있다. 그 이후의 모든 죄악이 바로 그 주체의 상실에서 연원한다. 좌·우익의 분열, 남·북의 분열, 6·25전쟁, 그리고 군사쿠데타와 독재정권의 발호, 그리고 모든 양극화의 양상들이 알고 보면 일제식민지사에 그 연원이 있다. 주체의 상실이 명료한 자기인식을 불가능하게 만들었던 것이다. 일제의 식민지주의는 해방 후 미국의 신식민지주의로 대치되었고, 이 미국의 신식민지주의 구조 속에서 꾸준히 성장한 한국의 대기업들은 이제 자국민을 식민지화하고 있는 것이다. 식민지주의의 타성은 이토록 집요하다. 한번 식민지에서 재미를 본 이권그룹은 그 재미를 포기하지 못한다. 일본사람들이 우리나라에 와서 철도를 건설하면서 식민지세계를 개척해나간 것이나, 우리나라 자본가들이 유구한 역사가 깃든 자연발생 촌락들을 강압적으로 파괴하고 아파트밀림을 만드는 것이 똑같은 "식민지화과정colonization process"라고 보면 된다. 오히려 현금의 대기업들의 식민화가 일제의 식민화과정보다 더 비생산적이라고 말할 수도 있다. 재미있는 사실은 신자유주의를 외치는 대다수의 학자들이 일제에 의한 근대화논리에 정당성을 부여하고 있다는 것이다. 그들은 천리마 궁둥이에 붙어 편안히 천리를 가는 똥파리 새끼 신세가 그들 삶의 이상이라고 생각하는 것이다. 식민지화를 통해서만 이 민족의 살 길이 있다고 믿는 것이다. 참으로 한심한 인간 말짜들이 아닐 수 없다.

"불인不仁한 이성이 인仁한 생활세계를 파괴한다는 것, 그것이 바로 대기업이 자국민을 식민화하는 현상이라는 선생님의 말씀은 참으로 우리 주변에서 일어나고 있는 일들을 살펴보면 아주 쉽게 깨달을 수 있는 현상인 것 같습니다. 그런데 요즈음 젊은이들이 이런 현상들을 전체적인 틀 속에서 꿰어 생각하질 못하고 국부적 현상으로만 체념적으로 받아들이기 때문에 점점 우리 삶은 활기를 잃어가고 있는 것 같습니다. 정말 우리가 살고 있는 역사가 점점 발전한다고 말할 수 있기는커녕 우리를 점점 악의 진흙구덩이로 휘몰아가고 있다는 느낌이 드는군요. 식食에 관해서 여쭈었는데 너무도 방대한 우리 사회의 주제가 연관되어 나왔습니다."

— 그래서 나의 몸철학Philosophy of Mom이 중요한 것이다. 어떠한 작은 몸의 문제라도 우주 전체와 연결되어 있는 것이다. 식食에 관한 나의 확고한 주제의식은 이것이다. 나의 몸은 자연이다. 따라서 내가 먹는 것도 자연일 수밖에 없다. 나의 몸의 향수享受Enjoyment는 자연으로서 자연을 섭취하는 데 있는 것이다. 그런데 이 자연식自然食은 반드시 그 기본이 우리가 사는 땅에서 나와야 한다. 우리 민족이 먹는 기본음식이 우리 땅에서 나오지 않는다면 우리 국토는 삼천리금수강산이라 부를 수 없다. 국가의 기본요소는 국민, 영토, 주권이다. 그런데 영토의 핵심은 음식의 제공에 있다. 그 핵심이 농촌이다. 농촌이 망가지면 국민과 주권이 망한다. 미국은 FTA를 통하여 한국농촌을 망가뜨리면, 한국국민은 미국에 예속되며 따라서 주권이 상실된다는 것을 너무도 잘 알고 있다. 그런데 그 미국의 지배전략의 충실한 전위초소가 바로 우리나라 대기업인 것이다.

식품의 세계에 있어서는 무엇이든지 대규모화한다는 것은 죄악이다. 빵집도 대규모 체인화 되면 실제로 저질화 된다. 유통의 문제상 모든 제품음식에는 방부제preservatives가 안들어 갈 수가 없다. 마트에 진열된 음식물들이 그럴듯하게 보여도 그 실제적 질은 저하되기 마련이다. 한국 유통구조의 문제점은 대기업들이 마진을 너무 많이 착취한다는 데 있다. 소비자는 값싼 것을 제공받는 만큼 결국 그 삶 그 자체가 저질화 되어가고 있다는 것을 깨달아야 한다.

농촌문제는 단지 국가전체 산업구조의 변화에 따른 도농간의 이농현상으로 접근되어야 할 문제가 아니라, 한국민족의 공동체적 가치의 근원으로서 문화적으로 접근되어야 할 제1의적 원칙의 문제이다. 한국의 젊은이들이 꿈을 상실해가는 그 근원에는 농촌의 붕괴라는 근원적 사태가 자리잡고 있다. 농촌을 붕괴시키면서 경제를 발전시킨다는 것은 국민 개개인의 수익을 늘리고 자립도를 높인다는 도시화의 명분이 있었으나 박정희 이래 5차에 걸친 5개년 경제개발 이후의 역사진행은 그러한 과정을 너무 과도하고 무분별하게 진행시켰다. 근원적으로 균형발전의 원리를 배제한 것이다. 도시에서 태어나 도시에서 죽는 서민들은 처절하게 도시구조의 시스템들에 예속되게 마련이다. 도시 안에 판자촌이라도 있으면 독자적 생존이 오히려 가능할 텐데, 그러한 자생적 생활세계가 모두 파괴되고 나면 도시인들은 독자적 생존이 불가능하게 된다. 대학생들은 오로지 대기업이라는 시스템으로의 진입만을 목표로 살게 되며 그 시스템이 요구하는 모든 가치에 순응할 수밖에 없게 된다. 이러한 청춘의 순응을 단군 이래로 가장 효율적으로 그리고 악랄하게 성취시킨 정권이 바로 현 정권이다. 4대강사업이니 하는 것들을 겉으로 내걸었지만 실제로 그 내면에서 신자유주의적 생활세계 식민지화를 극도로 진행시켰다.

"선생님 말씀을 듣는 순간에도 몸에 짜릿짜릿 전율이 옵니다. 왜 그토록 우리 젊은이들이 반항 한 번 하지 못하고 체제에 순응하고만 살고 있는지 좀 의식의 반추가 이루어지는 것 같습니다."

— "농자천하지대본農者天下之大本"이라는 말은 지금도 유효하다. 농촌

은 우리 몸이라는 자연의 최종적 근거이며 우리의 모든 공동체적 가치의 원천이며 독자성과 주체성의 최후 보루이다. 만약 우리나라 사람들이 극도로 산업화가 진행되어 1차산업인 농업을 폐기하고 농산품을 해외에 전적으로 의존한다면 한국은 전혀 자신의 결단권을 갖지 못하는 극도로 취약한 꼭두각시 나라가 될 것이다. 신토불이身土不二(이 말은 고전에 없는 조어인데 그런 대로 의미가 통한다. 혹자는 내가 만든 말인 줄 아는데 나는 이런 말을 만든 적이 없다)라는 구호는 외치면서 어찌하여 국가는 농촌의 몰락을 쳐다만 보고 있는가? 생각해보라! 과연 우리의 일상 식탁에 놓여있는 쌀과 고기와 상추가 모두 캘리포니아에서 온다는 것을 선진 조국의 모습이라 할 것이냐? 왜 금수강산을 버려두고 이런 짓을 할 것이냐? 올해 대선에 나가는 후보로서 이러한 문제의식과 그 근원적인 대책이 없는 자는 반드시 낙방시켜야 할 것이다. 국가정책이란 미소만 짓고 인기관리한다고 되는 문제가 아니다.

농촌문제는 실제로 농업인구가 우리나라 인구의 극소비율에 지나지 않기 때문에 선거에 아무런 영향을 미치지 않는다. 그래서 여·야의원 할 것 없이 쉽게 무시하고 넘어간다. 그러나 무시해도 될 것 같지만 무시할 수 없는 그 문제가 바로 국가대계의 유기적 총체를 좌우한다는 절박한 느낌을 갖지 못한다면 그는 정치인이라고 말할 수 없다. 7·80년대만 해도 반독재투쟁을 하던 대학생들의 의식의 저변에는 농촌이라는 엄마 대지Mother Earth가 깔려있었다. 그래서 독자적 판단과 독자적 행동이 가능했고, 독자적 생의 설계가 가능했다. 쁘나로드와 같은 낭만성이 있었던 것이다. 그러나 지금 한국의 청춘은 땅을 잃었다. 그래서 체제에 예속될 뿐이다. 청춘의 귀농의 꿈을 다시 한 번 불러일으킬 정치인이 우리에게는 필요하다!

　"농촌에 돌아가려고 해도 농촌의 현실이 너무 비참합니다. 집들이 버려진 채 텅 비어 있고, 할머니 몇 분만 지키고 있는 삭막한 동네가 너무도 많습니다. 이대로 가다가는 농촌이 괴멸하지요."

— 나의 고려대학 애제자로서 나주시장을 지낸 신정훈 군에게 들은 이야기인데, 신 시장이 재직할 2005~2007년 사이에 인구가 10만에서 9만으로 줄었는데 자동차(승용차와 1t트럭을 말한다. 농업에 필요한 내연기관 기계들은 제외)는 오히려 3만 2천 대에서 3만 7천 대로 5천 대가 증가했다고 한다. 가계비용은 300억이 증가한 셈이라고 한다. 그런데 농민들이 생산한 쌀의 총판매량이 대략 2천 억 원인데(1년 기준) 자동차 구매나 유지에 들어간 가계비용이 대략 2천 억 원이라고 한다. 그리고 시에서 자동차를 위한 신규도로, 구도로 보수, 주차장, 관리비용 등이 매년 1천 억이 들어간다고 한다. 생각해보라! 그토록 어렵게 시골 노인들이 마지막 안간힘을 써서 번 돈의 전부를 몇몇의 자동차회사 대기업이 쪽쪽 다 빨아가는 것이다. 시골 할머니들이 삐까번쩍하는 새 자동차를 몰고 시골 마찻길을 다니는 것이 과연 조국의 근대화인가? 그것이 우리 민족의 행복지수의 기준인가? 이것은 바로 대자본에 의한 생활세계의 식민지화라는 명제와 정확히 일치하는 것이다. 일제시대 때 농민들이 죽으라고 일을 해도 그 소출을 모두 왜놈들이 가져다 군비로 충당했다. 그래서 못살겠으니까 많은 사람들이 간도로 도망가고, 아예 일본 본토로 가서 노동자가 된 것이다. 그러한 식민지 시대상과 오늘의 농촌모습은 꼭 같다. 자동차회사는 국제적 연계 속에서만 살아남는

산업이며, 그 부품도 해외의존도가 높다. 결국 시골사람들의 피땀까지 다 빨아들여 외국의 자본을 배불리게 만드는 것이다. 지역사람들의 소득과 행복을 위한 하등의 자본순환이 이루어지지 않는다. 1인당 국민소득이 4만 불이 되는 복지국가 스웨덴만 해도 자동차가 우리나라 처럼 많지 않다고 한다. 근본적으로 삶의 기준과 양식이 다른 것이다. 지역노동의 성과가 몽땅 서울로 빨려가는 구조를 만들어놓고 무슨 얼어빠질 "지방자치"인가?

시골에는 자연친화적인 산업이 장려되어야 한다. 다양한 식품이 개발될 수 있다. 지역에서 산출되는 농산품을 가지고, 일례를 들면 고추장공장 하나라도 정말 위대한 세계적 고추장을 만든다면 경쟁력이 있다고 본다. 그러려면 인재가 다시 시골로 가야한다. 지역의 문화를 다시 일으켜야 한다. 옛날에는 시골 곳곳 구석마다 대학자들이 살고 있었다. 지금은 기껏해야 개량한복 입고 도 닦는다고 앉아있는 주역 사기꾼들을 만날 수 있을 뿐이다. 우리나라 위정자들은 명료하게 깨달아야 한다. 성장·개발을 위주로 하는 위정의 프레임웍이 근원적으로 국민의 행복에 역행한다는 사실을 깨달아야 한다. 국가권력 자체가 그 존재이유의 기본방향성을 역전시켜야 한다. 어찌하여 5·16군사쿠데타를 "구국의 결단"이라고 말할 수 있겠는가? 그 프레임웍이 근원적으로 반공과 친미와 재벌조장과 농촌파괴와 국민예속과 주권상실의 비극을 초래하고 있는데 어찌 그에 대한 처절한 반성이 없을 수 있겠는가!

"선생님! 그렇지만 우리 젊은이들이 그토록 왜곡된 황량한 농촌으로 돌아갈 길이 없습니다! 현실적으로 생계가 보장되지 않습니다."

— 그렇다고 도시에 산다고 생계가 보장되는 것은 아니다. 그리고 버젓한 대회사에 취직한다 한들 그 삶의 행로는 빤할 빤 자라는 누구나 잘 아는 것이다. 그러나 그러한 현실을 감안하고서도 우리는 농촌개선의 근원적 대책을 생각해볼 수가 있다. 맹자는 한 나라의 제후諸侯가 그 나라의 국민에게 무조건 8인가족 1가호당 100묘(묘畝의 단위가 변해 확언하기 어렵지만 우리나라 평수로는 한 50마지기는 된다)의 농지는 무조건 보장해야 한다고 주장했다. 그리고 세율은 어떠한 경우에도 9분의 1을 초과할 수 없다고 했다. 이것이 그가 말하는 정전법井田法이다. 이 맹자의 사상에 기초하여 고려말 부패의 온상인 전제田制를 래디칼하게 변혁해야 한다는 생각을 가진 사람이 바로 삼봉三峰 정도전鄭道傳, 1342~1398이었다. 삼봉은 모든 사전을 몰수하여 일괄적으로 전국의 토지를 공개념화하고 그 토지를 계민수전計民授田의 원칙에 따라, 즉 백성의 인구에 비례하여 토지를 분배함으로써 토지를 안 가진 자와 경작하지 아니 하는 자가 없게 하고 빈부와 강약의 차이를 없애야 한다고 주장했다. 균산주의均産主義에 입각하여 모든 농민을 자영농으로 만들고, 지주제·차경제는 모두 배격되어야 한다고 생각했다. 그리고 전조田租는 오직 10분의 1만을 국가가 수취하며 일체의 중간수탈은 금지되어야 한다고 주장했다. 우리 어릴 때만 해도 소작농이 지주에게 반타작을 빼앗겼던 것을 생각하면 삼봉의 전제개혁은 매우 래디칼한 것이었으나 결국 대지주이며 보수적인 구가세족과 개량주의적 한계를 극복하지 못한 성리학자, 개국공신들의 완강한 반대로 삼봉의 전제개혁은 실패했다. 삼봉의 "경자유전耕者有田"(실제로 밭을 가는 자가 밭은 갖는다)의 래디칼한 사상은 김일성 때에나 와서 실현되었으나 북한의 농촌이 기아에 허덕이고 있는 현실은 그 제도를 운영할 수 있는 유기적 국가정책

이 너무도 결핍되어 있기 때문이다. 뭔 얼어빠질 "선군정치先軍政治"인가? 국민이 굶어죽어가는 판에!

지금 우리나라 농촌도 토지 그 자체의 문제가 중요한 것은 아니다. 농촌경제를 지탱하는 근원적인 문화축이 사라진 것이다. "경자유전耕者有田" 아닌 "경자유전耕者有錢"의 새로운 "신정전법新井田法"을 나는 주창한다.

경제개혁연구소의 자료에 의거하면(『한겨레신문』, 2012년 2월 13일 월요일 제1면) 지난 해 우리나라 30대 재벌그룹의 전체 자산은 1,460조 5,000억 원에 이른다. 국내총생산(GDP) 1,172조 원보다 300조 원 가까이 많다. 연간 매출액은 1,134조 원으로, 국내총생산의 96.7%에 이른다. 1980년부터 2011년까지 30대 재벌의 자산은 70배, 매출은 48배로 불어났다. 1990년 들어 급상승한 30대 재벌의 매출액은 2000년 들어 상승속도가 주춤하다가 이명박 정부가 들어서면서 다시 급증했다. 현 정권은 서민을 착취하고 재벌의 이권을 보장하는 데 눈에 보이지 않는 온갖 서비스를 다했다. 관권의 부패와 재벌의 이권은 항상 밀착되어 있는 것이다. 재벌 총수의 부가 곧 국가의 부가 되었고, 재벌 중심의 사회체제는 더욱 굳건해졌다. 극소수의 재벌황제들이 대한민국 국민들이 아침에 눈을 떠서 저녁에 잠자리에 들 때까지 직면하는 모든 시스템을 장악하고 있는 것이다. 국민 서민의 삶이 3중·4중으로 이들에게 포위되어 있는 것이다. 이것은 매우 불건강한 현실이다. 부의 집중을 넘어 사회의 모든 권력을 장악하고 무소불위의 권력자로 고착된다는 것은 곧바로 괴멸의 시작을 의미한다. 모든 것은 숨통 없이 완전히 장악하면 자체로 붕괴될 수밖에 없다. 그것은 인간세의 역사의 정칙이다.

대한민국 GDP의 96.7%를 차지하는 30대 기업이 국민의 심상 속에 자리잡고 있는 도덕성이란 무엇인가? 아마도 최근 SBS 안방 드라마인 『추적자』속의 이미지, 깐느에까지 가서 호평을 받은 영화 『돈의 맛』에 비쳐진 이미지, 그 이상의 아무 것도 아닐 것이다. 1세는 물론, 2세·3세 중에도 "돈의 맛"을 벗어나서 공익이나 대의를 위하여 순결하게 헌신하여 도덕적 이미지와 인격을 구축한 인물이 단 한 명도 없다. 20세기의 가장 큰 영향을 미친 최고의 철학자 비트겐슈타인만 해도 오스트리아의 최대재벌의 아들이었으나 자기에게 상속된 부를 모두 사회로 환원하고 단 한푼 건드리지 않았다. 그리고 국민학교 선생노릇하고 정원사 노릇하며 무소유의 삶을 살았다. 선진국의 자본의 역사에 비하여 우리에게는 아이디알리스트나 필랜트로피스트philanthropist가 너무도 없다. 몇 명 학비나 대주고, 음악회나 열고, 개인 움집 같은 미술관을 만들고, 형식적인 재단이나 설립하는 것으로 도덕적 이미자가 구축되지는 않는다. 여민동락與民同樂의 구조적 상생相生이 없는 것이다. 그럴 바에는 아예 30대 기업이 집단적으로 공익사업을 전담하는 것이 좋을 것 같다. 전경련이 존재하는 이유 자체가 소수 대기업의 자체보호를 위한 연막이 되어서는 아니 되고, 바로 이러한 여민동락의 대의를 구현하기 위한 공익사업의 채널이 되어야 한다는 것이다.

농민의 개념을 민족의 문화와 가치의 연원인 국토를 지키는 국토지킴이 개념으로 바꾸어야 할 때가 왔다. 그들을 공익적 존재로 재규정하고 국토지킴이 공무원 같은 스테이터스를 보장할 필요가 있다. 경자유전의 삼봉원칙과 같이, 실제로 농사를 짓는 사람에게는 국토공무원의 자격을 주고 그들에게 농사를 짓는 행위만으로 일정한 월급이 나가는 것이다. 실제로 우리나라의 농업인구는 간추려 보면 6%이하로 내려간다. 이들에게 매월 한 50만 원~100만 원의 보조비만 지급되어도 우리나라 농촌은 재건될 수 있다. 전경련이 자체로 이 비용을 부담하거나 연구소를 설립하여 한 10년계획의 프로젝트로서 실제로 효율이 높은 방안을 추진한다면 괄목할 만한 사회안전망을 구축할 수 있을 것이다. 전경련이 자발적으로 이런 일을 할 생각이 없다면 국가가 주도하여 이런 일을 추진해도 4대강정비사업보다는 훨씬 더 비용이 적게 들고 생산성이 높은 사업이 될 것이다. 세부적인 것은 실무적 선에서 논의해야겠지만 나는 아주 래디칼한 "신정전법"의 실시가 필요한 시점이라고 믿는다. 어정쩡한 방법으로는 농촌을 재건할 방도가 없다!

"먹거리 얘기를 하다가 ……"

— (말을 저지하면서) 제발 "먹거리"라는 말은 쓰지 말라! 먹거리는 우리말이 아니다. 최근에 어떤 촌놈이 쌩으로 만들어 무지한 기자들이 언론에 퍼뜨려 유행시킨 말인데 참으로 몰상식한 말이다. 우리말에서 동사의 어간이 관형사형 어미가 없이 직접 명사에 붙을 수 없다. "음식"이라는 좋은 말이 있는데 "먹거리"라는 말을 쓰는 것은 "옷"이라는 좋은 말을 두고 "입거리"라고 쓰는 것과도 같다. "보다"에게 "볼거리"는 가능해도 "보거리"라는 말은 있을 수 없다. "먹을거리"는 가능해도 "먹거리"는 있을 수 없다. 더구나 "먹거리"라는 표현 그 자체가 너무도

어감이 천박하다. "자실거리"라면 몰라도 왜 하필 "먹거리"인가? "음식"을 안 쓰고 "먹거리"를 쓰자는 사람의 멘탈리티 속에는 한자어원의 말이 비주체적이라는 가치관이 있을지 모르지만, 지금은 시대가 변했다. 한문투의 말을 많이 쓸수록 오히려 경쟁력이 있고 국어의 격을 높인다. 외래어치고는 한자에서 온 말이 우리에게 더 친근하고 함축적이다. 우리가 한자에 대한 친숙도에 있어서 중국인을 능가할 정도로 되는 것이 오히려 우리의 경쟁력이 된다.

아름다운 한문표현을 사랑하고 아름다운 순수 우리말을 사랑하자! 어차피 순수 우리말이란 존재하지 않는 것이다. 어원적으로 따지고 올라가면 다양한 언어계통이 교류된 것이다. 요즈음 젊은이들이 만드는 말은 오히려 "먹거리"와 같은 억지표현이 적다. "도올 선생님"을 "도올샘"이라 하고, "멘붕"이니 하는 말도 축약적이면서 의미가 정확히 전달된다. 이런 말투까지 교정해주려니 내가 멘붕이 일어날 지경이다. 제발 언론계에 종사하는 사람들, 지방자치 행사를 주관하는 사람들 "먹거리"라는 말은 쓰지 마시오. 나는 한평생 "먹거리"에는 근처도 가지 않을 것이외다.

"죄송합니다. 무엇을 어떻게 먹을까 하는 음식의 문제에 관하여 원칙 같은 것만 좀 여쭙고자 합니다."

──『주역』의 12벽괘 중의 두 괘로서 태괘泰卦☷☰라는 것과 비괘否卦☰☷라는 것이 있다. 밑의 3효는 땅의 자리이고, 위의 3효는 하늘의 자리인데, 하늘의 자리에 땅인 곤괘☷가 올라가 있고 땅의 자리에 하늘인 건

괘☰가 내려가 있으면 제자리가 아니니까 나쁠 것 같은데, 그것은 만사형통을 의미하는 태괘泰卦가 되고, 그 반대는 모든 것이 비색되는 매우 나쁜 비괘否卦가 된다. 하늘 자리에 하늘이 있고, 땅자리에 땅이 있는 것은 매우 나쁜 것이다. 음식의 원칙은 바로 이 태괘와 비괘의 원리에 의하여 조절해야 한다. 이것을 한의학에서는 "수승화강水升火降의 대원리"라고 한다.

앞서 말했듯이 수水는 땅을 대표하는 것이고 화火는 하늘을 대표하는 것이다. 그런데 우리가 음식을 섭취했을 때 화火가 위로 뜨고, 수水가 아래로 가는 것은 매우 좋지 않다. 항상 머리는 내설악의 백담처럼 맑아야 하고 하체는 사하라사막처럼 더워야 한다. 그래야 몸이 태泰하게 된다. 대체로 몸의 불을 아래에서 갈무리하는(붙잡아둔다는 뜻) 것이 정精이다. 따라서 젊은 날에 정액을 많이 쏟아낸 자들은 불이 위로 뜬다. 플레이를 많이 쳐도 반드시 관절염이 걸리거나 얼굴에 종기가 많이 돋는다. 이것을 "허화虛火가 뜬다"라고 한다. 하여튼 몸의 현상에서 "상화上火"는 나쁜 것이다.

"알듯하면서도 아직 아리송합니다."

— 옛 사람들이 음식에 관해 가지는 상식 중에 "덥다"는 말과 "차다"는 말도 이러한 수승화강의 문제와 관련이 있다. 일본사람들이 날생선을 먹을 때 그것을 매콤한 와사비와 같이 먹는 것은 날생선이 너무 차갑기 때문에 더운 음식과 같이 먹는다는 뜻이다. 같은 과일이라도 오렌지는 덥고 수박은 차다. 같은 과라도 호박은 덥고 오이는 차다. 같은

물이라도 보리차는 뜨거워도 찬 것이고, 쌀 숭늉은 차가워도 더운 것이다. 같은 고기라도 돼지고기는 차가우며 닭고기는 덥다. 약재로 치면 부자는 대열大熱한 것이고 석고는 대한大寒한 것이다. 하여튼 이런 것이 동방인의 지혜에 속하는 것인데 잘 몰라도 상관없다. 무엇을 먹을 때 자기 몸의 컨디션을 조절하면서 먹을 줄 알아야 하고 덥고 찬 것을 가려서 수승화강의 원칙을 지켜야 한다는 것이다.

"사람의 체질과도 관련이 있나요?"

— 물론이다! 그러나 너무 그러한 전문분야로 들어가면 이야기가 끝이 없어진다. 내가 지금 한의학강의를 할 수는 없다. 평소 속이 냉한 사람은 더운 음식을 좋아하게 마련이고 속이 더운 사람은 찬 음식을 좋아하게 마련이다. 이런 것은 자기 몸의 요구에 따라 자연히 조절이 된다. 속이 더운 사람, 즉 잘 때 배때기 까놓고 자도 아무 탈 없이 잘 자는 사람이, 닭고기 먹고 오렌지 먹고, 카레라이스 먹고, 마늘 잔뜩 먹으면 금방 얼굴에 뭐가 돋는다. 상화上火가 되어 화산이 폭발하는 것이다.

"기초적인 상식만이라도 좀 가르쳐주세요."

— 첫째, 편식은 좋은 것이다. 편식하지 말고 골고루 먹으라는 음식법은 매우 잘못된 것이다. 그것은 서양의 칼로리계산법에 의한 획일적인 영양논리인데 과도한 편식은 나쁘지만 적당한 편식은 건강에 절대로 필요하다. 체질에 의하여 싫은 음식은 먹지 않는 것이 좋다. 그리고 또 생활의 리듬에 따라 음식을 돌아가면서 먹는 편식의 지혜는 매우 좋은 것이다.

둘째, 어떠한 경우에도 육기肉氣가 곡기穀氣를 이기면 안된다. 과도한 육식은 나쁘다. 공자님께서도 "육수다肉雖多, 불사승사기不使勝食氣"라 하셨다. 쌀처럼 모든 체질에 공유되며 부작용이 없는 음식은 이 세상에 없다. 쌀밥을 사랑해야 한다.

셋째, 낙농음식은 다 나쁜 것이다. 우유니 치즈니, 버터니 하는 낙농식물食物을 바탕으로 한 음식은 기본적으로 저열한 것이다. 산천초목이 척박한 지역에서 불가피하게 발달한 음식이며 그것은 쌀과 채소처럼 곧바로 자연의 특혜를 활용한 제1차적 독립영양생물이 아닌, 여러 종속 단계를 거친 음식이다. 여러 단계를 거치면서 필연적으로 독소가 쌓인 음식이며 고단백이긴 하지만 인간의 몸에는 부자연스러운 것이다. 그러니까 빵과 낙농을 중심으로 한 서양음식은 그 기본이 저열한 것이다. 이 저열한 음식을 개화기 이래로 숭상한 것은 참으로 유감이다. 쌀밥과 김치, 그 이상의 위대한 음식이 없다는 것을 알아야 한다.

넷째, 어차피 모든 세계의 음식이 공유되고 교류되는 것은 나쁜 것은 아니다. 기호에 따라 골고루 향유할 수 있기 때문이다. 체질에 따라 먹는 것도 현명하고, 기분에 따라 선택해 먹는 것도 재미가 있지만, 가장 중요한 원리는 "소식少食"이라는 것이다. 무슨 음식이든지 적게 먹는 것, 배부르지 않게 먹는 것, 남기더라도 과도하게 섭취하지 않는 것(남기지 않도록 처음부터 적게 취할 것)이 중요하다. 소식의 원칙만 지키면 어떤 음식이라도 큰 해는 없다.

다섯째 인공조미료가 들어간 음식은 절대 먹어서는 안된다. 일본사람이 "아지味노の모토元"라는 것을 만들어서 인류의 음식문화를 망가

뜨렸다. 일본의 미원회사가 한때 미원을 먹으면 머리를 좋게 만든다는 신화를 만들어 일본사람들이 아이들에게 미원을 퍼먹여 많은 부작용을 초래한 사례도 있다. 한국사람들은 미원을 안 넣었으면 다시다는 괜찮다고 생각하는데 모든 인공조미료가 "허화虛火가 뜨는" 근본이 된다. 조미료가 몸에 축적되면 몸은 청기淸氣를 유지할 수 없다. 모든 조미는 반드시 자연물을 써야 한다. 멸치·다시마·패류 등등의 자연조미료를 써야 한다.

여섯째, 따라서 일체의 깡통음식 또한 삼가는 것이 좋다. 그리고 햄버거류의 정크 푸드도 먹지 않는 것이 좋다. 콜라·사이다와 같은 소다도 어려서부터 입에 안 대는 습관을 들여야 한다.

일곱째, 될 수 있는대로 외식을 삼가고 집에서 엄마가 해주는 음식을 먹는 것이 좋다. 다시 말해서 건강한 가정생활이 있을 때 건강한 음식 문화가 있게 되는 것이다. 음식에 대한 나의 최종적 키워드는 "청혈淸血"이라는 것을 잊지 말아라.

"적당한 편식, 육기가 곡기를 불승한다, 낙농음식의 저열성, 소식少食, 인공조미료 배제, 깡통음식 기피, 외식 삼감 등등의 말씀을 잘 들었습니다만 선생님의 해맑은 얼굴과 무서웁도록 발랄한 정력을 뵈오면 이것 외로 진짜 어떤 비결이 있다는 느낌이 드는데요, 뭔가 꼬불쳐 둔 것은 없으십니까?"

— 너는 정말 똘똘하구나! 진짜 꼬불쳐 둔 비결이 하나 있다. 이 비결만 잘 실천하면 "수승화강"의 원리는 완성된다. 그런데 이것은 실천이 어렵다. 과연 네가 나의 비법을 전수받을 수 있는 결단력이 있겠는가?

"반드시 실천하도록 하겠습니다. 꼭 가르쳐주십시오."

— 이것은 정말 중요한 원칙이며, 이것 하나만 잘 실천해도 평생을 해맑은 얼굴을 하고 무병장수할 수 있다.

"정말 궁금합니다. 빨리 말해주십시오."

— 나도 이 원리를 어렸을 때 터득한 것은 아니다. 인간의 건강은 그 개체가 속한 커뮤니티의 삶의 양식Lebensform이 지켜주는 것이다. 그 삶의 양식이 건강하면 우리의 음식문화 또한 건강하게 되며 개인의 삶도 건강하게 된다. 현 정권의 부패와 국민의 요구에 부응하지 않는 사대강사업이나 공익기관의 매각이나 친인척의 비리는 국민의 자살률이나 이혼률을 높이고, 출산률을 떨어뜨리며, 여러 가지 정신질환이 증가하게 만드는 직접적 원인이 된다. 이명박 대통령이 친인척비리에 관해 자신의 필적으로 손수 본인이 작성했다고 매스컴에 내비친 사과문을 낭독하면서 어떤 질책이라도 달게 받아들이겠다고 했는데, 그러면서도 친인척비리와 관련되어 있다고 국민들이 믿고있는 인천공항매각이나 KTX황금노선매각 등등의 사안에 관해서 철회하겠다는 말은 전혀 없다. 그리고 "사이후이死而後已"라는 맥락적으로 가당치 않은 한문술어까지 썼는데 도무지 이해가 되질 않는다. 사과문을 정말 본인이 쓴 것 같다. "사이후이"라는 말은 『논어』「태백」편에 나오는 증자曾子의 말인데, 그 유명한 "임중이도원任重而道遠" 후에 나오는 말이다. 주어는 "사士"이며, 선비는 홍의弘毅하지 않을 수 없으며 인仁으로써 자기 어깨에 매는 짐으로 삼는다는 것이다. 그러므로 그 짐은 무겁지 않을 수 없고

그 갈 길은 멀고도 또 멀다. 그래서 그 길은 "죽어야만 끝날 길"이니 또한 멀지 아니 한가라는 뜻으로 "사이후이死而後已"가 쓰여지고 있다. "사이후이"는 죽어야만 끝나는 길이라는 뜻이다. 제갈량이 「후출사표後出師表」를 쓸 때에도 죽음을 각오하겠다는 뜻으로 이 술어를 썼다.

지금 이명박 대통령이 친인척비리를 사과하면서 "사이후이"를 이야기한다는 것은, 대통령을 죽을 때까지 하겠다는 얘기밖에는 되지 않는다. 더구나 이명박 대통령은 "사士"가 아니다. 그리고 "인仁"을 "임任"으로 삼는 사람이 아니다. 국민의 통고痛苦를 끊임없이 불인不仁한 마음으로만 대해왔다. 그리고 "죽음을 각오하고" 사과하겠다는 뜻으로 이 말을 썼다면, 죽음을 각오할 정도의 진정한 사과가 있어야 한다. 정확하게 책임을 지고 대통령직을 내놓든가, 비리의 온상인 모든 토목사업·매각사업·매수사업에 관한 진실을 밝히고 중단시키든가 해야 한다. 레토릭에서 레토릭으로 이어지는 정치적 쇼 때문에 국민들은 끊임없이 기만당하고 있다. 그러나 가장 큰 기만은 이러한 현 정권의 비리를 저지른 그 주체세력인 새누리당이 이러한 비리의 책임으로부터 면죄부를 얻고 있다는 기만성이다. 이명박 대통령의 주체는 이명박이라는 개인이 아니다. 이명박 대통령의 진정한 주체는 새누리당이다. 이명박 대통령이 저질러온 모든 행위가 새누리당이 주체적으로 행위한 것이다. 이름만 바꾼다고, 대통령에게 책임을 전가한다고 되는 문제가 아니다. 나꼼수의 "가카방송"도 젊은이들의 정치의식을 일깨운 공로가 매우 크지만 가카의 비리를 희화시키면서 국민들의 가카에 대한 정의로운 판결의 에너지를 경화輕化시킨 측면도 있다. 가카의 비리의 주체가 새누리당이라는 쟁점을 더욱 명료하게 부각시켜야 한다.

국민은 계속 기만당하고 있다. 나꼼수가 해야 할 일이 아직도 너무 많다. 격려! 격려!

"선생님, 저는 지금 '수승화강'의 비결을 전수받을 생각만 하고 있는데요?"

— 비결의 전수는 어려운 것이다. 그 전체적 맥락을 이해하지 않으면 비결은 비결이 되지 아니 한다. 나의 몸은 거대 사회Society이다. 따라서 우리가 흔히 국가라고 부르는 사회와도 직접 연결되어 있다. 내가 어릴 때 우리 집은 병원이었고 대가大家였다. 그래서 아버지 생신잔치를 비롯하여 교회잔치 등 일년 내내 여러 형태의 잔치가 많았다. 그러면 천안 읍내의 모든 사람들이 모여 성대한 잔치상을 받는다. 우리 집의 모든 방이 꽉꽉 들어찼다. 그런데 재미있는 사실은 이 모든 잔치가 저녁이 아니라 아침밥을 먹는 것이었다. 요즈음 감각으로는 참으로 상상하기 어려운 것이다. 일가친척과 동네아낙들이 부엌에 모여 며칠을 준비하고 전을 부치고, 당일 새벽부터 본격적인 잔치상을 차리기 시작한다. 그리고 아침이 되면 어디서 그렇게 사람이 몰려오는지 아침 7시 정도만 되면 집안이 꽉 들어찬다. 물론 읍내 주변의 거지들도 같이 몰려든다. 내가 아까 삶의 양식Lebensform이라는 말을 했는데, 이와 같은 삶의 양식 속에서 사는 사람들은 꼭 이러한 양식의 음식문화를 갖는다는 것이다. 여기서 매우 중요한 사실은 우리 동방인에게는 "디너Dinner"라는 개념이 저녁밥이 아니라 아침밥이었다는 사실이다.

내가 자라날 때만 해도 주변의 대부분의 현실은 읍내를 빼놓고는 전기가 없었다. 그러니까 시골에서 농사짓는 사람들은 장자莊子가 이상으로 삼은 "일출이작日出而作하고 일입이식日入而息"하는 삶, 즉 해가지면 더불어 자고 해가 뜨면 더불어 활동하는 그러한 삶의 리듬을 가질 수밖에 없었다. 여름에는 농부가 새벽 4시면 일어난다. 우선 소죽을 쑨다. 그리고 들판을 돌아보고 충분한 활동을 한 후에 아침상을 받는다. 그래서 아침이 엄청 거하다. 아침이 곧 디너인 것이다. 그리고 하루종일 일하면서 들판에서 점심과 새참을 먹고 저녁 때는 매우 간략히 먹고 일찍 잔다. 저녁은 이미 어둑어둑하고 거한 상을 차릴 여력이 없는 것이다. 황혼이 깃들면 오직 휴식의 분위기가 찾아오는 것이다.

옛날의 유자儒者들은 저녁을 거의 먹지 않았다. 나의 조부도 동복 군수를 지내다가 경술국치를 당하여 은퇴한 분인데 저녁은 평생토록 흰 죽 한 사발만 간략히 자셨다고 한다.

그런데 근대화를 맞이하면서, 즉 서양을 이상으로 생각하면서, 즉 서양적 삶을 자신의 레벤스포름으로 생각하면서, 개념이 바뀌고 서양식 "디너"개념이 우리 삶을 지배하기 시작한 것이다. 그리고 물론 시민사회의 도시문명화라는 구조적 변화와도 관련이 있다. 내가 학교 다닐 때만 해도, 중·고등학교의 서양적 삶을 동경하는 공민 선생이 아침을 거하게 먹는 조선인의 습관을 비판하고, 문깐에서 배달된 우유 한 컵만 마시고 아침 일찍 집을 나서는 서양인의 간편한 삶을 찬양하는 소리를 누누이 들었다. 그런데 이런 식의 삶이 요즈음 사람들의 동경 아닌 현실이 되었다. 내가 나의 클리닉을 찾아오는 환자들에게 하루 식사를 몇 끼를 하냐고 물으면 거의 두 끼만 먹는다고 자랑스러운 듯이 이야기한다. 그런데 아침·점심만 먹고 저녁을 안 먹는 두 끼 생활자는 한 명도 없다. 모두 아침은 굶고 점심과 저녁을 먹는다고 말한다. 그것은 두 끼가 아니다. 밤새 처먹고 늦잠을 잤으니 아침에 일어난들 밥생각이 있을 수 없다. 아침을 안 먹는 것이 아니라 못 먹는 것이다.

그리고 부시시 눈 비비고 오전을 떵하게 지내다가 점심 먹고 정신차리고, 오후에 활동하다가 저녁을 거하게 차려먹고, 그것도 분명히 미원투성이의 외식! 그리고 야참을 잔뜩 먹고 새벽녘이나 되어 잠자리에 들고 …… 이런 생활이 반복되는 것이 현대시민사회적 삶의 표준이되어 있는 것이다. 여기, 우리는 매우 중요한 천지코스몰로지적 식생활의 대명제를 하나 발견할 수 있다:

디너야말로 만병의 근원이다.

The dinner is the source of all human disease.

이것은 서양사람들에게는 매우 괴이하게 들리는 말일 수도 있겠지만 태괘와 비괘를 이해하는 사람이라면 너무도 당연한 메시지요, 삶의 지혜다. 우리는 모든 서양적 가치를 전도transvaluation시켜야 하는 것이다. 지금도 미얀마나 스리랑카와 같은 남방불교의 문화국을 가보면 승려들이 "오후불식午後不食"이라는 계율을 꼭 지킨다. 불교를 운운하지 않아도 인도의 힌두이즘문화권 속에서도 브라흐마차리야의 삶을 수행하는 사람에게는 "오후불식"의 계율이 들어있다.

"오후불식"이란 매일 낮 정오로부터 그 다음날 새벽 먼동이 틀 때까지 일체의 음식을 삼가는 것이다. 매일 단식인 셈이다. 그런데 단식을 표방하는 이슬람문화권의 라마단Ramaḍān(무슬림역 상의 제9월)은 오히려 거꾸로 해가 지고나서 먼동이 틀 때까지 진냥 먹고 마신다. 문명의 레벤스포름은 이와 같이 다르다. 어느 것이 더 현명할까? 제각기 문화적 이유가 있겠지만 의학상으로 보면 "오후불식"이야말로 인간을 건강케 만드는 정답인 것이다.

불길은 항상 아래서 위로 치솟는 힘을 가지고 있다. 그것은 인체에서는 하초에서 상초로 치솟는다. 사람이 드러누워 자도, 불길은 횡적이지만 머리쪽으로 상향上向한다. 음식은 일단 중초로(위장) 들어가 불을 형성한다. 불은 에너지다. 무형의 태양에너지가 광합성에 의해 유형화된 것이 지미地味의 기본이다. 인간은 잠이 없이는 생존할 수 없다. 잠이야말로 나의 몸의 엔트로피증가를 감소시키는 역행의 생명현상이다. 잠이 없으면 인간은 피로Fatigue로 죽는다. 인간 이성의 적은 피로요, 이성의 친구는 잠이다. 잠은 그토록 중요한 것이다. 잠은 생명의 알파요 오메가다. 그런데 잠이란 기본적으로 고등생물에 있어서 신경활동의 고도성과 관련되며 반드시 휴식을 요구케 되는 리듬의 한 표현이다. 신진대사나 의식의 상태가 정상으로 회복될 수 있는 범위 내에서의 생리기능의 저하를 동반하는 릴랙세이션relaxation이다. 그런데 이 수면기간 동안에 보통 타율신경계는 확실하게 휴식을 취하지만 자율신경계는 휴식을 취하지 못한다. 잠잔다고, 팔뚝의 근육은 휴식을 취하지만, 심장의 근육은 휴식을 취할 수 없다. 소화기계도 음식물이 들어가면 소화작용을 자율적으로 계속할 수밖에 없다.

잠잘 동안에 완벽한 휴식을 취하는 것이 인간 유기체의 건강에는 매우 중요한 것이다. 그런데 그러한 잠을 위한 가장 직접적으로 현명한 방법은 중초에 "땔감"을 주지 않는 것이다. 장작을 잔뜩 넣어놓은 난로는 밤새 훨훨 타게 마련이다. 그런데 사람이 돌보지 않는 난로는 장작이 불완전연소를 할 때가 많다. 연기가 많이 발생하는 것이다. 그런데 장작을 아예 넣지 않은 난로는 일을 하지 않는다. 싸늘하게 식어버리는 것이다.

요즈음 한국 학동들의 가장 큰 문제는 어려서부터 학관이나 시험공부에 시달리어 밤늦게까지 책상머리에 앉아있게 된다는 것이다. 그러면 불안스러운 엄마는 아이의 체력이 딸릴까봐 무서워서 계속 야참을 해대는 것이다. 그러면 밤늦게 1·2시까지 잔뜩 먹고 자게 된다는 것이다. 이러한 어려서부터의 습관이 세 살 버릇 여든 간다고 평생을 지배하게 된다.

밤에 배를 통통하게 채우고 자면 우선 소화기계 전체가 휴식을 취하지 못한다. 그리고 번열이 발생하여 몸이 더워지고, 허화虛火가 위로 뜨며, 그 불길은 중추신경계를 전체적으로 자극한다. 그래서 꿈을 꾸게 된다. 그리고 활동시기가 아니기 때문에 대사는 불완전하게 이루어져 가스가 많이 발생하고 더러운 대기가 몸의 하늘을 휘덮게 된다. 그렇게 되면 얼굴이 탁해지고 여드름이 많이 발생하며 목덜미나 여타 상초 부위에 종기가 많이 솟는다. 그리고 아침에 일어나면 골치가 띠~잉하다. 그리고 식욕이 생기지 않는다. 그리고 방귀가 많이 나오고, 똥을 눠도 악취가 심하다. 악취가 없는 중용의 황금똥이 나오질 않는다.

그런데 반면 저녁을 안 먹고 빈속으로 자게 되면 번열이 생기지 않아 이불을 폭 덮은 채 자게 되며 모든 몸의 기능이 골고루 저하되면서 의식의 상실이 일어나고 완벽한 수면을 취하게 된다. 프로이드 심리학에서 "꿈이 없는 잠"이란 있을 수 없다고 말하지만 그것은 개소리에 불과하다. 꿈을 꾸는 잠은 저질스러운 잠이다. 꿈이 없는 잠이야말로 인간해탈의 첩경이다. 꿈이 없는 잠의 이상이야말로 우파니샤드 경전에서부터 이야기되고 있는 것이다. 빈속으로 자면 꿈이 없는 해탈의 잠을 성취하게 된다. 중간에 깨지도 않고 계속해서 집중적으로 자며 아침에 일어나면 저 먼동의 푸른 하늘처럼 머리가 상쾌하다. 그리고 허기를 느낀다. 그리고 대변을 보게 되면 시중時中의 황금똥이 기다란 흰떡 모양으로 나온다. 빈속으로 자는 잠이야말로 "수승화강"을 실현하는 첩경이다. 잠자는 동안 물은 올라가고 불은 내려가게 된다. 아침에 머리에 내설악의 백담 같은 옥색 물결이 넘실거리게 되는 것이다. 요즈음 "저녁이 있는 삶"이라는 캐치프레이즈가 유행하고 있는데 그 의미맥락의 본의는 가족공동체적 삶의 회복에 있다. 그런데 "저녁식사 없는 삶"이야말로 생리적으로는 가장 위대한 삶이라는 것을 말해주고 싶다. 서구적 인간의 가치의 전도the transvaluation of all Western values 가 우리 일상생활 속에서 구현되어야 하는 것이다. 저녁을 안 먹고 자게 되면 아침에 허기가 지기 때문에 아침을 맛있게 많이 먹게 된다. 그리고 아침은 약간 과식을 한다 해도 낮의 활동을 통하여 건강한 에너지로 연소시킬 수 있다. 따라서 낮에 건강한 활동성을 유지할 수 있다. 아침에 고단백의 밥을 든든이 잘 먹은 사람은 저녁이 되어도 허기가 지지 않는다. 그래서 저녁을 안 먹는 것이 가능해진다.

"저녁을 먹지 말것!" 이 말은 매우 가혹하고 비상식적으로 들리지만, 이 말 한마디의 정당성과 그 생활양식을 이해하게 되면 만병이 사라진다. 위통으로 고생하는 자, 소화불량이 있는 자, 꿈을 많이 꾸는 자, 골치아픈 자, 아침에 얼굴이 붓는 자, 아토피가 있는 자(아토피 환자는 우선 육식을 금해야 한다), 얼굴 피부가 나쁜 자, 종기가 많이 나는 자, 변비로 고생하는 자, 혈압이 높은 자 …… 온갖 병변이 저녁을 먹지 않는다는 이 비결 하나로 비괘否卦에서 태괘泰卦로 갈 수 있다. 나는 이 하나의 처방으로 나의 클리닉을 찾아온 수천 명의 환자들에게 완벽한 건강을 돌려주었다. 백발백중의 효과가 있었다.

그런데 내가 이 처방을 권유하면 제일 먼저 하는 말이, "배고프면 잠이 안 와요"하는 말이다. 이 말 한마디가 얼마나 왜곡된 삶의 습관이 누적되었나 하는 것을 알 수 있다. 배고프면 당연히 잠이 더 잘 오게 되어있는 것이 우리 신체의 정상이다. "사흘만 참으시오." 사흘만 빈속으로 자버릇하면 배고플수록 잠은 더 잘 온다. 그것은 결코 문제가 되지 않는다. 습관이 바뀌면 배부를수록 잠이 오질 않는다. 식곤증과 잠은 별개의 문제다. 잠을 촉진하는 것은 피로이다. 잠이 안 온다는 것은 낮의 노동이 부족하다는 뜻이다. 물론 정신적 충격은 특수한 상황이다.

한의학에서는 정신병의 상당부분도 "위중불화胃中不和"로 설명한다. 내가 말한 음식의 시중이 이루어지지 않아 허화가 상초를 교란시키는 것이다. 빈속으로 자는 것처럼 우리 신체에 고귀한 경험은 없다. 누구든지 체질을 불문하고 약을 먹을 일이 있다면 약 대신에 "저녁불식"을 실천해보라! 한 달만 실천해도 엄청난 몸의 변화를 느낄 수 있다. "수승화강"이 과연 무엇을 뜻하는지 실천적으로 이해할 수 있게 된다.

그런데 많은 사람이 현대적 도시 삶의 구조 속에서, 혹은 직장상의 이유를 핑계 삼아 실천의 어려움을 말한다. 물론 싫으면 안해도 된다. "수신修身"은 오직 자율적 의지를 전제로 하는 것이다. 그리고 도시 삶 속에서 자연인의 삶을 회복한다는 것은 참으로 위대한 축복의 경험이 라는 것을 말해주고 싶다. 21세기 문명의 한 복판에서 모든 이기를 누리며 고조선의 삶을 살 수 있는 특권은 오늘 21세기 한국인 모두에게 부여되어 있다. 나의 몸에 관한 한 핑계는 없다. 직장생활의 핑계도 결국 본인이 그런 타락된 삶을 원하는 것일 뿐이다. 밤의 낭만? 일찍 자고 새벽의 낭만을 즐기는 것이 더욱 낭만적이다. 불가피한 저녁 외식 때도 먹는 척만 하면 될 것이다. 내가 안 먹으면 가축이 다 먹게 되어있다. 죄의식을 느낄 필요없다. 세상 정크푸드로 내 몸을 오염시키지 말고 굶어라! "배고픈 홍안의 미소년(너)"이 되어 잠자리에 들라!

현대생활에 있어서 "오후불식午後不食"은 너무 실현불가능하기 때문에 나는 "오후불식五後不食"으로 그 의미를 바꾸었다. 즉 오후 5시 이후에는 일체 음식을 취하지 말것!

"선생님의 말씀은 평범한 것 같지만 우리의 일상적 우주를 혁명시키는 듯한, 파격적이면서도 정도의 첩경이라는 것을 이해할 수 있었습니다. 저는 크게 깨달았습니다. 오후불식을 꼭 실현하도록 하겠습니다. 오후불식의 고단자가 되겠습니다. 그런데 5시 이후에는 물도 먹으면 안되나요?"

— 물도 먹지 마라! 몸을 철저히 비우고 자야 수승화강을 체험할 수 있다. 한 3년 정도만 철저히 지키다 보면 점점 고수가 되어가면서 응변應變의 도리를 깨닫게 된다. 수신의 기본은 오후불식이다!

갑자기 사라졌다.

나와 이야기를 나누던 학동은 온데간데 없이 사라졌다.

그런데 나의 몸에 너무도 신비로운 일이 벌어졌다.

나의 몸을 구성하는 세포들이 태고의 추억을 더듬으며

움직이기 시작했다.

겨드랑이 밑에서 날개가 돋기 시작한 것이다.

나는 저 푸른 하늘을 향해 소리쳤다.

"돋아라! 돋아라!

날아라! 날아라!

마음껏 저 하늘을 날아보자꾸나!"

— 이상을 추모하며 —

후後記기

　본서는 일부 내용이 시의성이 있다. 그리고 이 책은 이 땅의 젊은 사람들에게 쉽게 읽혀야 한다는 압박감 속에서 집필되었다. 젊은이들이 자기 삶에서 일어나는 모든 궁금증을 해소할 수 있는 근원적 담론이 갈망되고 있다는 주위사람들의 요청에 따라 가벼운 마음으로 쓰기 시작했다. 편집자들은 두 가지를 요구했다. 첫째, 분량이 원고지 700매를 넘지 말 것. 둘째, 무조건 쉽게 쓸 것.

　그런데 이 두 가지 요청에 부응하려는 나의 노력은 결국 수포로 돌아갔다. 분량이 그 배인 1,400매를 넘어버렸고 결고 쉽지만은 않은 글이 되고 말았다. 아무래도 나의 글은 많은 내용을 압축하고 있기 때문이다.

　본래의 장서章序는 1)서막 2)우주 3)천지 4)종교 5)사랑 6)음식 7)청춘 8)역사 9)조국 10)대선 11)도남으로 되어 있었다. 그런데 아무래도 앞대가리 부분이 너무 읽기가 어렵다고 해서 편집자들이 순서를 과감하게 바꾸어버렸다. 나도 동의했다. 7장의 청춘부터 10장의 대선까지가 서막 다음으로 끼어들어간 것이다. 청춘부터 대선까지만 사람들이 읽어도 이 책을 출간한 보람이 있다는 것이다. 우주 이하를 읽기 어렵다고 생각되는 사람은 훗날 인연으로 미루어도 무방하다.

그러나 청춘부터 대선까지는 꼭 읽어 주었으면 한다. 그러나 이 글의 모든 내용은 우주와 천지 이 두 사상결구로부터 연역된 것이다. 따라서 우주로부터 대선까지는 본래 하나의 유기적 전체를 이루는 것임을 말해주고 싶다.

나는 이 책의 반을 남해의 어느 해변가의 움집에서 썼다. 그런데 건강이 여의치 않고 자료의 필요성이 급증하여 결국 낙송암에서 탈고하였다. 그런데 이 책을 집필하는 한 달 동안 진짜 무더웠다. 평생 처음 경험하는 찜통 더위였다. 중경삼림을 연상시켰다. 그리고 오른팔 손목이 고장나서 만년필을 움직이는 것이 너무도 고통스러웠다. 찌는 방, 아픈 손목을 탓하며 내가 왜 이 짓을 하고 있는가 하고 끊임없이 회의가 일기도 했지만 우리 민족의 철학의 자존심을 지킨다는 생각으로 버텨냈다. 본서의 내용은 대체로 내 머리 속에서 만들어진 "메이드 인 코리아"이다. 서구의 어느 사상가도 나처럼 생각하지 않는다. 이제 우리는 우리 스스로의 생각을 보다 과감하게 우리 언어로 이야기해야 한다.

내 책은 사람들이 사서 보지 않는다. 시중의 무슨 흔해빠진 힐링서적만큼도 팔리지 않는다. 그러니 내 책이 한국정치에 대단한 영향을 주리라는 염려는 할 필요가 없을 것이다. 그러나 나는 묵살되더라도 진리의 항변을 끊임없이 역사에 파묻는 작업을 포기할 수는 없다.

2012년 8월 7일 입추날
오후 2시 44분
낙송암에서

경기도 오산시 금암동 고인돌

통나무 권장도서 목록

『화이트헤드 과정철학의 이해』. 문창옥 지음 · 김용옥 서문

『화이트헤드 인간의 시간경험』. 오영환 지음 · 김용옥 서문

『화이트헤드 철학의 모험』. 문창옥 지음

『일본정치사상사 연구』. 마루야마 마사오 지음 · 김석근 옮김 · 김용옥 해제

『주자의 자연학』. 야마다 케이지 지음 · 김석근 옮김 · 김용옥 해제

『한 젊은 유학자의 초상 ─ 王陽明 평전』. 뚜 웨이밍 지음 · 권미숙 옮김 · 김용옥 해제

『中國語란 무엇인가』. 최영애 지음 · 김용옥 서문

『漢字學 講義』. 최영애 지음

『中國語音韻學』. 최영애 지음

『수학멘토』. 장우석 지음 · 김용옥 서문

『전통음악의 랑그와 빠홀』. 백대웅 지음

『인도에 대하여』. 이지수 지음 · 김용옥 서문

『인도의 지혜, 히또빠데샤』. 나라야나 지음 · 이지수 옮김 · 김용옥 서문

『큐복음서의 민중신학』. 김명수 지음 · 김용옥 서문

『중고생을 위한 고사성어 강의』. 한형조 지음

『중고생을 위한 미술강의』. 김병종 지음

『8체질 의학의 원리』. 주석원 지음 · 김용옥 서문

『內經病理學』. 최승훈 지음 · 김용옥 서문

『한계의 과학, 한계의 형이상학』. 이봉재 外 지음

『생물학의 시대』. 최재천 外 지음

『온생명에 대하여』. 장회익 外 지음

『과학과 철학』 1집~14집. 과학사상연구회 편

『氣 學』. 혜강 최한기 지음 · 손병욱 옮김 · 김용옥 서문

『東 學』(1·2). 삼암장 표영삼 지음 · 김용옥 서문

『역사의 예수와 동양사상』. 김명수 지음 · 김용옥 서문

도올 김용옥선생님의 저술목록

『여자란 무엇인가』,『東洋學 어떻게 할 것인가』

『절차탁마대기만성』,『루어투어 시앙쯔』(上·下)

『논술과 철학강의』(1·2),『아름다움과 추함』

『이땅에서 살자꾸나』,『새츈향뎐』,『태권도철학의 구성원리』

『老子哲學 이것이다』,『나는 佛敎를 이렇게 본다』

『길과 얻음』,『도올세설』,『三國遺事引得』

『白頭山神曲·氣哲學의 構造』,『新韓國紀』

『이성의 기능』,『石濤畵論』,『삼국통일과 한국통일』(上·下)

『도올논문집』,『天命·開闢』,『시나리오 將軍의 아들』

『醫山問答: 기옹은 이렇게 말했다』,『대화』,『氣哲學散調』

『話頭, 혜능과 셰익스피어』,『너와 나의 한의학』

『도올 김용옥의 金剛經 강해』,『건강하세요 I』

『달라이라마와 도올의 만남』(1·2·3),『노자와 21세기』(1·2·3)

『기독교성서의 이해』,『요한복음강해』

『도올의 도마복음한글역주』(1·2·3),『큐복음서』

『논어한글역주』(1·2·3),『효경한글역주』,『대학·학기한글역주』

『중용한글역주』,『중용, 인간의 맛』,『맹자, 사람의 길』(上·下)

사랑^{하지}말자

2012년 8월 25일 초판발행
2012년 9월　3일　1판　4쇄

　　　　　　지은이　도올 김용옥
　　　　　　펴낸이　　　남호섭
　　　　　　펴낸곳　　　통나무

　　서울특별시 종로구 동숭동 199-27
　　　　　　전화: 02) 744-7992
　　　출판등록 1989. 11. 3. 제1-970호